VOYAGES
DE
GULLIVER

DANS DES CONTRÉES LOINTAINES

PAR SWIFT

TRADUCTION NOUVELLE
PRÉCÉDÉE D'UNE NOTICE PAR WALTER SCOTT

ILLUSTRATIONS
PAR
J.-J. GRANDVILLE

PARIS

GARNIER FRÈRES, LIBRAIRES
RUE DES SAINTS-PÈRES, 6 — PALAIS-ROYAL, 215

M DCCC LVI

VOYAGES

DE

GULLIVER

NOTE DES ÉDITEURS

La notice dont nous faisons précéder cette traduction nouvelle appartient à Walter Scott; elle est extraite d'un travail étendu que notre illustre contemporain a publié sous le titre de Mémoires sur Jonathan Swift, et dans lequel on trouve réunie à la consciencieuse érudition de l'historien, et aux jugements éclairés du critique, une appréciation spéciale des *Voyages de Gulliver* telle qu'on pouvait l'attendre du plus éminent des romanciers de notre époque. Les investigations auxquelles s'est livré l'auteur de *l'Antiquaire* sur les sources où Swift a puisé ses ingénieuses fictions, sur les allusions politiques que ces fictions renferment, sur les systèmes philosophiques qu'elles réduisent à leur juste valeur, sur les usages et les préjugés qu'elles attaquent avec l'arme du ridicule; tout cet ensemble de recherches, clairement exposé, fait apparaître la réalité à travers le voile de l'allégorie.

Après avoir accompli notre devoir d'éditeurs en donnant la traduction fidèle et complète d'un livre jusqu'à ce jour si étrangement défiguré, il nous a semblé qu'il nous restait encore à introduire ce livre dans notre littérature sous les auspices de l'homme qui l'a le plus approfondi et le mieux apprécié, surtout lorsque cet homme s'appelle Walter Scott.

NOTICE
SUR
JONATHAN SWIFT
PAR WALTER SCOTT

A vie de Swift est un sujet plein d'intérêt et d'instruction pour tous ceux qui aiment à méditer sur les vicissitudes dont se compose la destinée des hommes célèbres par leurs talents et leur renommée. Dénué de toutes ressources à sa naissance, élevé par la froide et insouciante charité de deux oncles, privé des honneurs universitaires, réduit pendant plusieurs années au patronage impuissant de sir William Temple, Swift présente, dans les premières pages de son histoire, le tableau du génie humilié et trompé dans ses espérances. Malgré tous ces désavantages, il parvint à être le conseil d'un ministère britannique, le plus habile défenseur de son système d'administration, et l'intime ami de tous les hommes remarquables par leur noblesse ou leurs talents sous le règne classique de la reine Anne.

Les événements de ses dernières années offrent un contraste non moins frappant. Enveloppé dans la disgrâce de ses patrons, il fut persécuté, s'exila de l'Angleterre, vécut séparé de ses amis, et puis tout à coup acquit un degré de popularité qui le rendit l'idole de l'Irlande, et l'effroi de ceux qui gouvernaient ce royaume.

Les talents de Swift, source de sa renommée et de son orgueil, dont l'éclat avait si longtemps ébloui et charmé le monde, furent obscurcis par la maladie, pervertis par les passions à mesure qu'il approcha du terme de sa vie, et, avant qu'il l'eût atteint, ils étaient bien au-dessous de ceux des hommes les plus ordinaires. Sa vie est donc une leçon grave pour les hommes célèbres; elle leur enseignera que, si le génie ne doit pas se laisser accabler par le malheur, la renommée, quelque grande qu'elle soit, ne doit pas encourager la présomption. En lisant l'histoire de cet homme illustre, ceux que le sort a privés des brillantes qualités dont il était doué, ou qui ont manqué d'occasion de les développer, se convaincront que le bonheur ne dépend ni d'une influence politique, ni d'une grande gloire.

I

Jonathan Swift, docteur en théologie, et doyen de Saint-Patrick de Dublin, descendait d'une branche cadette de la famille des Swift, du

comté d'York, qui était établie dans cette province depuis bien des années. Son père était le sixième ou le septième fils du révérend Thomas Swift, vicaire de Goodrich; le doyen nous a appris lui-même que son père obtint quelques agences et quelques emplois en Irlande. Jonathan naquit à Dublin, dans une petite maison de la Cour de Hoeys, que les habitants de ce quartier montrent encore. Son enfance fut, comme celle de son père, marquée par une circonstance singulière : son berceau ne fut pas pillé par des soldats, ainsi que cela était arrivé à Thomas Swift; mais l'enfant fut enlevé. La nourrice, qui était de Whitehaven, fut rappelée dans son pays. Elle était si attachée à l'enfant confié à ses soins, qu'elle l'emmena avec elle, sans en prévenir mistress Swift. Il resta trois ans à Whitehaven; sa santé était si délicate, que sa mère ne voulut point hasarder un second voyage, et le laissa à la femme qui lui avait donné cette preuve d'attachement. La bonne nourrice eut un tel soin de l'éducation de l'enfant, que, lorsqu'il revint à Dublin, il savait épeler; à cinq ans il lisait déjà dans la Bible.

Il partagea l'indigence d'une mère qu'il aimait tendrement, et subsista des bienfaits de son oncle Godwin. Cette dépendance semble avoir fait dès l'enfance une profonde impression sur son caractère hautain; et depuis cette époque commença à se montrer en lui cet esprit de misanthropie qu'il ne perdit qu'avec l'usage de ses facultés morales. Enfant posthume, élevé par charité, il s'accoutuma de bonne heure à regarder le jour de sa naissance comme un jour de malheur, et il ne manquait pas, à cet anniversaire, de lire le passage de l'Écriture dans lequel Job déplore et maudit le jour où l'on annonça dans la maison de son père « qu'il était né un enfant mâle. »

A l'âge de six ans, on l'envoya à l'école de Kilkenny, fondée et dotée par la famille d'Ormond. On y montre encore aux étrangers le pupitre de Swift, sur lequel il avait gravé son nom avec un couteau. De Kilkenny, Swift fut envoyé, à l'âge de quatorze ans, au collège de la Trinité à Dublin. Il paraît, d'après les registres, qu'il y fut reçu comme *pensionnaire* le 24 avril 1682, et eut pour maître Saint-George Ashe. Son cousin, Thomas Swift, fut admis à la même époque, et les deux noms de famille, portés sur les registres sans les noms de baptême, ont jeté de l'incertitude sur quelques points minutieux de la biographie du doyen.

Swift suivait ses études sans assiduité et selon ses caprices; il eût été contraint de les interrompre si, à la mort de son oncle Godwin, qui révéla le dérangement de ses affaires, il n'avait trouvé un patron dans son oncle Dryden William Swift. Dryden vint au secours de son neveu; il y mit, à ce qu'il paraît, plus de grâce et de bienveillance que son frère Godwin; mais sa fortune, peu considérable, ne lui permettait pas d'être plus libéral que son frère. Swift a toujours chéri sa mémoire, et parle souvent de lui comme du meilleur des parents. Il racontait souvent un incident arrivé pendant qu'il était au collège, et dont Willoughby Swift, son cousin, fils de Dryden William, était le héros. Swift, étant assis dans sa chambre, n'ayant pas un sou vaillant, aperçut dans la cour un matelot qui paraissait demander l'appartement d'un des étudiants. Il lui vint à l'esprit que cet homme pouvait être chargé de quelque message de son cousin Willoughby, alors négociant à Lisbonne. A peine cette idée lui eut-elle passé par la tête, que la porte de sa chambre s'ouvre, et l'étranger, s'approchant de lui, tire de sa poche une grande bourse de cuir remplie d'argent qu'il étale devant Swift, comme un présent du cousin Willoughby. Swift, en extase, offrit au messager une partie de son trésor, que l'honnête matelot ne voulut pas accepter. Depuis ce moment, Swift, qui avait connu les malheurs de l'indigence, résolut d'administrer son modique revenu de manière à ne plus se trouver réduit aux dernières extrémités. Il mit tant d'ordre dans sa manière de vivre, que, d'après ses journaux que l'on a conservés, il est évident qu'il pouvait se rendre compte, à un sou près, de sa dépense de chaque année, depuis le temps qu'il était au collége jusqu'au moment où il perdit l'usage de ses facultés morales.

En 1688, la guerre éclata en Irlande; Swift était alors âgé de vingt-un ans. Léger d'argent, sinon d'instruction, passant pour n'en point avoir, avec la tache de turbulence et d'insubordination attachée à son caractère; sans un seul ami pour le protéger, lui faire accueil et l'entretenir, il quitta le collége de Dublin. Guidé, il faut le croire, plutôt par l'affection que par l'espérance, il prit la route de l'Angleterre, et se rendit chez sa mère, qui habitait alors le comté de Leicester. Mistress Swift, qui était elle-même dans une situation précaire, recommanda à son fils de solliciter la protection de sir William Temple, dont la femme était sa parente et avait connu la famille des Swift, Thomas Swift, cousin de notre auteur, ayant été chapelain de sir William.

On fit la demande, et elle fut accueillie; mais pendant quelque temps il n'y eut de la part de sir William Temple aucune marque de confiance ni d'affection. L'homme d'État accompli, le littérateur poli, fut probablement peu satisfait du caractère irritable et des connaissances imparfaites de son nouveau commensal. Mais les préventions de sir William s'affaiblirent par degrés : l'esprit d'observation de Swift lui donna les moyens de plaire, et il accrut ses connaissances par une étude assidue, à laquelle il consacrait huit heures par jour. Ce temps, bien employé, fit d'un homme né avec les facultés de Swift un trésor inappréciable pour un patron comme Temple, chez lequel il demeura deux ans. La mauvaise santé de Swift le força d'interrompre ses études. Une indigestion avait refroidi son estomac, et l'avait rendu sujet à des étourdissements qui le mirent à deux doigts de la mort; il en ressentit les effets toute sa vie. A une époque il se trouva si malade, qu'il alla en Irlande dans l'espérance que l'air natal pourrait lui faire du bien; mais n'en éprouvant aucun soulagement, il revint à Moor-Park, où il employait à travailler les intervalles de calme que lui laissait cette espèce d'infirmité.

Ce fut alors que sir William Temple lui donna une grande marque de confiance en lui permettant d'être présent à ses entrevues confidentielles avec le roi Guillaume, quand ce monarque venait à Moor-Park : distinction que Temple devait à l'intimité qui avait existé entre eux en Hollande, qu'il recevait avec une respectueuse aisance, et qu'il reconnaissait par de sages conseils. Quand la goutte retenait sir William au lit, c'était Swift qui était chargé d'accompagner le roi. Des avantages solides furent offerts à son ambition; on lui fit espérer de l'avancement dans l'état ecclésiastique, auquel il se destinait par goût et par la perspective qui s'ouvrait devant lui. La grande confiance qu'on avait en lui justifiait ces espérances. Sir William Temple le chargea de présenter au roi Guillaume les raisons qui devaient le déterminer à consentir au bill pour la triennalité du parlement, et il confirma l'opinion de Temple par plusieurs arguments tirés de l'histoire d'Angleterre. Mais le roi persévéra dans son opposition, et le bill fut rejeté par l'influence de la couronne à la Chambre des Communes. Ce fut la première relation que Swift eut avec la cour; et il disait souvent à ses amis que c'était là ce qui avait servi à le guérir de sa vanité : il avait probablement compté sur le succès de sa négociation, et il fut mortifié de la voir échouer.

Quand Swift retourna en Irlande, les évêques auxquels il s'adressa pour être ordonné exigèrent un certificat de sa bonne conduite pendant sa résidence chez sir William Temple. La condition était désagréable : pour obtenir le certificat, il fallait se soumettre, il fallait faire une demande. Swift mit cinq mois à s'y décider. Il envoya une lettre d'excuses, et la requête fut accordée; la lettre de Swift fut vraisemblablement le premier pas de sa réconciliation avec son patron. Sir William, il faut le croire, avait ajouté au certificat demandé quelque recommandation pour lord Capel, alors vice-roi d'Irlande; car, presque aussitôt que Swift eut été ordonné prêtre, il fut nommé à la prébende de Kilroot, dans le diocèse de Connor, qui valait environ cent livres sterling par an. Il se retira sur son petit bénéfice, et y vécut comme un ministre de village.

La vie qu'il menait à Kilroot, si différente de celle de Moor-Park, où il jouissait de la société de tout ce qui était noble par le génie ou la naissance, lui devint bientôt insipide. De son côté, Temple, depuis qu'il était privé de Swift, sentait la perte qu'il avait faite, et il lui témoigna le désir de le voir revenir à Moor-Park. Tandis que Swift hésitait à renoncer au genre de vie qu'il avait choisi pour reprendre celui qu'il avait abandonné, une circonstance qui peint sa bienfaisance semble avoir fixé sa détermination. Dans une de ses excursions il avait rencontré un ecclésiastique avec lequel il se lia, parce qu'il le trouva fort instruit, modeste et très-moral. Ce bon desservant était père de huit enfants, et sa cure lui rapportait quarante livres sterling. Swift, qui n'avait point de chevaux, lui emprunta sa jument noire, sans lui faire part de son dessein, se rendit à Dublin, résigna sa prébende de Kilroot, et obtint qu'elle fût transférée à son nouvel ami. Le visage du bon vieillard exprima dans le premier moment le plaisir qu'il éprouvait de se voir nommé à un bénéfice; mais, quand il sut que c'était celui de son bienfaiteur, sa joie prit une expression si touchante de surprise et de reconnaissance, que Swift, profondément affecté lui-même, disait qu'il n'avait jamais eu dans sa vie autant de plaisir que ce jour-là. Quand Swift partit, le bon ecclésiastique le pressa d'accepter la jument noire, qu'il ne refusa pas, de peur de le mortifier. Monté pour la première fois sur un cheval qui lui appartenait, ayant quatre-vingts livres sterling dans sa bourse, Swift prit la route d'Angleterre, et rentra à Moor-Park dans la place de secrétaire intime de sir William Temple.

II

Tandis que Swift se livrait à son goût pour la littérature, et qu'une illustre amitié semblait lui promettre un avenir agréable, il se préparait, sans s'en apercevoir, une suite de malheurs pour le reste de ses jours. Ce fut pendant son second séjour à Moor-Park qu'il fit la connaissance d'Esther Johnson, plus connue sous le nom poétique de Stella. Swift, se fiant à son tempérament froid et à son humeur inconstante pour ne point former d'attachement imprudent, a pris la résolution de ne songer au mariage que lorsqu'il aura une existence assurée; alors même il sera si difficile à contenter qu'il pourrait bien remettre la partie jusqu'à sa mort : les apparences d'attachement dans lesquelles son ami croit apercevoir des symptômes d'une passion, ne sont que l'effet d'une imagination active et inquiète qui a besoin d'aliment; il saisit la première occasion d'amusement qui se présente, et la cherche souvent dans une galanterie insignifiante; tel est son but auprès de la jeune personne en question : « C'est une habitude, dit-il, à laquelle je renoncerai sans effort quand je voudrai en prendre la résolution, et que je laisserai à l'entrée du sanctuaire sans aucun regret. »

A cette espèce d'attachement en succéda un plus sérieux : Jane Waryng, sœur de son ami de collège Waryng, que, par affectation poétique, il nommait Varina, attira son attention pendant le séjour qu'il fit en Irlande lorsqu'il quitta sir William Temple. Une lettre adressée à la même personne quatre ans après est d'un ton bien différent : Varina a disparu; c'est à miss Jane Waryng que notre auteur écrit : dans un intervalle de quatre années il avait pu se passer bien des événements que nous ignorons; et il y aurait peu de justice à juger sévèrement la conduite de Swift, que la résistance opiniâtre de Varina n'avait pas préparé à une offre soudaine de capitulation.

La mort de sir William Temple vint mettre un terme à l'existence paisible et heureuse dont Swift avait joui pendant quatre ans à Moor-Park. Sir William avait apprécié l'amitié généreuse de Swift; il lui fit un legs en argent, et lui laissa ses manuscrits, ce qu'il estimait sans doute bien davantage. Peu de temps après, Swift se rendit en Irlande avec lord Berkeley. A la suite de quelques différends avec ce seigneur, il obtint le bénéfice de Saracor; mais il ne tarda pas à se jeter dans la politique. En 1710 il revint en Angleterre. Ce fut alors que commencèrent ses hostilités avec les whigs et son alliance avec Harley et avec l'administration.

Sa nomination au doyenné de Saint-Patrick fut signée le 23 février 1713, et Swift partit dans les premiers jours de juin pour aller prendre possession d'un bénéfice qu'il ne considérait tout au plus, avait-il souvent dit, que comme un honorable exil. On ne pouvait guère, en effet, s'attendre à ce que la faveur sans exemple dont il avait joui auprès du gouvernement ne le menât qu'à un bénéfice en Irlande, et à son éloignement de ces mêmes ministres par lesquels il était consulté, qui employaient ses talents à défendre leur cause, et faisaient leurs délices de sa société. Il fut sans doute aussi désappointé que surpris, puisque dans un temps ils avaient jugé ses services si essentiels à l'administration, qu'ils refusaient de le nommer évêque en Irlande.

Mistress Johnson avait abandonné sa patrie, avait exposé sa réputation pour partager sa destinée, dans le temps où rien ne présageait qu'elle dût être brillante; et les liens qui obligeaient Swift à l'indemniser de ces sacrifices étaient aussi sacrés qu'une promesse solennelle, s'il n'y avait pas réellement une promesse de mariage entre eux. Swift avait formé deux résolutions relativement au mariage : l'une, de ne se marier que quand il aurait une fortune suffisante; l'autre, de n'y songer qu'à un âge où il pourrait raisonnablement espérer de voir ses enfants établis comme ils devaient l'être. Son indépendance n'était pas encore complète; il avait des dettes, il avait passé l'âge au delà duquel il avait résolu de ne plus se marier. Cependant il épouserait Stella, pourvu que leur mariage fût tenu secret, et à condition qu'ils continueraient de vivre séparément, et avec la même circonspection qu'auparavant. Stella souscrivit à ces dures conditions : elles levaient tous ses scrupules, et calmaient sa jalousie en rendant impossible l'union de Swift avec sa rivale. Swift et Stella furent mariés dans le jardin du doyenné, par l'évêque de Clogher, en l'année 1716.

Swift ne vit personne pendant quelques jours. Quand il sortit de sa retraite, ses rapports avec mistress Dingley et Stella continuèrent avec la même réserve, afin de prévenir tout soupçon d'intimité, comme si cette intimité n'était pas alors légitime et vertueuse. Stella continua donc à être l'amie chérie et intime de Swift; elle tenait sa maison, faisait les honneurs de sa table, quoiqu'elle parût n'y être que convive, elle était sa compagne fidèle, le gardait lorsqu'il était malade; mais ce mariage était un secret pour le monde.

Les affaires de sa cathédrale, embrouillées par la résistance de son chapitre et par l'intervention de l'archevêque King, occupèrent une grande partie de son temps. Mais ces difficultés s'aplanirent insensiblement, par la conviction que l'on acquit de la droiture des intentions du doyen, et de son zèle désintéressé pour les droits et les intérêts de l'église. Pendant ces cinq ou six années, Swift ne négligea pas l'étude; on a retrouvé ses opinions sur Hérodote, Philostrate et Aulu-Gelle, ce qui fait présumer qu'il s'était surtout occupé de ces auteurs : il avait intercalé à chaque page des volumes des feuilles blanches sur lesquelles il écrivait des notes en regard. Il est naturel de supposer que les auteurs classiques n'étaient pas oubliés, quand nous ne saurions pas que Lucrèce était sa lecture favorite pendant son séjour à Gaulstown; la liste des livres qui composaient sa bibliothèque, avec ses remarques manuscrites, est la preuve la plus authentique de son goût.

Ces études ne suffisaient pas à un homme qui avait pris une part si active à la politique pendant son séjour en Angleterre. On a pensé, et il est très-probable que ce fut à cette époque que Swift conçut le plan des *Voyages de Gulliver*. On trouve le germe de cet ouvrage fameux dans les voyages de Martinus Scriblerus, qui furent probablement projetés avant que les proscriptions eussent dispersé le club littéraire. L'aspect sous lequel le doyen voyait les affaires publiques après la mort de la reine Anne, s'accorde avec une grande partie des traits satiriques des *Voyages*. D'ailleurs une lettre de Vanessa fait allusion à l'aventure de Gulliver avec le singe de Brobdingnag, et l'on trouve dans la même correspondance, qu'en 1722 Swift lisait plusieurs relations de voyages. Il dit à mistress Whiteway, ce qu'il a répété ensuite, qu'il avait emprunté aux voyageurs qu'il avait lus tous les termes de marine du *Gulliver*. Il est donc présumable que les *Voyages de Gulliver* furent esquissés à l'époque dont nous parlons, quoiqu'ils traitent de la politique d'une époque postérieure.

Swift quitta ses occupations et ses amusements en l'année 1720, pour reparaître sur le théâtre politique, non plus, à la vérité, comme l'avocat et le panégyriste d'un ministère, mais comme le défenseur intrépide et opiniâtre d'un peuple opprimé. Jamais nation n'avait eu autant besoin d'un tel défenseur. La prospérité dont l'Irlande avait joui sous les princes de la maison de Stuart avait été interrompue par une guerre civile, dont l'issue avait forcé l'élite de sa noblesse et de ses militaires à s'exiler. La population catholique de ce royaume n'excitait que méfiance, et était frappée par là d'une entière incapacité.

Le parlement d'Angleterre s'était arrogé le pouvoir de faire des lois pour l'Irlande; et il l'exerçait de manière à enchaîner, autant que possible, le commerce de ce royaume, à le subordonner au commerce de l'Angleterre, et à le tenir dans sa dépendance. Les statuts de la dixième et de la onzième année du règne de Guillaume III prohibaient l'exportation des marchandises de laine, excepté en Angleterre et dans la principauté de Galles; les manufactures d'Irlande se trouvèrent par là privées d'un revenu évalué à un million sterling. Pas une voix ne s'éleva dans la Chambre des Communes contre ces maximes aussi impolitiques que tyranniques, plus dignes d'une corporation de petits boutiquiers de village que du sénat éclairé d'un peuple libre. En agissant d'après ces principes, on accumulait injustice sur injustice; et l'on y ajoutait l'insulte, avec cet avantage pour les agresseurs, qu'ils pouvaient intimider le peuple opprimé d'Irlande, et le réduire au silence, en criant aux rebelles et aux jacobites. Swift voyait ces maux avec toute l'indignation d'un caractère naturellement opposé à la tyrannie. Il publia les *Lettres du Drapier*, fortes de raisons, étincelantes d'esprit, supérieures par l'adresse avec laquelle les raisonnements sont présentés et les traits ajustés.

La popularité de Swift fut celle de tous les hommes qui, à une époque décisive et critique, ont eu le bonheur de rendre à leur patrie un grand service. Aussi longtemps qu'il put sortir de sa maison, les bénédictions du peuple l'accompagnèrent; s'il passait dans une ville, on lui faisait l'accueil qu'on eût fait à un prince. Au premier avis d'un danger que courait LE DOYEN (titre qu'on lui donnait généralement), tout le pays accourait à sa défense. Walpole avait songé à faire arrêter Swift; un sage ami lui demanda s'il avait dix mille soldats pour escorter le messager d'État chargé d'exécuter l'ordre.

Les faiblesses de Swift, quoique de nature à occuper la malignité du vulgaire, étaient jugées avec le pieux respect de l'affection filiale. Tous les vice-rois d'Irlande, depuis l'affable Cartenet jusqu'au hautain Dorset, qui n'aimaient point sa politique ni peut-être sa personne, se virent contraints de respecter son influence et de capituler avec son zèle. Le déclin de ses facultés morales fut un deuil pour l'Irlande; la douleur de ce peuple le suivit au tombeau, et il est peu d'auteurs irlandais qui n'aient rendu à la mémoire de Swift ce tribut de gratitude qui lui est dû à si juste titre.

III

Les *Voyages de Gulliver* parurent après le retour de Swift en Irlande, mais avec ce mystère qu'il mettait presque toujours à la publication de ses ouvrages. Il avait quitté l'Angleterre dans le mois d'août ; et vers le même temps le libraire Motte reçut le manuscrit, qui fut jeté, dit-il, d'un fiacre dans sa boutique. *Gulliver* fut publié dans le mois de novembre suivant, avec des changements et des retranchements que l'imprimeur fit par timidité. Swift s'en plaint dans sa correspondance, et il y suppléa par une lettre de Gulliver à son cousin Sympson, qui fut mise en tête des éditions suivantes (1). Mais le public ne vit rien de trop timide dans ce roman allégorique extraordinaire, qui produisit une sensation universelle et fut lu par toutes les classes, par les ministres comme par les bonnes d'enfants. On voulait absolument connaître l'auteur ; et les amis mêmes de Swift, Pope, Gay, Arbuthnot, lui écrivirent comme s'ils avaient des doutes à ce sujet. Mais, quoiqu'ils se soient exprimés de manière à tromper quelques biographes, qui les ont crus dans le doute à cet égard, il est certain que ses amis connaissaient plus ou moins l'ouvrage avant sa publication. Leur réserve était affectée, pour se prêter à la fantaisie de Swift, ou peut-être, dans le cas où leurs lettres seraient interceptées, de peur d'être appelés à déposer contre l'auteur, si l'ouvrage donnait de l'humeur au ministre.

Jamais peut-être livre ne fut aussi recherché par toutes les classes de la société. Les lecteurs du grand monde y trouvaient une satire personnelle et politique ; le vulgaire, des aventures selon son goût ; les amis du romanesque, du merveilleux ; les jeunes gens, de l'esprit ; les hommes graves, des leçons de morale et de politique ; la vieillesse négligée et l'ambition déçue, des maximes d'une misanthropie chagrine et amère.

Le plan de la satire varie dans ses différentes parties. Le *Voyage à Lilliput* est une allusion à la cour et à la politique de l'Angleterre ; sir Robert Walpole est peint dans le personnage du premier ministre Flimnap (2) ; et il ne le pardonna pas à Swift : aussi s'opposa-t-il constamment à tout projet qui aurait pu amener le doyen en Angleterre.

---

(1) Voir la *Lettre à Sympson* à la suite de cette notice.

(2) La chute du grand-trésorier de Lilliput, qui tombe de la corde sur laquelle il dansait, et qui se casse la jambe en touchant un des coussins du roi, fait allusion à la démission de Walpole en 1717, qui ne fut pas acceptée grâce aux sollicitations de la duchesse de Kendal en sa faveur. Le ridicule jeté sur les ordres de chevalerie par le tableau des nobles lilliputiens qui sautent par-dessus un bâton pour obtenir un fil bleu, rouge ou vert, est un trait lancé contre Walpole, qui, pour multiplier les honneurs et les récompenses, établit l'ordre du Bain, comme un premier degré à celui de la Jarretière.

Les factions des torys et des whigs sont désignées par les factions des *talons hauts* et des *talons plats*; les *petits-boutiens* et les *gros-boutiens* sont les papistes et les protestants. Le prince de Galles, qui traitait également bien les torys et les whigs, rit de bon cœur de la condescendance de l'héritier présomptif, qui portait un talon haut et un talon plat. Blefuscu, où l'ingratitude de la cour lilliputienne force Gulliver à chercher un asile pour n'avoir pas les yeux crevés, est la France, où l'ingratitude de la cour d'Angleterre força le duc d'Ormond et lord Bolingbroke de se réfugier. Le scandale que cause Gulliver par sa manière d'éteindre l'incendie du palais impérial fait allusion à la disgrâce que l'auteur encourut de la part de la reine Anne pour avoir composé le *Conte du Tonneau*, dont on se ressouvint pour lui en faire un crime, tandis qu'on avait oublié le service que cet ouvrage avait rendu au haut clergé. Nous devons aussi remarquer que la constitution et le système d'éducation publique de l'empire de Lilliput sont proposés comme des modèles, et que la corruption qui régnait à la cour ne datait que des trois derniers règnes.

Dans le *Voyage à Brobdingnag*, la satire est d'une application plus générale. C'est l'opinion que se formeraient des actions et des sentiments de l'homme des êtres d'un caractère froid, réfléchi, philosophique, et doués d'une force immense. Le monarque de ces fils d'Anack est la personnification d'un roi patriote, indifférent à ce qui est curieux, froid pour ce qui est beau, et ne prenant intérêt qu'à ce qui concerne l'utilité générale et le bien public. Les intrigues et les scandales d'une cour européenne sont, aux yeux d'un tel prince, aussi odieux dans leurs résultats que méprisables dans leurs motifs. Le contraste de Gulliver arrivant de

Lilliput, où il était un géant, chez une race d'hommes parmi lesquels il

n'est plus qu'un pygmée, est d'un heureux effet. Les mêmes idées reviennent nécessairement ; mais, comme elles changent de face dans le rôle que joue le narrateur, c'est plutôt un développement qu'une répétition. Il y a quelques passages sur la cour de Brobdingnag qu'on a supposés applicables aux filles d'honneur de la cour de Londres, pour lesquelles Swift, à ce que nous apprend Delany, n'avait pas une grande vénération.

Arbuthnot, qui était un savant, n'approuvait point le *Voyage à Laputa*, dans lequel il voyait probablement un ridicule jeté sur la Société royale. Il est certain qu'on y trouve quelques allusions aux philosophes les plus estimés du temps ; on prétend même qu'il y a un trait dirigé contre sir Isaac Newton. L'ardent patriote n'avait pas oublié l'opinion du philosophe en faveur de la monnaie de cuivre de Wood. On suppose que le tailleur qui, après avoir calculé la taille de Gulliver avec un demi-cercle, et pris sa mesure par une figure mathématique, lui rapporte des habits très-mal faits et qui ne vont point à sa taille, fait allusion à une erreur de l'imprimeur qui, en ajoutant un chiffre à un calcul astronomique de Newton sur la distance qui sépare le soleil de la terre, l'avait augmenté à un degré incalculable. Les amis de Swift croyaient aussi que l'idée du frappeur (*Flapper*) lui fut suggérée par la distraction habituelle de

Newton. Le doyen disait à Dryden Swift que « sir Isaac était le compagnon le plus maussade du monde, et que, quand on lui faisait une question, il la tournait et retournait en cercle dans son cerveau avant

de pouvoir répondre (1). » (Swift, en parlant ainsi, traçait deux ou trois cercles sur son front.)

Mais, quoique Swift ait traité peut-être avec irrévérence le plus grand philosophe du temps, et que, dans plusieurs de ses écrits, il paraisse faire peu de cas des mathématiques, la satire de Gulliver est plutôt dirigée contre l'abus de la science que contre la science elle-même. — Les faiseurs de projets de l'académie de Laputa sont représentés comme des hommes qui, ayant une légère teinture des mathématiques, prétendent perfectionner leurs plans de mécanique par pure fantaisie ou par un travers d'esprit. Du temps de Swift, il y avait beaucoup de gens de cette espèce qui abusaient de la crédulité des ignorants, les ruinaient, et par leur maladresse retardaient les progrès de la science. En livrant au ridicule tous ces faiseurs de projets, les uns dupes de leurs demi-connaissances, les autres véritables imposteurs, Swift, qui les avait en aversion depuis qu'ils avaient causé la ruine de son oncle Godwin, a emprunté plusieurs traits et peut-être l'idée générale de Rabelais, livre v, chapitre xxiii, où Pantagruel observe les occupations des courtisans de Quinte-Essence, reine d'Entéléchie.

Swift s'est encore moqué des professeurs de sciences spéculatives, occupés de l'étude de ce qu'on appelait alors magie physique et mathématique; étude qui, ne reposant sur aucun principe solide, n'était ni indiquée ni constatée par l'expérience, mais flottait entre la science et la mysticité; — telles sont l'alchimie, et la composition de figures de bronze parlantes, d'oiseaux de bois volants, de poudres sympathiques, de baumes qu'on n'appliquait pas à la blessure, mais à l'arme qui l'avait faite, de fioles d'essence avec lesquelles on pouvait fumer des arpents de terre, et d'autres merveilles semblables, dont la vertu était prônée par des imposteurs qui trouvaient malheureusement des dupes. La machine du bon professeur de Lagado pour hâter les progrès des sciences spéculatives et pour composer des livres sur tous les sujets sans le secours du génie et du savoir, était un ridicule jeté sur l'art inventé par Raymond Lulle, et perfectionné par ses sages commentateurs, ou sur le procédé mécanique par lequel, selon Cornélius Agrippa, un des disciples de Lulle, « tout homme pouvait disserter sur quelque matière que ce fût, et, avec un certain nombre de grands mots, noms et verbes, prolonger une thèse avec beaucoup d'éclat et de subtilité, en soutenant les deux côtés de la question. »

Le lecteur pouvait se croire transporté au sein de la grande académie

---

(1) Le doyen racontait aussi de Newton que son domestique lui ayant dit que le dîner était servi, après avoir attendu, revint, et le trouva monté sur une échelle placée contre l'une des cases de la bibliothèque, tenant un livre dans la main gauche, et la tête appuyée sur la droite, tellement absorbé dans ses méditations, qu'il fut obligé, après l'avoir appelé trois fois, de le secouer pour le tirer de sa méditation. C'était bien l'emploi du frappeur.

de Lagado, quand il lisait *le bref et grand Art de l'invention et de la démonstration*, qui consiste à ajuster le sujet qu'on doit traiter à une machine composée de divers cercles fixes et mobiles. En tournant les cercles de manière à faire porter les divers attributs sur la question proposée, il en résultait une espèce de logique mécanique, que Swift avait incontestablement en vue quand il décrivit la fameuse machine à composer des livres. On a essayé plusieurs fois de porter au dernier degré de perfection l'*Art des arts*, comme on le nomme, par ce mode de composer et de raisonner. Kircher, qui a enseigné cent arts différents, a rajeuni et perfectionné la machine de Lulle; le jésuite Knittel a composé sur le même système *la Route royale de toutes les sciences et de tous les arts;* Brunus a inventé l'art de la logique sur le même plan ; et Kuhlman fait dresser les cheveux quand il annonce une machine qui contiendra non-seulement l'art des connaissances universelles, ou système général de toutes les sciences, mais encore l'art de savoir les langues, de commenter, de critiquer, d'apprendre l'histoire sainte et profane, de connaître les biographies de toute espèce, sans compter la *Bibliothèque des Bibliothèques*, contenant l'essence de tous les livres qui ont été imprimés. Quand un savant annonçait gravement, en latin passable, qu'on pouvait acquérir toutes ces connaissances à l'aide d'un instrument mécanique qui ressemblait beaucoup à un jouet d'enfant, il était temps que la satire fît justice de ces chimères. Ce n'est donc pas sur la science que Swift a cherché à jeter du ridicule, mais sur les études chimériques auxquelles on a quelquefois donné le nom de science.

Dans la caricature des faiseurs de projets politiques, Swift laisse percer ses idées de tory; et, en lisant la triste histoire des Struldbruggs, on se reporte au temps où l'auteur conçut pour la mort une indifférence que les dernières années de sa vie devaient lui faire éprouver avec plus de raison.

Le *Voyage chez les Houyhnhnms* est une diatribe sévère contre la nature humaine; elle n'a pu être inspirée que par l'indignation qui, comme Swift le reconnaît dans son *épitaphe*, avait si longtemps rongé son cœur. Vivant dans un pays où l'espèce humaine était divisée en petits tyrans et en esclaves opprimés, idolâtre de la liberté et de l'indépendance qu'il voyait chaque jour foulées aux pieds, l'énergie de ses sentiments n'étant plus contenue lui fit prendre en horreur une race capable de commettre et de souffrir des telles iniquités. Ne perdons pas de vue sa santé déclinant tous les jours ; son bonheur domestique détruit par la perte d'une femme qu'il avait aimée, et par le spectacle affligeant du danger qui menaçait les jours d'une autre femme qui lui était si chère; ses propres jours flétris dès leur automne ; la certitude de les finir dans un pays qu'il avait en aversion, et de ne pouvoir habiter celui où il avait conçu de si flatteuses espérances et laissé tous ses amis : cette réunion de circonstances peut faire pardonner une misanthropie générale, qui ne ferma jamais le cœur de Swift à la bienfaisance. Ces considérations ne se bornent pas à la personne de l'auteur; elles sont aussi une sorte d'apologie pour l'ouvrage. Malgré la haine qui l'a dictée, le caractère des Yahous offre une leçon morale. Ce n'est pas l'homme éclairé par la religion, ou n'ayant même que les lumières naturelles, que Swift a voulu peindre; c'est l'homme dégradé par l'asservissement volontaire de ses facultés intellectuelles et de ses instincts, tel qu'on le trouve malheureusement dans les dernières classes de la société, quand il est abandonné à l'ignorance et aux vices qu'elle produit. Sous ce point de vue, le dégoût qu'inspire ce tableau ne peut qu'être utile à la morale; car l'homme qui se livre à une sensualité brutale, à la cruauté, à l'avarice, approche du Yahou. Nous n'allons pas jusqu'à dire qu'un but moral justifie la nudité du tableau que Swift trace de l'homme dans cet état de dégradation qui le rapproche des animaux. Les moralistes doivent imiter les Romains, qui infligeaient les châtiments publics aux crimes dont l'atrocité pouvait révolter, et qui punissaient secrètement les attentats à la pudeur.

Malgré ces invraisemblances fondées sur la raison ou les préjugés, les *Voyages de Gulliver* excitèrent un intérêt universel; ils le méritaient par leur nouveauté et par leur mérite intrinsèque. Lucien, Rabelais,

Morus, Cyrano de Bergerac, et plusieurs autres écrivains avaient déjà imaginé de faire raconter par des voyageurs ce qu'ils avaient observé dans des régions idéales; mais toutes les utopies connues étaient fondées sur des fictions puériles, ou servaient de cadre à un système de lois inexécutables. Il était réservé à Swift d'égayer la morale de son ouvrage par l'*humour*, d'en faire disparaître l'absurdité par une satire piquante, et de donner aux événements les plus invraisemblables un air de vérité par la personnalité et le style du narrateur. Le caractère du voyageur imaginaire est exactement celui de Dampier, ou de tout autre navigateur opiniâtre de ce temps-là, doué de courage et de sens commun, parcourant des mers éloignées, avec ses préjugés anglais qu'il rapporte tous à Portsmouth ou à Plymouth, et racontant bravement et simplement à son retour ce qu'il a vu et ce qu'on lui a dit dans les pays étrangers. Ce caractère est tellement anglais, que les étrangers peuvent difficilement l'apprécier. Les observations de Gulliver ne sont jamais plus fines ni plus profondes que celles d'un capitaine de navire marchand, ou d'un chirurgien de la cité de Londres, qui a fait un voyage de long cours. Robinson Crusoé racontant des événements bien plus près de la

réalité, n'est peut-être pas supérieur à Gulliver pour la gravité et la vraisemblance du récit.

Toute la personne de Gulliver est décrite avec tant de vérité, qu'un matelot soutenait qu'il avait bien connu le capitaine Gulliver, mais qu'il demeurait à Wapping et non à Rotherhithe. C'est ce contraste de la facilité naturelle et de la simplicité du style avec les merveilles racontées qui produit un des grands charmes de cette mémorable satire des imperfections, des folies et des vices de l'espèce humaine. Les calculs exacts qui se trouvent dans les deux premières parties contribuent à donner quelque vraisemblance à la fable. On dit que dans la description d'un objet naturel, quand les proportions sont bien observées, le merveilleux, que l'objet soit gigantesque ou rapetissé, est moins sensible à l'œil du spectateur. Il est certain qu'en général la proportion est un attribut essentiel de la vérité, et par conséquent de la vraisemblance ; si le lecteur admet une fois l'existence des hommes que le voyageur raconte avoir vus, il est difficile de trouver aucune contradiction dans le récit. Il semble au contraire que Gulliver et les hommes qu'il voit se conduisent précisément comme ils devaient se conduire dans les circonstances imaginées par l'auteur. Sous ce point de vue, le plus grand éloge qu'on puisse citer des *Voyages de Gulliver* est la critique qu'en faisait un docte prélat irlandais, qui disait qu'il y avait des choses qu'on ne pourrait jamais lui faire croire. Il y a un grand art à nous montrer Gulliver perdant graduellement, par l'influence des objets qui l'environnent, ses idées premières sur les proportions de la taille à son arrivée à Lilliput et à Brobdingnag, et adoptant celles des géants et des pygmées au milieu desquels il vit.

Pour ne pas prolonger ces réflexions, j'engage seulement le lecteur à remarquer avec quel art infini les actions humaines sont partagées entre ces deux races d'êtres imaginaires, afin de rendre la satire plus piquante. A Lilliput, les intrigues et les tracasseries politiques, qui sont la principale occupation des courtisans en Europe, transportées dans une cour de petites créatures de six pouces de haut, deviennent un objet de ridicule; tandis que la légèreté des femmes et les folies des cours européennes, que l'auteur prête aux dames de la cour de Brobdingnag, deviennent des monstruosités dégoûtantes chez une nation d'une stature effrayante. Par ces moyens et par mille autres dans lesquels on retrouve la touche d'un grand maître, et dont on sent l'effet sans pouvoir en saisir la cause que par une longue analyse, le génie de Swift a fait d'un conte de féerie un roman auquel on n'en peut comparer aucun autre pour l'art du récit et le véritable esprit de la satire. La réputation des *Voyages de Gulliver* se répandit bientôt en Europe. Voltaire, qui se trouvait alors en Angleterre, les vanta à ses amis de France et leur recommanda de les faire traduire. L'abbé Desfontaines entreprit cette traduction. Ses doutes, ses craintes, ses apologies, sont consignés dans une introduction curieuse, bien propre à donner une idée de l'esprit et des opinions d'un homme de lettres de cette époque en France.

Ce traducteur convient qu'il sent qu'il blesse toutes les règles; et, tout en demandant grâce pour les fictions extravagantes qu'il a essayé d'habiller à la française, il avoue qu'à certains passages la plume lui tombait des mains d'horreur et d'étonnement, en voyant toutes les bienséances aussi audacieusement violées par le satirique anglais. Il tremble que quelques-uns des traits lancés par Swift ne soient appliqués à la cour de Versailles, et il proteste avec beaucoup de circonlocutions qu'il n'est question que des *toriz* et des *wigts* (*torys* et *whigs*) du factieux royaume d'Angleterre. Il termine en assurant ses lecteurs que non-seulement il a changé beaucoup d'incidents, afin de les accommoder au goût de ses compatriotes, mais qu'il a supprimé tous les détails nautiques, et beaucoup d'autres particularités minutieuses, si détestables dans l'original. Malgré cette affectation de goût et de délicatesse, la traduction est passable. Il est vrai que l'abbé Desfontaines s'est indemnisé en publiant une continuation des *Voyages*, dans un style fort différent de celui de l'original, comme on le conçoit facilement (1).

On a aussi publié en Angleterre une continuation des *Voyages de Gulliver* (un prétendu troisième volume). C'est la plus impudente combinaison de piraterie et de faux qu'on se soit jamais permise dans le monde littéraire. Tandis qu'on affirmait que cette continuation était de l'auteur du véritable *Gulliver*, il s'est trouvé qu'elle n'était pas même l'ouvrage de son imitateur, qui avait copié un ouvrage français tout à fait obscur, intitulé l'*Histoire des Sévérambes* (2).

Indépendamment de ces continuations, il n'était guère possible qu'un ouvrage qui avait eu une si grande vogue ne donnât pas l'idée de l'imiter,

---

(1) Cette continuation est intitulée *le Nouveau Gulliver*; ce sont les *Voyages* de Jean Gulliver, fils du capitaine Lemuel. Ils n'ont pas plus de rapport avec l'original que le *Télémaque* de Fénélon n'en a avec l'*Odyssée*. L'abbé Desfontaines a évité les fictions hardies et irrégulières, les moralités sévères et satiriques, le récit simple et détaillé de Swift. Jean Gulliver est un voyageur imaginaire qui n'inspire point d'intérêt; qui voyage dans un pays où ce sont les femmes qui gouvernent; dans un autre, où les habitants ne vivent qu'un jour; dans un troisième, où la laideur inspire le désir et l'admiration. Quoique Desfontaines soit bien loin de l'originalité piquante de son modèle, son ouvrage n'est pas sans imagination ni sans talent. Il adressa une lettre à Swift au sujet de sa traduction; mais celui-ci ne reçut pas ses excuses pour les retranchements et les changements faits à son ouvrage afin de l'adapter au goût des Français.

(2) Dès le commencement de l'année 1727, le troisième volume des *Voyages de Gulliver* parut sans nom d'imprimeur, dans le même format que les *Voyages*. L'auteur fait faire à Gulliver un second voyage à Brobdingnag; mais, bientôt fatigué d'être obligé d'inventer, quoiqu'il n'eût pas fait grande dépense de génie, il remplit le reste du volume en copiant un *Voyage imaginaire*, écrit en français, intitulé *Histoire des Sévérambes*, que les *Mélanges tirés d'une grande bibliothèque* attribuent à M. Alletz. L'ouvrage fut supprimé en France et dans les autres royaumes catholiques, à cause des idées de déisme qu'il contenait; et, comme il était rare, le plagiaire crut qu'il ne courait aucun risque en le publiant comme un ouvrage original.

de le parodier, d'en publier la clef; qu'il n'inspirât pas quelques poëtes, qu'il ne valût pas à son auteur des éloges et des satires, enfin tout ce qui accompagne ordinairement un triomphe populaire, sans omettre l'esclave à la suite du char, dont les injures grossières rappelaient à l'auteur triomphant qu'il était encore un homme.

Les *Voyages de Gulliver* ne pouvaient qu'augmenter la faveur dont l'auteur jouissait à la cour du prince de Galles. On lui adressa des lettres très-polies, très-affectueuses, et beaucoup de plaisanteries sur Gulliver, les Yahous et les Lilliputiens. En quittant l'Angleterre, Swift avait demandé à la princesse et à mistress Howard un petit présent, comme souvenir de la distinction qu'elles paraissaient mettre entre lui et un ecclésiastique ordinaire. Il avait fixé le présent de la princesse à la valeur de dix livres sterling, et celui de mistress Howard à une guinée. La princesse promit un présent de médailles qu'elle n'envoya jamais. Mistress Howard, plus fidèle à sa parole, envoya à Swift une bague, et la lui annonça par une lettre à laquelle il répondit au nom de Gulliver; Swift ajouta à sa réponse une petite couronne d'or qui représentait le diadème de Lilliput. La princesse daigna accepter une pièce de soie de manufacture irlandaise, dont elle fit faire une robe. Dans sa correspondance, Swift revient un peu trop souvent sur ce présent. Tout semblait indiquer que, dans le cas où le prince monterait sur le trône, Gulliver, pour nous servir des expressions de lord Peterborough, « n'avait qu'à faire mettre de la craie sous ses escarpins, et apprendre à danser sur la corde, pour devenir évêque. »

IV

Swift était d'une haute taille, robuste et bien fait. Il avait les yeux bleus, le teint brun, les sourcils noirs et épais, le nez un peu aquilin, et des traits qui exprimaient toute la sévérité, la fierté et l'intrépidité de son caractère.

Dans sa jeunesse il passait pour un très-bel homme, et dans sa vieillesse, sa figure, quoique sévère, était noble et imposante. Il parlait en public avec chaleur et facilité; son talent pour la réplique était si propre aux débats politiques, que les ministres de la reine Anne durent souvent regretter de n'avoir pu parvenir à le faire siéger au banc des évêques à la Chambre des pairs. Le gouvernement d'Irlande redoutait son éloquence autant que sa plume.

Ses manières en société étaient faciles et affables, non sans quelque teinte d'originalité; mais il savait si bien se plier aux circonstances, que sa société était universellement recherchée. Quand l'âge et les infirmités eurent altéré la flexibilité de son esprit et l'égalité de son caractère, on aimait encore sa conversation. On la trouvait intéressante non-seulement par la connaissance qu'il avait du monde et des mœurs, mais par l'*humour* satirique dont il assaisonnait ses observations et ses anecdotes. Ce fut, suivant Orrery, la dernière de ses facultés qu'il perdit; mais le doyen lui-même s'aperçut qu'à mesure que sa mémoire s'affaiblissait il répétait trop souvent ses histoires. Sa conversation, ses saillies et ses reparties piquantes passaient pour être sans égales; mais, comme tous ceux qui sont accoutumés à dominer despotiquement la conversation, une résistance inattendue lui imposait quelquefois silence.

Il aimait beaucoup les jeux de mots. Un des meilleurs qui aient peut-être jamais été faits est l'application du vers de Virgile,

Mantua, væ! miseræ nimium vicina Cremonæ,

à une dame qui, avec son mantelet, avait jeté par terre un violon de Crémone.

Le jeu de mots par lequel il consola un homme âgé qui avait perdu ses lunettes est plus grotesque. « S'il continue à pleuvoir toute la nuit, vous les retrouverez certainement demain matin de bonne heure. »

<blockquote>Nocte pluit tota, redeunt *spectacula* mane.</blockquote>

(Lunettes en anglais se nomment *spectacles*.).

Sa supériorité dans un genre d'esprit plus réel est constatée par plusieurs anecdotes. Un homme de distinction, dont la conduite n'était pas très-régulière, avait pris pour devise, *Eques haud male notus*. Swift traduisit ainsi ces mots : *Si bien connu que l'on s'y fie peu*. Il avait un goût particulier pour improviser des proverbes. Il se promenait un jour dans le jardin d'un homme de sa connaissance avec quelques autres personnes, et voyant que le maître de la maison ne pensait pas à leur offrir du fruit, Swift cita un des dictons de sa grand'mère qui était,

<blockquote>Always pull a peach
When it is in your reach.</blockquote>

<blockquote>Si sous la main vous avez une pêche,
De la cueillir que rien ne vous empêche.</blockquote>

Et à ces mots, il donna l'exemple à la société.

Une autre fois, un homme avec lequel il se promenait à cheval tomba dans une mare.

<blockquote>The more dirt,
The less hurt;</blockquote>

<blockquote>Plus épaisse est la fange,
Moins cela vous démange,</blockquote>

lui dit Swift : l'homme se releva presque consolé de sa chute; c'était un grand amateur de proverbes, et il s'étonna de ne pas connaître celui dont le doyen venait de faire une si heureuse application. Swift s'amusait à composer des adages : son journal à Stella prouve avec quelle facilité il rimait les moindres sujets, et ses poésies annoncent une fécondité inépuisable.

La bienfaisance du doyen s'élevait au-dessus des charités ordinaires. Quoiqu'il portât toujours sur lui une certaine somme en différentes monnaies pour distribuer à ceux qui lui paraissaient mériter d'être assistés, son grand objet était de venir au secours des vrais nécessiteux sans s'exposer au risque d'être trompé par la fainéantise. Il écrivit plusieurs traités sur ce sujet.

Comme écrivain, le caractère de Swift présente trois particularités remarquables. La première qualité qui le distingue, et qui a rarement été accordée à un auteur au moins par ses contemporains, est l'originalité; le critique le plus sévère ne peut la lui refuser. Johnson lui-même avoue qu'il n'est peut-être pas un seul auteur qui ait si peu emprunté aux autres, et qui ait autant de droits à être considéré comme original. Rien, dans le fait, n'avait été publié qui pût servir de modèle à Swift, et le peu d'idées qu'il a empruntées sont devenues siennes par le cachet qu'il leur a donné.

La seconde particularité que nous avons déjà fait remarquer est l'indifférence totale de Swift pour la renommée littéraire. Il se servait de sa plume comme un ouvrier vulgaire se sert des instruments de son art, sans y attacher grande importance. Swift est inquiet du succès de ses raisonnements; il s'irrite des contradictions, il a de l'humeur contre les adversaires qui combattent ses principes et veulent l'empêcher d'atteindre à son but; mais dans toutes les occasions il montre pour le succès de ses écrits une indifférence qui a tous les caractères de la sincérité. L'insouciance avec laquelle il les lançait dans le monde, l'anonyme qu'il gardait toujours et l'abandon qu'il faisait des profits, prouvent qu'il dédaignait le métier d'auteur.

La troisième marque distinctive du caractère littéraire de Swift est que, l'histoire exceptée, il ne s'est jamais essayé dans aucun style de composition, qu'il n'y ait excellé. On sent que je ne veux pas parler de quelques essais pindariques et de ses vers latins, qui sont trop peu importants pour être mis en ligne de compte. On peut trouver certes bien frivole ou bien vulgaire sa manière d'exercer quelquefois son talent: mais ses vers anglo-latins, ses énigmes, ses descriptions peu délicates, ses violentes satires politiques, sont dans leur genre aussi parfaites que le comporte le sujet, et ne laissent qu'un regret, celui de ne pas voir un si beau génie employé à traiter de plus nobles sujets.

Dans la fiction, il possédait au suprême degré l'art de la vraisemblance, ou, comme nous l'avons remarqué en parlant des *Voyages de Gulliver*, l'art de peindre et de soutenir un caractère fictif, dans tous les lieux et dans toutes les circonstances. Une grande partie de ce secret consiste dans l'exactitude des détails des petits faits détachés qui forment l'avant-scène d'une histoire racontée par un témoin oculaire. Telles sont les choses qui semblent n'intéresser vivement que le narrateur. C'est la balle de fusil qui siffle aux oreilles du soldat, et qui fait plus d'impression sur lui que toute l'artillerie qui n'a cessé de gronder pendant la bataille. Mais pour un spectateur éloigné, tous ces détails sont perdus dans le cours général des événements. Il fallait tout le discernement de Swift, ou de De Foe, auteur de *Robinson Crusoé* et des *Mémoires d'un Cavalier*, pour saisir ces détails minutieux qui doivent frapper le spectateur que la portée de son esprit et son éducation n'ont pas accoutumé à généraliser ses observations. L'ingénieux auteur de l'*Histoire de la Fiction* (1) m'a

---

(1) Dunlop.

devancé dans le parallèle que je m'étais proposé de faire du roman de *Gulliver* et de celui de *Robinson Crusoé*. Je vais emprunter ses expressions, qui rendent parfaitement mes propres idées.

Après avoir développé sa proposition, en montrant comme Robinson Crusoé rend vraisemblable son récit d'orage : « Ces détails minutieux, dit Dunlop, nous portent à croire tout le récit. On ne peut pas penser qu'il en eût été fait mention, s'ils n'étaient pas vrais. Ces mêmes détails circonstanciés sont remarquables dans les *Voyages de Gulliver*; ils nous conduisent à croire en partie les récits les plus improbables. »

On n'a jamais mis en doute le génie de De Foe; mais la sphère de ses connaissances n'était pas fort étendue : il en est résulté que son imagination n'a pu créer au delà d'un ou deux héros. Un marin ordinaire comme Robinson Crusoé; un soldat grossier, comme son *Cavalier;* des filous de bas étage, comme quelques-uns de ses autres personnages fictifs : voilà tous les rôles que la portée de sa science lui permettait de faire paraître sur la scène. Il se trouve précisément dans le cas de ce sorcier d'un conte indien, dont le pouvoir magique se borne à prendre la figure de deux ou trois animaux. Swift est le derviche persan qui a le pouvoir de faire passer son âme dans le corps de qui il lui plaît, de voir avec ses yeux, d'employer tous ses organes, de s'emparer même de son jugement.

La proposition que j'ai avancée sur l'art de donner de la vraisemblance à un récit imaginaire trouve son corollaire fondé sur le même principe. Si des détails minutieux frappent l'esprit du narrateur, usurpent une portion considérable de son récit, de même des circonstances plus importantes en elles-mêmes n'attirent que partiellement son attention ; en d'autres termes, il y a dans un récit, comme dans un tableau, un lointain aussi bien qu'un premier plan ; et l'échelle des objets décroît nécessairement à mesure qu'ils sont plus éloignés de celui qui les raconte. A cet égard, l'art de Swift n'est pas moins remarquable. Gulliver raconte d'une manière plus vague ce qu'il apprend par ouï-dire que ce qu'il a observé lui-même. Ce n'est pas, comme dans les autres voyages aux pays d'Utopie, un tableau exact du gouvernement et des lois de ces pays, mais les notions générales qu'un voyageur curieux cherche à se procurer pendant quelques mois de séjour parmi des étrangers. Enfin, le narrateur est le centre et le grand ressort de l'histoire ; il ne rapporte pas des choses que les circonstances ne lui ont pas permis d'observer, mais il n'omet aucun des incidents auxquels les circonstances donnaient de l'importance à ses yeux, parce qu'ils le touchaient personnellement.

NOTE DES ÉDITEURS

Les principaux ouvrages de Swift, comme prosateur, sont le *Conte du Tonneau*, les *Voyages de Gulliver* et les *Lettres du Drapier*; ses meilleurs ouvrages de poésie sont *le Club de la Légion*, le poëme de *Cadenus et Vanessa*, et la *Rapsodie sur la poésie*. Il dépensa, au service des circonstances dans lesquelles il se trouva jeté, un talent digne d'un meilleur usage et d'un succès plus durable; et parmi les productions nombreuses et remarquables du Rabelais de l'Angleterre, ainsi que Voltaire l'a surnommé, son *Gulliver* est le seul livre destiné à vivre dans la postérité. Il est vrai d'ajouter qu'un ouvrage d'aussi haute portée suffit à fonder une renommée de premier ordre.

L'ÉDITEUR AU LECTEUR

'AUTEUR de ces voyages, M. Samuel Gulliver, est mon ancien et très-intime ami ; nous sommes même un peu parents du côté maternel. Il peut y avoir environ trois ans que M. Gulliver, fatigué de l'affluence de curieux qui venaient à sa maison de Redriff, acheta une petite terre et une maison commode près de Newark, comté de Nottingham, sa province natale; et maintenant il vit très-retiré dans ce domaine, estimé néanmoins de tous ses voisins.

Bien que M. Gulliver soit né dans le comté de Nottingham, où demeurait son père, j'ai entendu dire que sa famille venait du comté d'Oxford; et j'ai remarqué en effet, dans le cimetière de Banbury, appartenant à cette province, plusieurs tombeaux ou monuments des Gulliver.

Avant de quitter Redriff, il laissa entre mes mains les écrits suivants, et m'autorisa à en disposer comme je le jugerais convenable. Le style en est clair et simple ; et j'y trouve un seul défaut, commun du reste à tous les voyageurs, celui d'entrer dans des détails un peu minutieux. Mais je ne sais quel air de vérité respire dans l'ensemble de l'ouvrage ; et l'auteur se distingue en effet par la véracité, à tel point que, dans le voisinage de Redriff, quand on voulait affirmer quelque chose, on disait ordinairement : Cela est aussi vrai que si M. Gulliver l'avait dit.

D'après les conseils de plusieurs personnes, auxquelles, avec la permission de l'auteur, j'avais communiqué les papiers, je risque aujourd'hui de les produire dans le monde, avec l'espérance qu'ils seront, du moins pendant quelque temps, un passe-temps plus agréable pour notre jeune noblesse que les rapsodies des écrivains de parti.

Ce volume aurait eu au moins le double de grosseur, si je ne m'étais permis de rayer quantité de passages relatifs aux vents et aux marées, ainsi que toutes les observations météorologiques des différents voyages, et la description des manœuvres du vaisseau pendant les tempêtes, donnée en style de marin. J'ai passé de même les hauteurs, et je crains que M. Gulliver ne soit pas très-satisfait de ces omissions; mais j'étais déterminé à mettre l'ouvrage autant que possible à la portée du grand nombre. Cependant, si mon ignorance des choses de la mer m'avait fait tomber dans quelques erreurs, j'en serais seul responsable; d'ailleurs, si des voyageurs étaient curieux de voir le texte original dans toute son étendue, et tel qu'il est sorti des mains de l'auteur, je serais prêt à les satisfaire.

A l'égard des particularités concernant l'auteur, le lecteur les trouvera dans les premières pages du livre.

RICHARD SYMPSON.

LETTRE DU CAPITAINE GULLIVER

A SON COUSIN RICHARD SYMPSON

'ESPÈRE que vous ne refuserez point d'avouer publiquement, toutes les fois que l'occasion s'en présentera, que vos instances réitérées m'ont seules décidé à laisser publier un récit mal digéré et incorrect de mes voyages, en vous enjoignant d'employer quelques jeunes gradués de l'une ou de l'autre de nos universités pour mettre en ordre les matériaux et corriger le style, comme l'a fait, par mon avis, mon cousin Dampier pour son livre intitulé : *Voyage autour du Monde*. Mais, si je m'en souviens bien, je ne vous ai pas autorisé à rien omettre, et beaucoup moins encore à rien ajouter ; ainsi, par rapport au dernier cas, je désavoue tout ce qui n'est pas de moi, notamment un paragraphe sur Sa Majesté la reine Anne, de pieuse et glorieuse mémoire. Bien que je l'aie estimée et révérée plus que tout le reste de son espèce, vous auriez dû, vous ou celui de vos collaborateurs qui s'est permis d'intercaler ce trait, considérer d'abord qu'il n'était pas dans mes habitudes de flatter mes semblables, ensuite qu'il eût été indécent de louer une créature de mon espèce devant mon maître le Houyhnhnm ; de plus, le fait est absolument faux, car j'ai passé une partie du règne de Sa Majesté en Angleterre ; et, à ma connaissance, cette princesse a toujours gouverné par un premier ministre, d'abord lord Godolphin, ensuite lord Oxford ; en sorte que vous m'avez fait dire la chose qui n'était pas. Et même, dans le compte que j'ai rendu de l'académie des faiseurs de projets et dans quelques passages de mon discours à mon maître le Houyhnhnm, vous avez omis des circonstances essentielles, ou bien vous les avez atténuées et changées de telle manière qu'il m'est difficile de reconnaître mon propre ouvrage. Quand je vous insinuai quelque chose de ceci dans une de mes lettres, vous avez bien voulu me répondre que vous aviez craint d'offenser le pouvoir, toujours vigilant à l'égard de la presse, et enclin non-seulement à interpréter, mais à punir tout ce qui a l'apparence d'une *allusion* (c'est, je crois, le terme). Mais, de grâce, comment ce que j'ai dit, il y a un si grand nombre d'années, et à cinq mille lieues de distance, dans un royaume étranger, pourrait-il s'appliquer à aucun des Yahous qui gouvernent, dit-on, maintenant notre troupeau; surtout mes paroles ayant été dites dans un temps où je ne pouvais craindre de me trouver encore sous leur empire? N'ai-je pas les plus grandes raisons de m'affliger quand je vois ces mêmes Yahous traînés dans des voitures par des Houyhnhnms, comme si les derniers étaient des brutes et les premiers des créatures raisonnables? C'est en effet principalement pour échapper à ce spectacle monstrueux et détestable que je me suis retiré ici.

C'est là ce que j'ai cru devoir vous dire par rapport à vous-même et à la tâche que je vous ai confiée.

En second lieu, je me reproche d'avoir montré si peu de jugement en cédant aux instances et aux faux raisonnements employés par vous et quelques autres pour me décider, contre mon opinion propre, à laisser publier mes voyages. Veuillez, de grâce, vous rappeler combien de fois je vous ai prié, lorsque vous me donniez le motif du bien public pour triompher de ma répugnance, combien de fois, dis-je, je vous ai prié de considérer que les Yahous étaient des animaux absolument incapables de se corriger par des leçons ou des exemples. Le fait a confirmé cette assertion; car, au lieu d'apprendre la disparition des abus et de la corruption, du moins dans cette petite île, comme il m'était permis de l'espérer, vous voyez que mon livre, après six mois de publicité, n'a pas eu un seul des bons effets que j'avais l'intention de produire. Je vous avais prié de m'informer, par une lettre, du moment où les factions seraient éteintes, les juges éclairés et intègres, les plaideurs honnêtes, modérés et pas tout à fait dépourvus de bon sens; où la plaine de Smithfield serait illuminée par l'incendie de pyramides de livres de jurisprudence, les médecins bannis, les femelles yahous abondamment ornées de vertus, d'honneur, de sincérité, de raison; les cours et les audiences ministérielles purgées de leurs immondices; le mérite et la science récompensés; ceux qui font la honte de la presse, soit en prose, soit en vers, condamnés à manger leur papier pour toute nourriture, et à boire leur encre pour toute boisson. Je comptais sur ces réformes et sur mille autres, d'après vos encouragements, et, en effet, elles étaient clairement indiquées dans mon livre. Et l'on doit avouer que sept mois étaient bien suffisants pour corriger tous les vices, toutes les faiblesses, auxquels les Yahous sont sujets, si leur nature avait pu admettre le moindre degré de sagesse ou de vertu. Mais, loin de répondre à mon attente, chacun de vos courriers m'apportait avec vos lettres une charge de *libelles*, de *réflexions*, de *secondes parties*, dans lesquels on m'accusait de calomnier des hommes d'État, d'avilir l'espèce humaine (car ils ont encore l'impudence de se donner ce nom), et d'outrager le sexe féminin. Je reconnus bientôt que les auteurs de ce fatras ne s'accordaient pas même entre eux, les uns ne voulant pas convenir que je fusse l'auteur de mes voyages, les autres m'attribuant des écrits auxquels je suis totalement étranger.

Je dois observer encore que votre imprimeur a mis beaucoup d'inexactitude dans les dates de quelques-uns de mes voyages et retours, et n'a donné avec précision ni l'année, ni le mois de l'année, ni le jour du mois; et comme j'ai entendu dire que le manuscrit original avait été détruit depuis la publication de mon ouvrage, et qu'il ne m'en reste point de copie, je vous envoie quelques corrections que vous pourriez insérer si vous faisiez une seconde édition; toutefois je ne les garantis point, et je laisse aux lecteurs judicieux et candides le soin de rétablir les choses telles qu'elles doivent être.

On m'a rapporté que nos Yahous marins trouvaient mon langage de mer suranné en certains passages. Cet inconvénient était inévitable. Dans mes premiers voyages, étant fort jeune, je fus instruit par de très-vieux marins, et j'appris à parler comme eux. Par la suite, j'ai vu que les Yahous de mer étaient devenus aussi enclins à l'adoption de mots nouveaux que les Yahous de terre, qui changent de langage presque tous les ans; si bien que je trouvais, à chacun de mes retours dans mon pays, le dialecte tellement altéré, que j'avais peine à le comprendre. De même, quand je reçois la visite de quelques curieux de Londres, nous ne pouvons nous entendre réciproquement, parce que nous employons des termes différents pour exprimer nos idées.

Si les critiques des Yahous pouvaient m'affecter le moins du monde, j'aurais grande raison de me plaindre de plusieurs d'entre eux, qui ont eu l'impudence d'avancer que mon livre de voyage est une pure fiction tirée de mon cerveau; ils ont même poussé l'audace jusqu'à dire qu'il n'y avait pas plus de Houyhnhnms et de Yahous que d'habitants de l'Utopie.

J'avoue néanmoins qu'à l'égard des peuples de Lilliput, de Brobdingrag (le mot doit être écrit ainsi, et non, comme on l'écrit par erreur, Brobdingnag) et de Laputa, aucun de nos Yahous n'a été assez hardi pour élever le moindre doute, non plus que sur les faits que j'ai cités relativement à ces peuples, parce que sur ce point la vérité est si frappante, qu'elle entraîne forcément la conviction. Cependant mon récit des Houyhnhnms et des Yahous est-il moins probable? ne voit-on pas en ce pays même des milliers de ces derniers qui ne diffèrent de leurs frères brutes de la terre des Houyhnhnms qu'en ce qu'ils font usage d'une sorte de jargon et ne vont pas tout nus? J'ai écrit pour obtenir leur amélioration, non leur approbation. Les louanges réunies de leur race entière auraient moins de prix à mes yeux que le hennissement des deux Houyhnhnms dégénérés que je tiens dans mon écurie; car je puis encore tirer de ceux-ci, malgré leur dégradation, quelques manifestations de vertu sans mélange de vice.

Ces misérables animaux oseraient-ils me supposer assez dégradé pour condescendre à défendre ma véracité? Tout Yahou que je suis, il est bien connu que, par les instructions et l'exemple de mon illustre maître, j'ai pu dans l'espace de deux ans (non sans de grandes difficultés, je dois le dire) perdre cette infernale habitude de mentir, de hâbler, de tromper, d'équivoquer, si profondément enracinée dans mon espèce, surtout en Europe.

J'aurais bien d'autres plaintes à faire sur ce sujet pénible; mais je ne veux pas fatiguer plus longtemps et vous et moi-même. Je dois confesser que, depuis ma dernière lettre, quelque reste du mauvais levain de ma nature de Yahou s'est ravivé chez moi par la conversation d'un petit nombre d'individus de votre espèce, particulièrement ceux de ma famille avec lesquels je ne puis m'empêcher de communiquer; sans cela, je n'aurais probablement jamais conçu un projet aussi absurde que celui de réformer la race des Yahous de ce royaume. Mais j'ai maintenant renoncé pour toujours à de telles visions.

2 avril 1727.

CHAPITRE PREMIER

L'auteur rend un compte succinct de sa naissance, de sa famille,
et des premiers motifs qui le portèrent à voyager.
— Il fait naufrage, et se sauve à la nage dans le pays de Lilliput. — On l'enchaîne,
et on le conduit en cet état dans l'intérieur des terres.

Mon père avait un petit bien situé dans la province de Nottingham. J'étais le troisième de ses cinq fils. Il m'envoya au collége Emmanuel, à Cambridge, à l'âge de quatorze ans. J'y demeurai trois années, pendant lesquelles j'étudiai assidûment. Mais, malgré le prix modique de ma pension, la dépense de mon entretien au collége étant encore trop grande, on me mit en apprentissage, à Londres, sous M. Jacques Bates, chirurgien célèbre, chez qui je demeurai quatre ans. Mon père m'envoyait de temps en temps quelques petites sommes; je les employai à étudier la navigation, et à acquérir les connaissances mathématiques nécessaires à ceux qui se proposent de voyager sur mer, ce que je prévoyais être tôt ou tard dans ma destinée. Ayant quitté M. Bates, je retournai chez mon père; et tant de lui que de mon oncle Jean et de quelques autres parents, je tirai la somme de quarante livres sterling, avec la promesse de trente autres livres par an pour me défrayer à Leyde. Je m'y rendis, et m'y appliquai à l'étude de la médecine pendant deux ans et

sept mois, persuadé qu'elle me serait un jour utile dans des voyages de long cours.

Bientôt après être revenu de Leyde, j'eus, à la recommandation de mon bon maître, l'emploi de chirurgien sur *l'Hirondelle*, où je restai trois ans et demi sous le commandement du capitaine Abraham Panell. Je fis pendant ce temps-là des voyages dans le Levant et ailleurs.

A mon retour, je résolus de m'établir à Londres. M. Bates m'encouragea à prendre ce parti, et me présenta à quelques-uns de ses malades. Je louai un appartement dans une petite maison du quartier d'Old-Jewry; et bientôt après j'épousai mademoiselle Marie Burton, seconde fille de M. Édouard Burton, bonnetier dans la rue de Newgate, laquelle m'apporta en dot quatre cents livres sterling.

Mais mon cher maître, M. Bates, mourut deux ans après; je ne conservai dès lors qu'un petit nombre de relations, et ma clientèle commença à diminuer : ma conscience ne me permettait pas de recourir aux moyens répréhensibles dont usaient la plupart de mes confrères. C'est pourquoi, après avoir consulté ma femme et quelques amis, je pris la résolution de me remettre

en mer. Je fus successivement chirurgien sur deux vaisseaux; et plusieurs autres voyages que je fis, dans le cours de six ans, aux Indes orientales et occidentales, augmentèrent un peu ma petite fortune. J'employais mon loisir à lire les meilleurs auteurs anciens et modernes, étant toujours pourvu d'un bon nombre de livres; et quand je me trouvais à terre, je ne négligeais pas d'observer les mœurs et les coutumes des peuples, et d'apprendre en même temps la langue du pays; ce qui me coûtait peu, grâce à mon excellente mémoire.

Le dernier de ces voyages n'ayant pas réussi, je me sentis dégoûté de la mer, et je pris le parti de rester chez moi avec ma femme et mes enfants. Je quittai Old-Jewry pour Fetter-Lane, et plus tard cette demeure pour Wapping, dans l'espérance d'avoir de la pratique parmi les matelots; mais je n'y trouvai pas mon compte.

Après avoir attendu trois ans, et espéré en vain que mes

affaires iraient mieux, j'acceptai une offre avantageuse qui me fut faite par le capitaine Guillaume Pritchard, prêt à monter *l'Antilope* et à partir pour la mer du Sud. Nous nous embarquâmes à Bristol, le 4 mai 1699, et notre voyage fut d'abord très-heureux.

Il est inutile d'ennuyer le lecteur par le détail de nos aventures dans ces mers; c'est assez de lui faire savoir que, dans notre passage aux Indes orientales, nous essuyâmes une violente tempête qui nous poussa vers le nord-ouest de la terre de Van-Diemen. Nous nous trouvions alors par trente degrés deux minutes de latitude méridionale. Douze de nos hommes étaient morts d'excès de fatigue et de mauvaise nourriture, les autres se trouvaient dans un état d'épuisement absolu. Le 5 novembre, commencement de l'été dans ces pays-là, le ciel étant très-sombre, les matelots aperçurent un rocher qui n'était qu'à une demi-encablure du vaisseau; mais le vent était si fort, que nous fûmes poussés directement contre l'écueil, et brisés aussitôt. Six

hommes de l'équipage (j'étais du nombre), s'étant jetés dans la chaloupe, trouvèrent moyen de se débarrasser du vaisseau et du rocher. Nous allâmes à la rame environ trois lieues; mais à la fin la lassitude ne nous permit plus de ramer. Entièrement épuisés, nous nous abandonnâmes au gré des flots; et environ une demi-heure après nous fûmes renversés par un coup de vent du nord.

Je ne sais quel fut le sort de mes camarades de la chaloupe, non plus que de ceux qui se sauvèrent sur le rocher ou qui restèrent dans le vaisseau; mais je crois qu'ils périrent tous : pour moi, je nageai à l'aventure, et fus poussé vers la terre par le vent et la marée. Je laissai souvent tomber mes jambes, mais

je ne sentais pas le fond. Enfin, j'étais près de m'abandonner, quand je trouvai pied dans l'eau; alors la tempête était bien diminuée. Comme la pente était presque insensible, je marchai une demi-lieue dans la mer avant de prendre terre; dans ce moment-là je supposai qu'il pouvait être environ huit heures et demie du soir. Je fis près d'un quart de lieue sans découvrir aucune maison, ni aucun vestige d'habitants; ou du moins j'étais trop exténué pour les apercevoir. La fatigue, la chaleur, et une demi-pinte d'eau-de-vie que j'avais bue en abandonnant le vaisseau, tout cela m'excita à dormir. Je me couchai sur l'herbe, qui était très-fine et très douce; bientôt je fus enseveli dans le plus profond sommeil que j'aie jamais goûté, et qui dura environ neuf heures, car je ne m'éveillai qu'au jour. J'essayai alors de me lever; mais ce fut en vain. Comme je m'étais couché sur le dos, je sentis mes bras et mes jambes attachés à la terre de l'un et de l'autre côté, et mes cheveux, qui étaient longs et épais, attachés de même. Je vis aussi plusieurs liens très-minces qui m'entouraient le corps depuis les épaules jusqu'aux cuisses.

Je ne pouvais regarder que le ciel; le soleil commençait à être fort chaud, et sa vive clarté me fatiguait les yeux. J'entendis un bruit confus autour de moi; mais dans la posture où j'étais je ne pouvais, je le répète, rien voir que le ciel. Bientôt je sentis remuer quelque chose sur ma jambe gauche, et cet objet, avançant doucement sur ma poitrine, monter presque jusqu'à mon menton. Dirigeant, comme je le pus, ma vue de ce côté, j'aperçus une créature humaine, haute tout au plus de six pouces,

tenant à la main un arc et une flèche, et portant un carquois sur le dos. J'en vis aussitôt au moins quarante autres de la même espèce qui la suivaient. Dans ma surprise, je jetai de tels cris, que tous ces petits êtres se retirèrent saisis de peur; il y en eut quelques-uns, comme je l'ai appris ensuite, qui furent dangereusement blessés par les chutes qu'ils firent en se précipitant à terre. Néanmoins ils revinrent bientôt; et un d'eux, qui eut la hardiesse de s'avancer assez pour voir entièrement mon visage, levant les mains et les yeux en signe d'étonnement, s'écria d'une voix aigre mais distincte : *hekinah degul*. Les autres répétèrent plusieurs fois les mêmes mots; je n'en compris pas alors le sens.

J'étais pendant ce temps-là, comme le lecteur peut le penser, dans une position fort gênante. Enfin, par mes efforts pour me mettre en liberté, j'eus le bonheur de rompre les cordons ou fils, et d'arracher les chevilles qui attachaient mon bras droit à la terre; car, en le haussant un peu, j'avais découvert ce qui me tenait captif. En même temps, par une secousse violente qui me causa une douleur extrême, je lâchai un peu les cordons qui attachaient mes cheveux du côté droit, en sorte que je me trouvai en état de tourner un peu la tête. Alors ces insectes humains prirent la fuite avant que je pusse les toucher, et poussèrent des cris très-aigus. Ce bruit cessant, j'entendis un d'eux s'écrier : *tolgo phonac;* et aussitôt je me sentis percer à la main gauche de plus de cent flèches qui me piquaient comme autant d'aiguilles. Ils en firent ensuite une autre décharge en l'air, comme nous tirons des bombes en Europe; plusieurs, je crois, me tombaient sur le corps, quoique je ne les aperçusse pas, et d'autres s'abattaient sur mon visage, que je tâchai de couvrir avec ma main droite. Quand cette grêle de flèches fut passée, je m'efforçai encore de me dégager; mais on fit alors une autre décharge plus grande que la première, et quelques-uns tâchaient de me

percer de leurs lances; mais par bonheur je portais une veste de peau de buffle qu'ils ne pouvaient traverser. Je crus donc que le meilleur parti était de me tenir en repos, et de rester comme j'étais jusqu'à la nuit; qu'alors, dégageant mon bras gauche, je pourrais devenir tout à fait libre; et quant aux habitants, c'était avec raison que je me croyais d'une force égale aux plus puissantes armées qu'ils pourraient mettre sur pied pour m'attaquer, s'ils étaient tous de la même taille que ceux que j'avais vus. Mais la fortune me réservait un autre sort.

Quand ces gens eurent remarqué que j'étais tranquille, ils cessèrent de me décocher des flèches; cependant une rumeur croissante m'apprit que leur nombre s'augmentait considérablement; et à deux toises environ de moi, vis-à-vis de mon oreille droite, j'entendis, pendant plus d'une heure, comme un bruit de gens qui travaillaient. Enfin, tournant un peu ma tête de ce côté-là, autant que les chevilles et les cordons me le permettaient, je vis un échafaud élevé de terre d'un pied et demi, où quatre de ces petits hommes pouvaient se placer, et deux ou trois échelles pour y monter; d'où un d'entre eux, qui me semblait être une personne de condition, me fit une harangue assez longue, dont je ne compris pas un mot. Avant de commencer, il s'écria trois

fois : *langro dehul san*. (Ces mots furent répétés par la suite, et me furent expliqués, ainsi que les précédents.) Aussitôt cinquante hommes s'avancèrent, et coupèrent les cordons qui attachaient le côté gauche de ma tête; ce qui me donna la liberté de la tourner à droite, et d'observer la figure et l'action de celui qui devait parler. Il me parut être de moyen âge, et d'une taille plus grande que les trois autres qui l'accompagnaient, dont l'un, qui avait l'air d'un page et était à peu près haut comme mon doigt, tenait la queue de sa robe, et les deux autres étaient debout de chaque côté pour le soutenir. Il remplissait convenablement son rôle d'orateur, et je crus voir se succéder la menace et la promesse dans son discours, qui contenait aussi des mouvements de compassion et de sensibilité. Je fis la réponse en peu de mots, mais du ton le plus soumis, levant la main gauche et les yeux vers le soleil, comme pour le prendre à témoin que je mourais de faim, n'ayant rien mangé depuis longtemps.

Mon appétit était en effet si pressant, que je ne pus m'empêcher de faire voir mon impatience (peut-être d'une façon un peu incivile) en portant souvent mon doigt à ma bouche, pour faire connaître que j'avais besoin de nourriture. L'*hurgo* (c'est ainsi que parmi eux on appelle un grand seigneur, comme je l'ai su depuis) me comprit fort bien. Il descendit de l'échafaud, et fit appliquer à mes côtés plusieurs échelles, sur lesquelles montèrent bientôt une centaine d'hommes, qui se mirent en marche vers ma bouche, chargés de paniers pleins de viande, réunis et envoyés par les ordres de leur souverain dès qu'il avait eu connaissance de mon arrivée. J'observai qu'il y avait de la chair de différents animaux; mais je ne pus les distinguer par le goût. Il y avait des gigots, des épaules et des éclanches taillées comme du mouton, et fort bien accommodées, mais plus petites que les ailes d'une alouette; j'en avalai deux ou trois d'une bouchée avec trois pains gros comme des balles de fusil. Ils me fournirent tout cela, témoignant de grandes marques d'étonnement et d'admiration à la vue de ma taille et de mon prodigieux appétit.

Je fis un autre signe pour leur indiquer qu'il me manquait à boire; ils conjecturèrent, par la façon dont je mangeais, qu'une petite quantité de boisson ne me suffirait pas; et, comme ils étaient ingénieux, ils levèrent avec beaucoup d'adresse un des plus grands tonneaux de vin qu'ils eussent, le roulèrent vers ma main, et le défoncèrent. Je le bus d'un seul coup, ce qui ne me

fut pas très-difficile, car il ne contenait pas plus d'une demi-pinte; ce vin avait un peu le goût du bourgogne, mais il était plus agréable. On m'en apporta un autre muid, que je bus de même, et je fis signe qu'on m'en amenât encore d'autres; mais on n'en avait plus à me donner.

Après m'avoir vu faire toutes ces merveilles, ils poussèrent des cris de joie, et se mirent à danser sur ma poitrine; répétant plusieurs fois, comme ils avaient fait d'abord : *hekinah degul*. Ils m'indiquèrent par signes que je pouvais jeter à terre les deux muids; mais ils avertirent d'abord les assistants de s'éloigner, en criant : *borach mevolah;* et quand ils virent les deux muids en l'air, ce fut un hourra général.

J'avoue que je fus plusieurs fois tenté, pendant qu'ils allaient et venaient sur mon corps, de saisir quarante à cinquante des premiers qui se trouveraient à ma portée, et de les lancer à terre; mais le souvenir de ce que j'avais déjà souffert, qui peut-être n'était pas le pis qu'ils pussent m'infliger, et la promesse que je leur avais faite tacitement de ne point exercer ma force contre eux, me firent éloigner ces pensées de mon esprit. D'ailleurs je me regardais comme lié par les lois de l'hospitalité envers un peuple qui venait de me traiter avec tant de munificence. Cependant je ne pouvais me lasser d'admirer la hardiesse de ces petits êtres qui s'aventuraient à monter et à se promener sur mon corps, tandis qu'une de mes mains était libre.

Lorsqu'ils virent que je ne demandais plus à manger, ils conduisirent devant moi une personne d'un rang supérieur qui m'était envoyée par Sa Majesté. Son Excellence monta sur le bas de ma jambe, et s'avança jusqu'à mon visage avec une douzaine de gens de sa suite. Il me présenta ses lettres de créance revêtues du sceau royal, les plaça tout près de mes yeux, et fit un discours d'environ dix minutes, d'un ton calme, mais résolu, montrant de temps en temps le côté de l'horizon qui s'étendait en face de nous. C'était la direction dans laquelle était située la capitale, à une demi-lieue à peu près; et le roi avait arrêté dans son conseil que j'y serais transporté. Je répondis en peu de mots qui ne furent pas entendus, et je recourus aux signes; passant la main qu'on avait laissée libre par-dessus les têtes de l'envoyé et de son monde, je l'appliquai sur mon autre main et sur ma tête. Le seigneur comprit que je désirais être détaché; mais il me fit entendre que je devais être transporté dans l'état où j'étais. Toutefois il m'assura par d'autres signes qu'on me donnerait tout ce qui me serait nécessaire. Le désir d'essayer de briser mes liens me revint fortement; mais lorsque je sentis la pointe de leurs flèches sur mes mains, déjà couvertes d'ampoules, et sur mon visage, plusieurs de ces petits dards étant restés dans ma chair, et le nombre de mes ennemis augmentant de moment en moment, je montrai l'intention de me soumettre à tout ce qu'ils voudraient faire de moi. Alors l'*hurgo* (le seigneur) et sa suite se retirèrent avec beaucoup de marques de civilité et de satisfaction.

Bientôt après j'entendis une acclamation universelle, avec de fréquentes répétitions de ces mots : *peplum selan;* et j'aperçus à ma gauche un grand nombre de gens relâchant les cordons à un tel point que je me trouvai en état de me tourner à droite et d'uriner, fonction dont je m'acquittai abondamment, au grand étonnement du peuple, lequel, devinant ce que j'allais faire, s'ouvrit impétueusement à droite et à gauche pour éviter le déluge. Quelque temps auparavant on m'avait frotté charitablement le visage et les mains d'une espèce d'onguent d'une odeur agréable, qui en très-peu de temps me guérit de la piqûre des flèches. Ces circonstances, jointes aux rafraîchissements que j'avais reçus et à la nourriture solide que j'avais prise, me disposèrent à dor- mir; et mon sommeil fut d'environ huit  heures, ainsi que je m'en assurai plus tard, les médecins, par ordre de l'em- pereur, ayant mêlé au vin une potion soporifique.

Il paraît qu'aussitôt après que j'avais été aperçu dormant sur le rivage où je venais d'aborder, l'empereur en avait reçu l'avis par un exprès; et qu'il avait décidé en conseil que je serais enchaîné de la manière que je viens de rapporter, ce qui s'exécuta dans la nuit et pendant mon sommeil; que des provisions de vivres et de boisson me seraient envoyées, et une machine construite pour me transporter dans la capitale de ses États.

Cette résolution semblera peut-être hardie et dangereuse, et je ne pense pas qu'il existe en Europe un seul prince capable d'agir ainsi en pareil cas; cependant, à mon avis, la mesure était aussi prudente que généreuse; car, si l'on eût tenté de me tuer dans mon sommeil, la première sensation douloureuse m'aurait éveillé, et, la colère doublant mes forces, j'aurais probablement rompu mes liens, et mes assaillants n'auraient eu aucune grâce à attendre de moi.

Ces peuples excellent dans les mathématiques et la mécanique, sciences particulièrement encouragées par leur souverain. Ce prince possède de très-ingénieuses machines de transport, capables de porter des vaisseaux de guerre (quelquefois longs de neuf pieds) des forêts où ils ont été construits jusqu'à la côte. Cinq cents ingénieurs ou charpentiers furent chargés de préparer une de ces machines de la dimension convenable pour me transporter. C'était un chariot de sept pieds de long sur quatre de large, posé sur vingt-deux roues, et élevé d'un demi-pied. Le bruit que j'avais entendu venait de l'approche de cette machine, qui fut placée parallèlement à mon corps. La principale difficulté était de me hisser dans la voiture; à cet effet on planta quatre-vingts poteaux; de fortes cordes de la grosseur de ficelle d'emballage furent attachées à des bandes qu'on avait passées autour de mon corps, de mes bras, de mes jambes et de mon cou. Alors neuf cents hommes robustes tirèrent les cordes par des poulies fixées aux poteaux, et je fus ainsi élevé, jeté sur la machine, et solidement attaché. Tout cela me fut raconté; car, pendant le temps de l'opération, je dormais du plus profond

sommeil. Quinze cents chevaux vigoureux me traînèrent jusqu'à la capitale, à un demi-mille de distance.

Il y avait quatre heures que nous étions en chemin, lorsque

je fus éveillé par un incident assez ridicule. Pendant que les voituriers s'étaient arrêtés pour raccommoder quelque chose à la voiture, quatre ou cinq jeunes gens, curieux de voir la mine que je faisais en dormant, grimpèrent sur le chariot, et, s'avançant très-doucement jusqu'à mon visage, l'un d'entre eux, officier des gardes, avait mis la pointe aiguë de son esponton bien avant dans ma narine gauche; ce qui m'avait chatouillé le nez

et m'avait fait éternuer trois fois; ils descendirent sans être aperçus, et ce ne fut qu'au bout de trois semaines que je connus la cause de ce réveil subit. Nous fîmes une grande marche le reste de ce jour-là, et nous campâmes la nuit avec cinq cents gardes à mes côtés, moitié avec des flambeaux, et moitié avec des arcs et des flèches, prêts à me percer si j'eusse essayé de remuer. Le lendemain, au lever du soleil, nous continuâmes notre voyage, et nous arrivâmes sur le midi à cent toises des portes de la ville. L'empereur et toute sa cour sortirent pour nous voir; mais ses grands officiers ne voulurent pas consentir à ce que Sa Majesté exposât sa personne en montant sur mon corps.

A l'endroit où la voiture s'arrêta, il y avait un ancien temple, estimé le plus grand de tout le royaume, lequel, ayant été souillé quelques années auparavant par un meurtre, était, selon la religion de ces peuples, regardé comme profane, et pour cette raison employé à divers usages et dépouillé de tous ses ornements. Il fut résolu que je serais logé dans ce vaste édifice. La grande porte regardant le nord avait environ quatre pieds de haut et près de deux pieds de large; de chaque côté de la porte, il y avait une petite fenêtre élevée de six pouces. A celle qui était du côté gauche, les serruriers du roi fixèrent quatre-vingt-onze chaînes semblables à celles qui tiennent une montre de dame en Europe, et presque aussi grandes; elles furent, par l'autre bout, attachées à ma jambe gauche avec trente-six cadenas. Vis-à-vis de ce temple, de l'autre côté du grand chemin, à la distance de vingt pieds, il y avait une tour d'au moins cinq pieds de haut : c'était là que le roi devait monter avec plusieurs des principaux seigneurs de sa cour pour avoir la facilité de me regarder sans que je le visse, m'a-t-on dit. On compte qu'il y eut plus de cent mille habitants qui sortirent de la ville, attirés par la curiosité ; et, malgré mes gardes, je crois qu'il n'y aurait pas eu moins de dix mille hommes qui, à différentes fois, me seraient montés sur le corps par des échelles, si on ne l'eût défendu sous peine de mort. Quand les ouvriers jugèrent qu'il m'était impossible de briser mes chaînes, ils coupèrent tous les liens qui me retenaient ; je me levai alors, mais avec un profond sentiment de tristesse. On ne peut s'imaginer le bruit et l'étonnement du peuple, quand il me vit debout et me promenant. Les chaînes qui tenaient ma jambe gauche étaient longues d'environ six pieds ; elles me permettaient d'aller et de venir dans un demi-cercle, et de plus, comme elles étaient fixées à quatre pouces de la porte, je pouvais la passer en rampant et m'étendre dans le temple.

CHAPITRE II

L'empereur de Lilliput, accompagné de plusieurs de ses gentilshommes, vient pour voir l'auteur dans sa prison. — Description de la personne et du costume de Sa Majesté. — Des savants sont désignés pour enseigner à l'auteur la langue du pays. — Il obtient la faveur générale par la douceur de son caractère. — Ses poches sont visitées ; on lui retire son épée et ses pistolets.

QUAND je me retrouvai sur pied, je regardai autour de moi, et j'avoue que je n'avais jamais contemplé une scène plus agréable. Le pays environnant me parut une suite de jardins ; et les champs, clos de murs, la plupart de quarante pieds carrés, me firent l'effet des plates-bandes d'un parterre. Des bois d'une perche étaient entremêlés à ces champs, et les plus grands arbres me semblèrent hauts d'environ sept pieds. Sur la gauche, j'apercevais la ville, qui ressemblait à la perspective d'une cité dans une décoration de théâtre.

Depuis quelques heures, j'avais été extrêmement pressé par certaines nécessités de la nature, que l'état de captivité dans lequel j'étais resté pendant près de deux jours m'avait empêché de satisfaire. Entre l'urgence de ma position et la honte de m'en tirer d'une manière indécente, j'étais dans le plus grand embarras. Le meilleur expédient que je pus trouver fut de me glisser dans ma maison, de fermer la porte après moi, et, m'avançant autant que la longueur de ma chaîne le permettait vers le fond de la pièce, je me résignai à commettre un acte de malpropreté, auquel très-heureusement je ne fus obligé que cette seule fois. J'espère que le lecteur sera assez juste pour m'excuser, vu la détresse dans laquelle j'étais, et l'impossibilité d'en sortir par des moyens plus convenables. Par la suite, je pris l'habitude d'accomplir tous les matins en me levant cette affaire en plein air, à la longueur de ma chaîne; et l'on prenait soin de faire enlever les choses qui auraient pu blesser la vue et l'odorat des personnes qui venaient me voir avant l'heure où j'avais coutume de recevoir du monde. Deux domestiques, à l'aide d'une brouette, remplissaient cet office. Je ne me serais pas arrêté sur un tel sujet, qui peut paraître à la première vue très-peu important, si je n'avais pas eu l'intention de me justifier sous le rapport de la délicatesse; car il m'est revenu que les médisants m'ont accusé d'en manquer, en cette occasion et en plusieurs autres.

Cette affaire terminée, je me hâtai de sortir pour respirer un air pur, et je vis venir à moi l'empereur suivi de toute sa cour. Sa Majesté était à cheval, ce qui pensa lui coûter cher : car sa monture, quoique parfaitement dressée, se cabra à cet aspect

nouveau pour elle, croyant voir une montagne qui se mouvait devant ses yeux; mais ce prince, qui est un excellent cavalier, se tint ferme sur ses étriers, jusqu'à ce que sa suite accourût et prît la bride. Sa Majesté, après avoir mis pied à terre, me considéra de tous côtés avec une grande admiration, mais pourtant se tenant toujours, par précaution, hors de la portée de ma chaîne.

Il ordonna à ses cuisiniers et à ses sommeliers, qui se tenaient prêts à recevoir cet ordre, de me servir des viandes et du vin, ce qu'ils firent en posant les objets sur des voitures qu'ils amenaient près de moi. Je pris ces voitures, et je les vidai promptement. Il y en avait vingt pour les viandes, et dix pour les boissons; chacune des premières me fournit deux ou trois bouchées, je versai la liqueur de dix vaisseaux de terre dans une des voitures, je la bus d'un seul trait, et ainsi du reste.

L'impératrice, les princes et princesses du sang, accompagnés de plusieurs dames, s'assirent à quelque distance dans des fauteuils; mais, après l'accident arrivé à l'empereur, ils se levèrent et s'approchèrent de sa personne, que je vais maintenant dépeindre. Il est plus grand d'environ la hauteur de mon ongle qu'aucun de sa cour, ce qui lui donne un aspect imposant; les traits de son visage sont grands et mâles; il a la lèvre autrichienne, le nez aquilin, le teint olivâtre, le port majestueux, les membres bien proportionnés, de la grâce et de la dignité dans tous ses mouvements. Il avait alors passé la fleur de la jeunesse, étant âgé d'environ vingt-huit ans et trois quarts; il en avait régné environ sept, au sein de la prospérité et d'une suite de triomphes. Pour le regarder avec plus de commodité, je me tenais couché sur le côté, en sorte que ma figure et sa personne

étaient placées parallèlement; et il se tenait à une toise et demie de moi. Mais, depuis ce temps-là, je l'ai eu plusieurs fois dans ma main; c'est pourquoi je ne puis me tromper dans le portrait que j'en fais. Son habit était uni et simple, et taillé moitié à l'asiatique et moitié à l'européenne; mais il portait sur la tête un léger casque d'or, orné de pierreries et surmonté d'un plumet. Il avait son épée nue à la main, pour se défendre en cas que j'eusse brisé mes chaînes : cette épée avait près de trois pouces de long; la poignée et le fourreau étaient en or et enrichis de diamants. Sa voix était aiguë, mais claire et distincte, et je pouvais l'entendre aisément même quand je me tenais debout. Les dames et les courtisans étaient tous vêtus avec magnificence;

en sorte que la place qu'occupait toute la cour paraissait à mes yeux comme une belle jupe étendue sur la terre, et brodée de figures d'or et d'argent. Sa Majesté Impériale me fit l'honneur de me parler souvent, et je lui répondis toujours; mais nous ne nous entendions point l'un l'autre. Il y avait près de lui des prêtres et des jurisconsultes (ainsi que leurs costumes me le firent conjecturer), auxquels il ordonna de m'adresser la parole; je leur parlai dans toutes les langues dont j'avais la moindre teinture, telles que le haut et le bas hollandais, le latin, le français, l'espagnol, l'italien et la langue franque; mais tout cela inutilement.

Au bout de deux heures la cour se retira, et l'on me laissa une forte garde pour prévenir l'indiscrétion et peut-être la malice de la populace, qui avait beaucoup d'impatience de se porter en foule autour de moi pour me voir de près. Pendant que j'étais étendu à la porte de ma demeure, quelques-uns eurent la témérité de me tirer des flèches, dont une manqua de me crever l'œil gauche. Mais le colonel fit arrêter six des meneurs; il ne trouva point de peine mieux proportionnée à leur faute que de me les livrer garrottés, et ses soldats exécutèrent cet ordre en les chassant vers moi avec la pointe de leurs lances. Je les pris donc dans ma main droite, j'en mis cinq dans la poche de mon justaucorps; quant au sixième, je feignis de le vouloir manger tout vivant. Le pauvre petit homme poussait des hurlements horribles; et le colonel ainsi que ses officiers étaient fort en peine, surtout quand ils me virent tirer mon canif. Mais je fis

bientôt cesser leur frayeur, car, le regardant avec bonté et coupant promptement les cordes dont il était lié, je le mis doucement à terre, et il prit la fuite. Je traitai les autres de la même façon, les tirant successivement l'un après l'autre de ma poche. Je remarquai que les soldats et le peuple avaient été vivement touchés de ma clémence, qui fut citée à la cour d'une manière fort avantageuse.

Vers la nuit je gagnai ma maison, où j'entrai non sans peine, et je couchai sur la terre pendant plusieurs nuits, en attendant le lit que l'empereur avait commandé pour moi. Cent cinquante de leurs couchers cousus ensemble formèrent la largeur et la longueur du mien; et l'on posa quatre de ces matelas l'un sur l'autre, ce qui ne composait pas encore un lit bien douillet; mais il me parut assez doux après tant de fatigues.

La nouvelle de mon arrivée, s'étant répandue dans tout le royaume, attira un nombre infini d'oisifs et de curieux; les villages furent presque abandonnés, et la culture de la terre en aurait souffert, si Sa Majesté Impériale n'avait prévenu ce danger par des édits. Elle ordonna donc que tous ceux qui m'avaient déjà vu retourneraient chez eux, et qu'à moins d'une permission particulière, on se tiendrait à une distance de vingt-cinq toises de ma résidence. Cette mesure produisit, au profit des secrétaires d'État, des sommes très-considérables.

Cependant l'empereur tint conseil sur le parti qu'il fallait prendre à mon égard : j'ai appris depuis, par un ami intime assez haut placé pour savoir les secrets d'État, que la cour avait été fort embarrassée. On craignait, d'une part, que je ne vinsse à briser mes chaînes, et, d'un autre côté, que ma nourriture ne causât une dépense excessive ou même une disette générale. L'un proposait de me faire mourir de faim, l'autre voulait me percer de flèches empoisonnées ; mais on pensa que l'infection d'un corps tel que le mien pourrait produire la peste dans la capitale et dans tout le royaume. Pendant qu'on délibérait, plusieurs officiers de l'armée se rendirent à la porte de la grand'chambre où le conseil impérial était assemblé ; et deux d'entre eux, ayant été introduits, rendirent compte de ma conduite à l'égard des six criminels dont j'ai parlé ; ce qui fit une impression si favorable sur l'esprit de Sa Majesté et de tout son conseil, qu'une commission impériale fut aussitôt expédiée pour obliger tous les villages, dans un rayon de quatre cent cinquante toises de la capitale, de livrer tous les matins six bœufs, quarante moutons, et d'autres vivres pour ma nourriture, avec une

quantité proportionnée de pain et de vin, et d'autres boissons. Pour le paiement de ces subsistances, Sa Majesté donna des mandats sur son trésor. Ce prince n'a d'autres revenus que ceux de son domaine, et ce n'est que dans des occasions importantes qu'il lève des impôts sur ses sujets, qui sont obligés de marcher à leurs frais en temps de guerre. On forma une maison de six cents personnes pour me servir, lesquelles furent pourvues d'appointements pour leur dépense de bouche, et de tentes construites très-commodément de chaque côté de ma porte. Il fut aussi ordonné que trois cents tailleurs me feraient un habillement complet à la mode du pays; que six professeurs, les plus savants de l'empire, seraient chargés de m'apprendre la langue, et enfin

que les chevaux de l'empereur et ceux de la noblesse, et les compagnies des gardes, feraient souvent l'exercice devant moi, pour les accoutumer à ma vue. Tous ces ordres furent ponctuellement exécutés. En trois semaines je fis de grands progrès dans la connaissance de la langue. Pendant ce temps-là l'empereur m'honora de visites fréquentes, et se plut à assister mes maîtres dans les soins de mon instruction.

Les premiers mots que j'appris furent pour lui faire savoir le désir que j'avais qu'il voulût bien me rendre la liberté; ce que je lui répétais tous les jours à genoux. Sa réponse, comme je le craignais, fut qu'il fallait attendre; que c'était une question sur laquelle il ne pouvait prendre parti sans l'avis de son conseil, et que premièrement il fallait que je promisse par serment l'observation d'une paix inviolable avec lui et avec ses sujets; qu'en attendant je serais traité avec tous les égards possibles. Il me conseilla de gagner, par ma patience et par ma bonne conduite, son estime et celle de ses peuples. Il me demanda de ne lui savoir point mauvais gré s'il donnait à certains officiers l'ordre de me visiter, parce que vraisemblablement je devais porter sur moi quelques armes contraires à la sûreté de ses États, si elles étaient proportionnées à ma taille.

Je répondis que Sa Majesté serait satisfaite, que j'étais prêt à me dépouiller de mon habit et à vider toutes mes poches en sa présence. C'est ce que j'exprimai, moitié en paroles, moitié par signes. Il repartit que, d'après les lois de l'empire, il fallait que je fusse visité par deux commissaires; qu'il savait bien que cela ne pouvait se faire sans mon consentement ni mon concours; mais qu'il avait trop bonne opinion de ma générosité et de ma justice, pour ne pas confier sans crainte leurs personnes à mes mains; que tout ce qu'on m'ôterait me serait rendu fidèlement quand je quitterais le pays, ou que je serais remboursé selon l'évaluation que j'en ferais moi-même.

Lorsque les deux commissaires vinrent pour me fouiller, je pris ces messieurs dans mes mains. Je les mis d'abord dans les poches de mon justaucorps, et ensuite dans toutes mes autres poches, excepté mes deux goussets et une autre poche secrète que je ne me souciais point de laisser inspecter et qui contenaient certains objets à mon usage, et insignifiants pour les autres. Dans l'un des goussets était une montre d'argent, et dans l'autre une bourse avec un peu d'or.

Ces officiers du prince, ayant sur eux des plumes, de l'encre et du papier, firent un inventaire exact de tout ce qu'ils virent;

et quand ils eurent achevé, ils me prièrent de les mettre à terre afin qu'ils pussent rendre compte de leur visite à l'empereur.

Cet inventaire, que je traduisis plus tard en anglais et mot pour mot, était conçu dans les termes suivants :

« Premièrement, dans la poche droite du justaucorps du « grand homme-montagne (c'est ainsi que je rends ces mots « *quinbus flestrin*), après une visite exacte, nous n'avons « trouvé qu'un morceau de toile grossière, assez grand pour « servir de tapis de pied dans la grand'salle de Votre Majesté. « Dans la poche gauche, nous avons trouvé un grand coffre « d'argent avec un couvercle de même « métal, que nous, commissaires, n'a- « vons pu lever. Nous avons alors prié ledit « homme-montagne de l'ouvrir ; et l'un de « nous étant entré dedans, s'est trouvé, jusqu'aux genoux, « dans une poudre dont plusieurs grains, nous arrivant au « visage, nous firent éternuer quelque temps. Dans la poche « droite de sa veste, nous avons trouvé un énorme paquet de « substances blanches et minces, pliées l'une sur l'autre, envi- « ron de la grosseur de trois hommes, liées ensemble par un « fort câble, et marquées de grandes figures noires, que nous « avons prises pour une écriture dont chaque lettre serait plus « grande que la moitié de la paume de notre main. Dans la « poche gauche il y avait une machine armée de vingt dents « très-longues, semblables aux palissades qui sont dans la « cour de Votre Majesté ; nous avons supposé que l'homme- « montagne s'en servait pour se peigner ; mais nous n'avons « pas voulu le presser de questions, voyant la difficulté qu'il « éprouvait à nous comprendre. Dans la grande poche du côté « droit de son *couvre-milieu* (c'est ainsi que je traduis le mot « *ranfulo*, par lequel on voulait parler de ma culotte), nous « avons vu un pilier de fer creux, environ de la grandeur « d'un homme, at- taché à une grosse « pièce de bois plus large que le pilier ; « et d'un côté du pilier il y avait d'au- « tres pièces de fer en relief, de formes « singulières : nous n'avons su ce que c'était. Dans la poche « gauche il y avait encore une machine de la même espèce. « Dans la plus petite poche du côté droit, il y avait plusieurs « pièces rondes et plates de métal rouge et blanc, et de diffé- « rents volumes ; quelques-unes des pièces blanches, qui nous

« ont paru être d'argent, étaient si grosses et si pesantes, que
« mon compagnon et moi nous avons eu de la peine à les
« soulever. Il restait deux poches à visiter : celles-ci il les
« appelait goussets. C'étaient deux ouvertures coupées dans le
« haut de son *couvre-milieu*, mais fort serrées par son ventre
« qui les pressait. Hors du gousset droit pendait une grande
« chaîne d'argent, avec une machine très-merveilleuse au
« bout. Nous lui avons commandé de tirer hors du gousset tout
« ce qui tenait à cette chaîne: cela paraissait un globe dont
« la moitié était d'argent, et l'autre d'un métal transparent.
« Sur ce dernier côté, nous avons vu certaines figures étranges
« tracées circulairement; nous avons cru que nous pourrions
« les toucher, mais nos doigts ont été ar-
« rêtés par cette sub- stance diaphane. Il a
« appliqué cette ma- chine à nos oreilles;
« elle faisait un bruit continuel, à peu près comme celui d'un
« moulin à eau, et nous avons conjecturé que c'est ou quelque
« animal inconnu, ou la divinité qu'il adore; mais nous pen-
« chons plutôt du côté de la dernière opinion, parce qu'il nous
« a assuré (si nous l'avons bien entendu, car il s'exprimait
« fort imparfaitement), qu'il agissait rarement sans l'avoir
« consultée; il l'appelait son oracle, et disait qu'elle marquait
« le temps pour chacune des actions de sa vie. Du gousset
« gauche il tira un filet presque assez large pour servir à un
« pêcheur, mais qui s'ouvrait et se fermait comme une bourse;
« nous avons trouvé dedans plusieurs pièces massives d'un
« métal jaune : si elles sont en or véritable, elles doivent avoir
« une immense valeur.

« Ayant ainsi, pour obéir aux ordres de Votre Majesté,
« fouillé exactement toutes ses poches, nous avons observé
« autour de son corps une ceinture faite de la peau de quelque
« animal monstrueux, à laquelle, du côté gauche, pendait une
« épée de la longueur de cinq hommes, et du côté droit, une
« bourse ou poche partagée en deux cellules capables de conte-
« nir chacune trois sujets de Votre Majesté. Dans une de ces
« cellules il y avait plusieurs globes ou balles d'un métal très-
« pesant, environ de la grosseur de notre tête, et qui exigeait
« une main très-forte pour les soulever; l'autre cellule contenait
« un amas de certaines graines noires, mais peu grosses et assez

« légères, car il en pouvait tenir plus de cinquante dans la
« paume de nos mains.

« Tel est l'inventaire exact de tout ce que nous avons trouvé
« sur le corps de l'homme-montagne, qui nous a reçus avec
« beaucoup de civilité et tous les égards dus à la commission de
« Votre Majesté. Signé et scellé le quatrième jour de la quatre-
« vingt-neuvième lune du règne bienheureux de Votre Majesté. »

FLESSEN FRELOCK. — MARSI FRELOCK.

Quand cet inventaire eut été lu en présence de l'empereur, il m'ordonna en des termes honnêtes de lui livrer toutes ces choses. D'abord, il me demanda mon sabre, et je le détachai : il avait donné ordre à trois mille hommes de ses meilleures troupes qui l'accompagnaient de m'environner à quelque distance avec leurs arcs et leurs flèches, prêts à tirer sur moi; mais je ne m'en aperçus pas dans le moment, parce que mes yeux étaient fixés sur Sa Majesté. Il me pria donc de tirer mon sabre, qui, bien qu'un peu rouillé par l'eau de la mer, était néanmoins assez brillant pour éblouir les troupes, qui jetèrent de grands cris. Le monarque me commanda de remettre mon arme dans le fourreau, et de la jeter à terre aussi doucement que je pourrais, à environ six pieds de distance de ma chaîne. La seconde chose qu'il me demanda fut un de ces piliers creux en fer, par lesquels il entendait mes pistolets de poche; je les lui présentai, et par son ordre je lui en expliquai l'usage comme je pus; et ne les chargeant que de poudre, j'avertis l'empereur de n'être point effrayé, et puis je les tirai en l'air. L'étonnement, à cette occasion, fut plus grand qu'à la vue de mon sabre : ils tombèrent tous à la renverse, comme s'ils eussent été frappés de la foudre; et l'empereur lui-même, qui était très-brave, fut quelque temps avant de revenir de sa frayeur. Je lui remis mes deux pistolets de la même manière que mon sabre, avec mes sacs de plomb et de poudre, l'avertissant de ne pas approcher le sac de poudre du feu, s'il ne voulait voir son palais impérial sauter en l'air; ce qui le surprit beaucoup. Je lui remis aussi ma montre, qu'il fut fort curieux de voir; et il commanda à deux de ses gardes les plus grands de la porter sur leurs épaules, suspendue à un grand bâton, comme les charretiers des brasseurs portent un baril de bière en Angleterre.

Il était étonné du bruit continuel qu'elle faisait, et du mouve-

ment de l'aiguille qui marquait les minutes, et qu'il pouvait aisément suivre des yeux, la vue de ces peuples étant bien plus perçante que la nôtre. Il demanda sur ce sujet le sentiment de ses docteurs, qui furent très-partagés, comme le lecteur peut facilement s'imaginer, et dont je ne puis rendre compte, l'ayant très-imparfaitement compris.

Ensuite je livrai mes pièces d'argent et de cuivre, ma bourse, avec neuf grosses pièces d'or, et quelques-unes plus petites, mon peigne, ma tabatière d'argent, mon mouchoir et mon journal. Mon sabre, mes pistolets de poche et mes sacs de poudre et de plomb, furent transportés à l'arsenal de Sa Majesté; mais tout le reste fut laissé chez moi.

J'avais une poche entre autres qui ne fut point visitée, dans laquelle il y avait une paire de lunettes, dont je me sers quelquefois à cause de la faiblesse de mes yeux, un télescope, avec plusieurs autres bagatelles que je crus peu intéressantes pour l'empereur, et que, pour cette raison, je ne découvris point aux commissaires, appréhendant qu'elles ne fussent gâtées ou perdues si je venais à m'en dessaisir.

CHAPITRE III

L'auteur amuse l'empereur et les grands de l'un et de l'autre sexe
d'une manière fort extraordinaire.
— Description des divertissements de la cour de Lilliput. —
L'auteur est mis en liberté à certaines conditions.

Ma douceur et ma bonne conduite m'avaient tellement gagné la faveur de l'empereur et de sa cour, même du peuple et de l'armée, que j'espérais obtenir bientôt ma liberté, et je ne négligeai rien pour entretenir ma popularité. Par degrés, les Lilliputiens s'étaient familiarisés avec moi, au point que je me couchais à terre et permettais à une compagnie de jeunes gens de danser et de jouer à cache-cache dans mes cheveux. J'avais fait alors de grands progrès dans la connaissance de leur langue, soit pour la comprendre, soit pour la parler. L'empereur voulut à son tour me donner le spectacle de certains jeux dans lesquels ces peuples surpassent tous ceux que j'ai vus. J'admirai surtout une danse exécutée sur un fil très-mince long de deux pieds et demi. Le lecteur me permettra d'entrer dans quelques détails sur ce jeu singulier.

Ceux qui pratiquent cet exercice sont les aspirants aux grands emplois et à la faveur du monarque. Ils sont pour cela formés dès leur jeunesse à ce noble jeu, et lorsqu'une grande charge est vacante, soit par la mort de celui qui en était revêtu, soit par sa disgrâce (ce qui arrive très-souvent), cinq ou six prétendants présentent une requête à l'empereur pour avoir la permission de divertir Sa Majesté et sa cour d'une danse sur la corde; et celui qui saute le plus haut sans tomber obtient la charge.

Il arrive très-souvent qu'on ordonne aux grands magistrats et aux principaux ministres de danser aussi sur la corde, pour montrer leur habileté, et pour faire connaître à l'empereur qu'ils n'ont pas perdu leur talent. Flimnap, grand-trésorier de l'empire, passe pour avoir l'adresse de faire une cabriole sur la corde au moins un pouce plus haut qu'aucun autre seigneur : je l'ai vu plusieurs fois faire le saut périlleux, que nous appelons le *summerset*, sur une petite planche de bois attachée à une corde qui n'est pas plus grosse qu'une ficelle ordinaire.

Mon ami Reldresal, premier secrétaire du conseil privé, m'a paru, si mon affection pour lui ne m'a point aveuglé, le second après le trésorier. Le reste des grands officiers étaient tous à peu près d'égale force.

Ces divertissements causent souvent des accidents funestes, dont la plupart sont enregistrés dans les archives impériales. J'ai vu deux ou trois prétendants s'estropier; mais le péril est beaucoup plus grand quand les ministres eux-mêmes reçoivent ordre de signaler leur adresse; car, en faisant des efforts extraordinaires pour se surpasser et pour l'emporter sur les autres, ils font presque toujours des chutes dangereuses. On m'assura qu'un an avant mon arrivée, Flimnap se serait infailliblement cassé la tête en tombant, si un des coussins du roi, qui se trouvait par hasard à terre, ne l'eût préservé.

Il y a un autre divertissement exclusivement réservé pour l'empereur, l'impératrice et le premier ministre. L'empereur met sur une table trois fils de soie très-déliés, longs de six pouces; l'un est cramoisi, le second jaune, et le troisième blanc. Ces fils sont proposés comme des prix à ceux que l'empereur veut distinguer par une marque singulière de sa faveur. La cérémonie a lieu dans la grand'chambre d'audience de Sa Majesté, où les concurrents sont obligés de donner une preuve de leur habileté, telle que je n'ai rien vu de semblable dans aucun autre pays de l'ancien ou du nouveau monde.

L'empereur tient un bâton dans la position horizontale, tandis que les concurrents, s'avançant successivement, sautent par-dessus le bâton, ou bien se glissent par-dessous, suivant la hauteur à laquelle le bâton est tenu ; quelquefois le souverain tient l'un des bouts du bâton, et son premier ministre l'autre ;

souvent aussi le ministre tient les deux bouts. Le sauteur le plus agile et le plus souple reçoit en récompense le cordon rouge ; le jaune est donné au second sauteur, le blanc au troisième. Ils portent ces fils de soie comme des baudriers, et l'on voit peu de personnes considérables sans cette distinction.

Les chevaux des troupes et ceux des écuries impériales ayant été journellement exercés devant moi, je ne leur causais plus aucune frayeur. On leur faisait franchir ma main posée à terre, et l'un des piqueurs de l'empereur sauta par-dessus mon pied chaussé, effort vraiment prodigieux. Je m'avisai d'un autre amusement, qui eut un grand succès. Je priai l'empereur de me faire apporter quelques bâtons de deux pieds de haut et de la grosseur d'une canne ordinaire, et Sa Majesté ordonna au grand-forestier de me procurer ce que je demandais. Le lendemain, six bûcherons, conduisant un nombre égal de voitures traînées par huit chevaux, arrivèrent avec les pièces de bois. J'en pris neuf, que j'enfonçai en terre de manière à former un carré de deux pieds et demi ; je tendis mon mouchoir sur ces piquets, jusqu'à ce qu'il fût aussi roide qu'une peau de tambour ; et quatre bâtons, dépassant le mouchoir de cinq pouces aux quatre coins, servirent à établir une sorte de parapet. Ce travail terminé, j'invitai l'empereur à faire manœuvrer sur cette plate-forme vingt-quatre de ses meilleurs cavaliers; le prince agréa ma proposition; alors je pris les hommes et leurs officiers tout montés et tout armés, et les plaçai un à un sur le mouchoir. Là ils exécutèrent un combat simulé avec une précision, un ensemble de mouvements admirables. L'empereur prit grand plaisir à ce spectacle et le fit répéter plusieurs fois; il voulut même être hissé sur ce plateau et commander les évolutions. Il engagea aussi l'impératrice à me permettre de la tenir dans sa chaise à porteurs à deux pieds de distance de l'arène, et cette princesse consentit, quoique avec beaucoup de peine, à voir la petite guerre dans cette position. Par un grand bonheur, il n'arriva aucun accident grave : seulement le cheval d'un capitaine fit un trou dans mon mouchoir en piaffant, et tomba avec son cavalier. Je les relevai tous deux à l'instant, et, posant une main sur le trou, je descendis avec l'autre les cavaliers. Le cheval tombé en fut quitte pour une entorse, son maître n'eut rien; cependant je ne voulus pas risquer davantage ce jeu.

Pendant un de ces exercices, un exprès vint annoncer à l'empereur une découverte singulière faite à la place où j'avais été d'abord aperçu. C'était un grand objet noir dont les bords s'étendaient circulairement, de la largeur de la chambre royale, et dont le milieu s'élevait en forme de colonne tronquée à la hauteur de deux hommes. On ne croyait pas que cela eût vie, et plusieurs personnes étant montées sur les épaules l'une de l'autre jusqu'à la cime plate et unie du cylindre, elles avaient découvert, en frappant dessus avec leurs pieds, que l'intérieur était creux.

On avait supposé que cette machine pouvait appartenir à l'homme-montagne, et l'on proposait, si tel était le cas, de la faire transporter à la capitale. Je devinai à l'instant qu'il s'agissait de mon chapeau, et suppliai Sa Majesté de donner ordre qu'il me fût rapporté le plus tôt possible. Cela fut fait, et il arriva le jour suivant, non en aussi bon état que je l'aurais désiré, mais moins détérioré qu'il n'aurait pu l'être. On avait percé deux trous dans les bords, et fixé deux crampons dans ces trous; puis une longue corde fut passée dans ces crochets et attachée au collier du premier des cinq forts chevaux qui traînèrent mon chapeau pendant un trajet d'un demi-mille. Heureusement le sol du pays était uni et mou, autrement mon couvre-chef n'aurait pas résisté à ce voyage.

Deux jours après, l'empereur eut la plus singulière fantaisie. Il ordonna aux troupes qui se trouvaient dans le voisinage de la capitale de se préparer pour une revue, et me pria de me tenir dans la posture du colosse de Rhodes, les pieds aussi éloignés l'un de l'autre que je le pourrais; ensuite il commanda à un vieux général fort expérimenté de ranger les troupes en ordre

de bataille, et de les faire défiler entre mes deux jambes, l'infanterie par vingt-quatre de front, et la cavalerie par seize, tambours battants, enseignes déployées, et piques hautes. Ce corps était composé de trois mille hommes d'infanterie et de mille de cavalerie. Sa Majesté prescrivit, sous peine de mort, à tous les soldats d'observer dans la marche la bienséance la plus rigoureuse à l'égard de ma personne; ce qui n'empêcha pas quelques-uns des jeunes officiers de porter en haut leurs regards en passant au-dessous de moi. Et, à dire vrai, ma culotte était alors en si mauvais état, qu'elle leur donna sujet de rire.

J'avais présenté ou envoyé tant de mémoires et de requêtes pour ma liberté, que Sa Majesté à la fin proposa l'affaire, premièrement au conseil des dépêches, et puis au conseil d'État, où il n'y eut d'opposition que de la part du ministre Skyresh Bolgolam, qui jugea à propos, sans aucun sujet, de se déclarer contre moi; mais tous les autres conseillers me furent favorables, et l'empereur appuya leur avis Ce ministre, qui était *galbet*, c'est-à-dire grand-amiral, avait mérité la confiance de son maître par son habileté dans les affaires; mais il était d'un esprit aigre et fantasque. Il obtint que les conditions de ma liberté seraient réglées par lui-même. Ces articles me furent apportés par Skyresh Bolgolam en personne, accompagné de deux sous-secrétaires et de plusieurs personnes de distinction. On me dit d'en promettre l'observation par serment, prêté d'abord à la façon de mon pays, et ensuite à la manière ordonnée par leurs lois, qui fut de tenir l'orteil de mon pied droit dans ma main gauche, de mettre le doigt du milieu de ma main droite sur le haut de ma tête, et le pouce sur la pointe de mon oreille droite.

Mais, comme le lecteur peut être curieux de connaître le style de cette cour et les articles préliminaires de ma délivrance, j'ai fait une traduction de l'acte entier mot pour mot.

G OLBASTO MOMAREN EULAMÉ GURDILO SHEFIN MULLY ULLY GUÉ, très-puissant empereur de Lilliput, les délices comme la terreur de l'univers, dont les États s'étendent à cinq mille *blustrugs* (c'est-à-dire environ six lieues en circuit) aux extrémités du globe, souverain de tous les souverains, le plus grand des fils des hommes, dont les pieds pressent la terre jusqu'au centre, dont la tête touche le soleil, dont un clin d'œil fait trembler les genoux des potentats, aimable comme le printemps, brillant comme l'été, abondant comme l'automne, terrible comme l'hiver ; à tous nos sujets amés et féaux, salut. Sa Très-Haute Majesté propose à l'homme-montagne les articles suivants, lesquels, pour préliminaire, il sera obligé de ratifier par un serment solennel.

I. L'homme-montagne ne sortira point de nos États sans notre permission scellée du grand sceau.

II. Il ne prendra point la liberté d'entrer dans notre capitale sans notre ordre exprès, afin que les habitants soient avertis deux heures auparavant de se tenir renfermés chez eux.

III. Ledit homme-montagne bornera ses promenades à nos principaux grands chemins, et se gardera de se promener ou de se coucher dans un pré ou dans une pièce de blé.

IV. En se promenant par lesdits chemins, il aura soin de ne fouler aux pieds les corps d'aucun de nos fidèles sujets, ni leurs chevaux ou voitures ; il ne prendra aucun de nosdits sujets dans ses mains, si ce n'est de leur consentement.

V. S'il est nécessaire qu'un courrier du cabinet fasse quelque course extraordinaire, l'homme-montagne sera obligé de porter dans sa poche ledit courrier durant six journées, une fois toutes les lunes, et de remettre ledit courrier (s'il en est requis) sain et sauf en notre présence impériale.

VI. Il sera notre allié contre les ennemis de l'île de Blefuscu, et fera tout son possible pour détruire la flotte qu'ils arment actuellement en vue de faire une descente sur nos terres.

VII. Ledit homme-montagne, à ses heures de loisir, prêtera son concours à nos ouvriers, en les aidant à élever certaines grosses pierres, pour achever les murailles de notre grand parc et de nos bâtiments impériaux.

VIII. Après avoir fait le serment solennel d'observer les articles ci-dessus énoncés, ledit homme-montagne aura une provision journalière de viande et de boisson suffisante à la nourriture de dix-huit cent soixante-quatorze de nos sujets, avec un accès libre auprès de notre personne impériale, et autres marques de notre faveur.

Donné en notre palais, à Belsaborac, le douzième jour de la quatre-vingt-onzième lune de notre règne.

Je prêtai le serment et signai tous ces articles avec une grande joie, quoique quelques-uns ne fussent pas aussi honorables que je l'eusse souhaité ; ce qui fut l'effet de la malice du grand-amiral Skyresh Bolgolam. On m'ôta mes chaînes, et je fus mis en liberté. L'empereur me fit l'honneur d'être présent à la cérémonie de ma délivrance. Je rendis de très-humbles actions de grâces à Sa Majesté, en me prosternant à ses pieds ; mais il me commanda de me lever, et cela dans les termes les plus obligeants.

Le lecteur a pu observer que dans le dernier article de l'acte de ma délivrance, l'empereur était convenu de me donner une quantité de viande et de boisson qui pût suffire à la subsistance de dix-huit cent soixante-quatorze Lilliputiens. Quelque temps après, demandant à un courtisan, mon ami particulier, pourquoi on s'était déterminé à cette quantité, il me répondit que les mathématiciens de Sa Majesté ayant pris la hauteur de mon corps par le moyen d'un quart de cercle, et supputé sa grosseur, et le trouvant, par rapport au leur, comme dix-huit cent soixante-quatorze sont à un, ils avaient inféré de la *similarité* de leur corps que je devais avoir un appétit dix-huit cent soixante-quatorze fois plus grand que le leur : par là le lecteur peut juger de l'esprit admirable de ce peuple, et des idées éclairées et sages de leur empereur.

CHAPITRE IV

Description de Mildendo, capitale de Lilliput, et du palais de l'empereur.
— Conversation entre l'auteur et un secrétaire d'État,
touchant les affaires de l'empire.
— Offres que l'auteur fait de servir l'empereur dans ses guerres.

A première requête que je présentai, après avoir obtenu ma liberté, fut pour avoir la permission de voir Mildendo, capitale de l'empire; ce que l'empereur m'accorda, mais en me recommandant de ne faire aucun mal aux habitants, ni aucun tort à leurs maisons. Le peuple en fut averti par une proclamation qui annonçait le dessein que j'avais de visiter la ville. La muraille qui l'environnait était haute de deux pieds et demi, et épaisse d'au moins onze pouces; en sorte qu'un carrosse pouvait aller dessus et faire le tour de la ville en sûreté : cette muraille était flanquée de fortes tours à dix pieds de distance l'une de l'autre. Je passai par-dessus la porte occidentale, et je marchai très-lentement de côté par les deux principales rues, n'ayant qu'un pourpoint, de peur d'endommager les toits et les gouttières des maisons avec les pans de mon justaucorps. J'allais avec une extrême circonspection, craignant de fouler aux pieds quelques gens qui étaient restés dans les rues, nonobstant les ordres précis signifiés à tout le monde de se tenir chez soi durant ma marche. Les balcons, les fenêtres des premier, deuxième, troisième et quatrième étages, celles des greniers ou galetas, et les gouttières même, étaient remplis d'une si grande foule de spectateurs, que je jugeai que la ville devait être considérablement peuplée. Cette ville forme un carré parfait, chaque côté de la muraille ayant cinq cents pieds de long. Les deux grandes rues qui se croisent, et la partagent en quatre quartiers égaux, ont cinq pieds de large ; les petites rues, dans lesquelles je ne pus entrer, sont larges de douze à dix-huit pouces. La ville est capable de contenir cinq cent mille âmes. Les maisons sont à trois ou quatre étages. Les boutiques et les marchés sont bien fournis. Il y avait autrefois bon opéra et bonne comédie ; mais, faute d'auteurs encouragés par les libéralités du prince, il n'y a plus rien qui vaille en ce genre.

Le palais de l'empereur, situé dans le centre de la ville, où les deux grandes rues se rencontrent, est entouré d'une muraille haute de vingt-trois pouces, et à vingt pieds de distance des bâtiments. Sa Majesté m'avait permis d'enjamber par-dessus cette muraille, pour voir son palais de tous les côtés. La cour extérieure est un carré de quarante pieds, et comprend deux autres cours. C'est dans la cour centrale que sont les appartements de Sa Majesté, que j'avais un grand désir de voir ; ce qui était pourtant bien difficile, car les plus grandes portes n'étaient que de dix-huit pouces de haut et de sept pouces de large. De plus, les bâtiments de la cour intérieure étaient au moins hauts de cinq pieds, et il m'était impossible d'enjamber par-dessus sans m'exposer à briser les ardoises des toits ; car pour les murailles, elles étaient solidement bâties de pierres de taille épaisses de quatre pouces. L'empereur avait néanmoins grande envie que je visse la magnificence de son palais ; mais je ne fus en état de le faire qu'au bout de trois jours, lorsque j'eus coupé avec mon couteau quelques arbres des plus grands du parc impérial, éloigné de la ville d'environ cinquante toises. De ces arbres je fis deux tabourets, chacun de trois pieds de haut, et assez forts pour soutenir le poids de mon corps. Le peuple ayant donc été averti pour la seconde fois, je passai encore au travers de la ville, et m'avançai vers le palais, tenant mes deux tabourets à la main. Quand je fus arrivé à un côté de la cour extérieure, je montai sur un de mes tabourets et pris l'autre à la main. Je fis passer celui-ci par-dessus le toit, et le descendis doucement à terre, dans l'espace qui était entre la première et la seconde cour, et avait huit pieds de large. Je passai ensuite très-commodément par-dessus les bâtiments au moyen des deux tabourets;

et quand je fus en dedans, je tirai avec un crochet le tabouret qui était resté en dehors. Grâce à cette invention j'entrai jusque dans la cour centrale, où, me couchant sur le côté, j'appliquai mon visage à toutes les fenêtres du premier étage, qu'on avait exprès laissées ouvertes, et je vis les appartements les plus magnifiques qu'on puisse imaginer. Je vis l'impératrice et les jeunes princesses dans leurs chambres, environnées de leur suite. Sa Majesté Impériale voulut bien m'honorer d'un sourire très-gracieux, et me donna par la fenêtre sa main à baiser.

Je ne ferai point ici le détail des curiosités renfermées dans ce palais; je les réserve pour un plus grand ouvrage, maintenant presque achevé et contenant une description générale de cet empire depuis sa première fondation, l'histoire de ses empereurs pendant une longue suite de siècles, des observations sur leurs guerres, leur politique, leurs lois, les lettres et la religion du pays, les plantes et animaux qui s'y trouvent, les mœurs et les coutumes des habitants, avec plusieurs autres matières prodigieusement curieuses et extrêmement utiles. Mon but n'est à présent que de raconter ce qui m'arriva pendant un séjour d'environ neuf mois dans ce merveilleux empire.

Quinze jours après que j'eus obtenu ma liberté, Reldresal, secrétaire d'État pour le département des affaires particulières, se rendit chez moi suivi d'un seul domestique. Il ordonna que son carrosse l'attendît à quelque distance, et me pria de lui donner une heure d'attention. Je lui offris de me coucher, afin qu'il pût être de niveau avec mon oreille; mais il aima mieux que je le tinsse dans ma main pendant la conversation. Il commença

par me faire des compliments sur ma liberté, et me dit qu'il pouvait se flatter d'y avoir un peu contribué. Puis il ajouta que, sans l'intérêt que la cour y avait mis, je ne l'eusse pas si tôt obtenue; « car, dit-il, quelque florissant que notre État paraisse aux étrangers, nous avons deux grands fléaux à combattre : une faction puissante au dedans, et au dehors l'invasion dont nous sommes menacés par un ennemi formidable. A l'égard du premier, il faut que vous sachiez que, depuis plus de soixante et dix lunes, il y a eu deux partis opposés dans cet empire, sous les noms de *tramecksan* et *slamecksan*, termes empruntés des *hauts* et *bas talons* de leurs souliers, par lesquels ils se distinguent.

« On prétend, il est vrai, que les *talons hauts* sont les plus conformes à notre ancienne constitution; mais, quoi qu'il en soit, Sa Majesté a résolu de ne se servir que des *talons bas* dans l'administration du gouvernement et dans toutes les charges qui sont à la disposition de la couronne. Vous pouvez même remarquer que les talons de Sa Majesté impériale sont plus bas au moins d'un *drurr* que ceux d'aucun de sa cour. (Le *drurr* est environ la quatorzième partie d'un pouce.)

« La haine des deux partis, continua-t-il, est poussée à un tel degré, qu'ils ne mangent ni ne boivent ensemble, et qu'ils ne se parlent point. Nous comptons que les *tramecksans* ou *hauts talons* nous surpassent en nombre; mais l'autorité est entre nos mains. Hélas! nous craignons beaucoup que Son Altesse Impériale, l'héritier présomptif de la couronne, n'ait quelque penchant pour les *hauts talons;* au moins nous pouvons facilement voir qu'un de ses talons est plus haut que l'autre, ce qui le fait un peu clocher dans sa démarche. Or, au milieu de ces dissensions intestines, nous sommes menacés d'une invasion de la part de l'île de Blefuscu, qui est l'autre grand empire de l'univers, presque aussi vaste et aussi puissant que celui-ci; car, à parler franchement, nos philosophes doutent fort de l'existence, dans notre monde, de ces États desquels vous nous avez entretenus, et qui seraient habités par des créatures humaines aussi grosses et aussi grandes que vous; ils sont plus disposés à croire que vous êtes tombé de la lune ou d'une des étoiles, parce qu'il est certain qu'une centaine de mortels de votre grosseur consommerait dans peu de temps tous les fruits et tous les bestiaux des États de Sa Majesté. D'ailleurs, nos historiens, depuis six mille lunes, ne font mention d'aucune autre région que des deux grands empires de Lilliput et de Blefuscu. Ces deux formidables puissances ont, comme j'allais vous le dire, été engagées pendant trente-six lunes dans une guerre très-opiniâtre dont voici le sujet.

« Tout le monde convient que la manière primitive de casser les œufs avant de les manger est de les casser au gros bout ; mais l'aïeul de Sa Majesté régnante, pendant qu'il était enfant, voulant casser un œuf à l'ancienne manière, eut le malheur de se couper le doigt ; sur quoi l'empereur son père ordonna à tous ses sujets, sous de graves peines, de casser leurs œufs par le petit bout. Le peuple fut tellement irrité de cette loi, qu'au dire de nos historiens il y eut à cette occasion six révoltes, dans lesquelles un empereur perdit la vie, et un autre la couronne. Ces dissensions intestines furent toujours fomentées par les souverains de Blefuscu ; et quand les soulèvements étaient réprimés, les coupables se réfugiaient dans cet empire. On estime que onze mille hommes ont, à différentes époques, subi la mort plutôt que de se soumettre à la loi de casser leurs œufs par le petit bout.

« Plusieurs centaines de gros volumes ont été écrits et publiés sur cette matière ; mais les livres des *gros-boutiens* ont été défendus depuis longtemps, et tout leur parti a été déclaré par les lois incapable de posséder des charges. Pendant la suite continuelle de ces troubles, les empereurs de Blefuscu ont souvent fait des remontrances par leurs ambassadeurs, nous accusant de faire un crime en violant un précepte fondamental de

notre grand prophète Lustrogg, dans le cinquante-quatrième chapitre du *Blundecral* (qui est leur Coran). Cependant il s'agissait simplement d'une interprétation différente du texte dont voici les mots : *Que tous les fidèles casseront leurs œufs au bout le plus commode.* On doit, à mon avis, laisser décider à la conscience de chacun quel est le bout le plus commode; ou au moins c'est à l'autorité du souverain magistrat d'en décider.

« Les *gros-boutiens* exilés ont trouvé tant de crédit à la cour de l'empereur de Blefuscu, et tant de secours dans notre pays même, qu'une guerre très-sanglante a régné entre les deux empires pendant trente-six lunes à ce sujet, avec différents résultats. Dans cette guerre nous avons perdu quarante vaisseaux de ligne et un bien plus grand nombre de petits vaisseaux, avec trente mille de nos meilleurs matelots et soldats; on compte que la perte de l'ennemi n'est pas moins considérable. Quoi qu'il en soit, il arme à présent une flotte redoutable, et se prépare à faire une descente sur nos côtes. Or, Sa Majesté Impériale, mettant sa confiance en votre valeur, et ayant une haute idée de vos forces, m'a commandé de vous donner ce détail au sujet de ses affaires, afin de savoir quelles sont vos dispositions à son égard. »

Je répondis au secrétaire que je le priais d'assurer l'empereur de mes très-humbles respects, et de lui faire savoir que j'étais prêt à sacrifier ma vie pour défendre sa personne sacrée et son empire contre toutes les entreprises et invasions de ses ennemis. Il me quitta fort satisfait de ma réponse.

CHAPITRE V

L'auteur, par un stratagème très-extraordinaire, s'oppose à une descente des ennemis. — L'empereur le fait grand de première classe. — Des ambassadeurs arrivent de la part de l'empereur de Blefuscu pour demander la paix. — Le feu prend à l'appartement de l'impératrice. — L'auteur contribue beaucoup à éteindre l'incendie.

'EMPIRE de Blefuscu est une île située au nord-nord-est de Lilliput, dont elle n'est séparée que par un canal de quatre cents toises de large. Je ne l'avais pas encore vu ; et, sur l'avis d'une descente projetée, je me gardais bien de paraître de ce côté-là, de peur d'être découvert par quelques-uns des vaisseaux de l'ennemi, chez lequel on n'avait aucune connaissance de ma venue, les communications étant depuis très-longtemps strictement défendues entre les deux pays.

Je fis part à l'empereur d'un projet que j'avais formé pour me rendre maître de toute la flotte des ennemis, qui, selon le rapport de ceux que nous envoyions à la découverte, était dans le port, prête à mettre à la voile au premier vent favorable. Je consultai les marins les plus expérimentés pour apprendre d'eux quelle était la profondeur du canal, et ils me dirent qu'au milieu, dans la plus haute marée, il était profond de soixante et dix *glumgluffs* (c'est-à-dire d'environ six pieds, mesure d'Europe), et le reste de cinquante *glumgluffs* au plus. Je m'en allai secrètement vers la côte nord-est, vis-à-vis de Blefuscu; et, me couchant derrière une colline, je tirai ma lunette et vis la flotte de l'ennemi, composée de cinquante vaisseaux de guerre et d'un grand nombre de vaisseaux de transport. M'étant ensuite retiré, je donnai ordre de fabriquer une grande quantité de câbles les plus forts qu'on pourrait, ainsi que des barres de fer. Les câbles devaient être de la grosseur d'une double ficelle, et les barres de la longueur et de la grosseur d'une aiguille à tricoter. Je triplai le câble pour le rendre encore plus fort; et, pour la même raison, je tortillai ensemble trois des barres de fer, et attachai à chacune un crochet. Je retournai à la côte nord-est; et, quittant mon justaucorps, mes souliers et mes bas, j'entrai dans la mer. Je marchai d'abord dans l'eau avec toute la vitesse que je pus, et ensuite je nageai au milieu, environ quinze toises, jusqu'à ce que j'eusse trouvé pied. J'arrivai à la flotte en moins d'une demi-heure. Les ennemis furent tellement frappés

à mon aspect, qu'ils sautèrent tous hors de leurs vaisseaux comme des grenouilles, et s'enfuirent à terre : ils paraissaient être au nombre de trente mille hommes. Je pris alors mes câbles; et, attachant un crochet au trou de la proue de chaque vaisseau, je passai mes câbles dans les crochets.

Pendant que je travaillais, l'ennemi fit une décharge de plusieurs milliers de flèches, dont un grand nombre m'atteignirent au visage et aux mains, et qui, outre la douleur excessive qu'elles me causèrent, me troublèrent fort dans mon ouvrage. Ma plus grande appréhension était pour mes yeux, que j'aurais infailliblement perdus si je ne me fusse promptement avisé d'un expédient : j'avais dans un de mes goussets une paire de lunettes, que je tirai et attachai sur mon nez aussi fortement que je pus. Armé de cette façon comme d'une espèce de casque, je poursuivis mon travail en dépit de la grêle continuelle de flèches qui tombait sur moi. Ayant placé tous les crochets, je commençai à tirer; mais ce fut inutilement, tous les vaisseaux étaient à l'ancre. Je coupai aussitôt avec mon couteau les câbles auxquels étaient attachées les ancres; ce qu'ayant achevé en peu de temps, je tirai aisément cinquante des plus gros vaisseaux, et les entraînai avec moi.

Les Blefuscudiens, qui n'avaient eu aucune idée de ce que je projetais, furent également surpris et confus : ils m'avaient vu couper les câbles, et avaient cru que mon dessein n'était que de laisser flotter leurs bâtiments au gré du vent et de la marée, et de les faire heurter l'un contre l'autre : mais quand ils me virent entraîner toute la flotte à la fois, ils jetèrent des cris de rage et de désespoir. Ayant marché quelque temps, et me trouvant hors de la portée des traits, je m'arrêtai un peu pour tirer toutes les flèches qui s'étaient attachées à mon visage et à mes mains; puis, conduisant ma prise, je tâchai de me rendre au port impérial de Lilliput. L'empereur avec toute sa cour était sur le bord de la mer, attendant l'issue de cette grande entreprise. Ils voyaient de loin s'avancer une flotte sous la forme d'un grand croissant; mais, comme j'étais dans l'eau jusqu'au cou, ils ne s'apercevaient pas que c'était moi qui la conduisais vers eux.

L'empereur crut donc que j'avais péri, et que la flotte de l'ennemi s'approchait pour faire une descente; mais ses craintes furent bientôt dissipées; car, ayant pris pied, je parus à la tête de tous les vaisseaux, et l'on m'entendit crier d'une voix forte : *Vive le très-puissant empereur de Lilliput!* Ce prince, à mon arrivée, me donna des louanges infinies, et sur-le-champ me créa *nardac*, ce qui est le plus haut titre d'honneur en ce pays.

Sa Majesté me pria de prendre des mesures pour amener dans ses ports tous les autres vaisseaux de l'ennemi. Les prétentions ambitieuses de ce prince ne le conduisaient à rien moins qu'à se rendre maître de tout l'empire de Blefuscu, à en faire une province de son empire, à la faire gouverner par un viceroi, à mettre à mort tous les exilés gros-boutiens, enfin à contraindre tous ses peuples à casser les œufs par le petit bout, ce qui l'aurait élevé à la monarchie universelle; mais je tâchai de le détourner de ce dessein par plusieurs raisonnements fondés sur la politique et sur la justice, et je protestai hautement que je ne serais jamais l'instrument dont il se servirait pour opprimer un peuple libre, noble et courageux. Quand on eut délibéré sur cette affaire dans le conseil, la plus saine partie fut de mon avis.

Cette déclaration ouverte et hardie était si opposée aux projets et à la politique de Sa Majesté Impériale, qu'elle ne put jamais me la pardonner; elle en parla dans le conseil d'une manière très-artificieuse. On me dit ensuite que plusieurs des plus sages conseillers témoignèrent par leur silence qu'ils étaient de mon avis; mais d'autres, qui me voulaient du mal secrètement, laissèrent échapper certaines expressions propres à me nuire d'une façon indirecte. Depuis ce temps, commença une sorte de ligue entre Sa Majesté et une junte de ministres, laquelle éclata contre moi environ deux mois après et amena ma perte : tant il est vrai que les services les plus importants rendus aux souverains sont d'un poids bien léger lorsqu'ils sont mis en balance avec le refus de servir aveuglément leurs passions.

Environ trois semaines après mon éclatante expédition, il arriva une ambassade solennelle de Blefuscu avec des propositions de paix. Le traité fut bientôt conclu à des conditions très-avantageuses pour l'empereur. L'ambassade était composée de

six seigneurs, avec une suite de cinq cents personnes, et leur entrée fut conforme à la grandeur de leur maître et à l'importance de leur négociation.

Après la conclusion du traité, à laquelle mon crédit ne fut pas étranger, Leurs Excellences, étant averties secrètement des bons offices que j'avais rendus à leur nation, me firent une visite en cérémonie : ils commencèrent par m'adresser beaucoup de compliments sur ma valeur et sur ma générosité, et me prièrent de leur montrer quelques preuves de cette prodigieuse vigueur dont on leur avait raconté tant de merveilles. Je fis ce qu'ils me demandaient; ils parurent enchantés, et je les priai de présenter mes très-humbles respects à Sa Majesté blefuscudienne, dont les vertus éclatantes étaient répandues par tout l'univers, et que j'avais dessein de saluer avant de retourner dans mon pays.

Peu de jours après, je demandai à l'empereur la permission d'aller faire ma cour au grand roi de Blefuscu; il me répondit froidement qu'il le voulait bien : et un ami me dit à l'oreille que l'empereur avait regardé mes rapports avec les ambassadeurs comme une marque de déloyauté. Il me faisait tort en cela; et j'entrevis alors ce que c'était que les cours et les ministres.

J'ai oublié de dire que les ambassadeurs m'avaient parlé avec le secours d'un interprète. Les langues des deux empires sont très-différentes l'une de l'autre; chacune des deux nations vante l'antiquité, la beauté et la force de sa langue, et méprise l'autre.

Cependant l'empereur, fier de l'avantage qu'il avait remporté sur les Blefuscudiens par la prise de leur flotte, obligea les ambassadeurs à présenter leurs lettres de créance, et à faire leur harangue dans la langue lilliputienne; mais il faut avouer qu'à raison du trafic et du commerce qui se fait entre les deux royaumes, de la réception réciproque des exilés, et de l'usage où sont les Lilliputiens d'envoyer leur jeune noblesse dans le Blefuscu, afin de s'y polir et d'y prendre l'usage du grand monde, il y a très-peu de personnes de distinction dans l'empire de Lilliput, et encore moins de négociants ou de matelots dans les places maritimes, qui ne parlent les deux langues. Cela fut heureux pour moi; car, s'il en eût été autrement, je n'aurais pu me tirer des difficultés que me suscitèrent mes ennemis pendant mon séjour à Blefuscu.

Le lecteur peut se rappeler certains articles du traité qui avait précédé ma délivrance, articles que la seule nécessité avait pu me faire accepter en raison de leur servilité. Maintenant ma nouvelle dignité me dispensait de services semblables, et l'empereur, je dois lui rendre cette justice, ne m'en avait jamais parlé. Cependant j'eus alors occasion de rendre à Sa Majesté Impériale un service éminent.

Je fus un jour réveillé sur le minuit par les cris d'une foule assemblée à la porte de mon hôtel : j'entendis le mot *burgum* répété plusieurs fois. Quelques personnes de la cour de l'empereur, s'ouvrant un passage à travers la foule, me prièrent de venir à l'instant au palais, où le feu avait pris à l'appartement de l'impératrice par la faute d'une de ses dames d'honneur qui s'était endormie en lisant un roman blefuscudien. Je me levai à l'instant, et me transportai au palais avec assez de peine, sans néanmoins fouler aux pieds personne. Je vis qu'on avait déjà appliqué des échelles aux murailles de l'appartement, et qu'on était bien pourvu de seaux; mais l'eau était assez éloignée. Ces seaux étaient environ de la grosseur d'un dé à coudre, et le pauvre peuple en fournissait avec toute la diligence qu'il pouvait; mais la violence des flammes ne diminuait point. J'aurais pu étouffer l'incendie avec mon habit; par malheur, je l'avais laissé chez moi dans la précipitation que j'avais mise à sortir; et un palais si magnifique aurait été infailliblement réduit en cendres, si, par une présence d'esprit peu ordinaire, je ne me fusse tout à coup avisé d'un expédient.

Le soir précédent, j'avais bu considérablement d'un vin blanc appelé *glimigrim*, qui vient d'une province de Blefuscu, et qui est très-diurétique. Je me mis donc à uriner en si grande abondance, et j'appliquai l'eau si à propos et si adroitement aux endroits convenables, qu'en trois minutes le feu fut tout à fait éteint, et que le reste de ce superbe édifice, qui avait coûté des sommes immenses, fut préservé d'un embrasement inévitable.

Il était jour, et je retournai à mon hôtel sans attendre les remercîments de l'empereur, parce que, malgré l'importance du service que je venais de lui rendre, je ne savais trop comment Sa Majesté prendrait le moyen que j'avais employé. Un tel acte commis dans l'enceinte du palais entraînait, d'après les lois du pays, la peine capitale, quelle que fût la qualité du coupable. Mais je fus bientôt rassuré à cet égard par un message de Sa Majesté, qui me faisait dire qu'elle avait donné ordre de m'expédier des lettres de grâce; cependant on m'apprit que l'impératrice, saisie d'horreur, s'était réfugiée à l'autre extrémité du palais, déterminée à ne jamais rentrer dans un appartement que j'avais souillé par une action si inconvenante, et dont, en présence de ses confidents, elle jura de tirer vengeance.

CHAPITRE VI

Mœurs des habitants de Lilliput, leur littérature, leurs lois, leurs coutumes, et leur manière d'élever les enfants.

QUOIQUE j'aie le dessein de renvoyer la description de cet empire à un traité particulier, je crois cependant devoir en donner ici au lecteur quelque idée générale. La taille ordinaire des gens du pays est un peu au-dessous de six pouces ; tous les autres animaux, aussi bien que les plantes et les arbres, sont à l'égard des hommes dans la même proportion qu'on observe entre ces objets et nous. Par exemple, les chevaux et les bœufs les plus hauts sont de

quatre à cinq pouces, les moutons d'un pouce et demi, plus ou moins, les oies environ de la grosseur d'un moineau, et ainsi de suite jusqu'aux insectes, qui étaient presque invisibles pour moi ; mais la nature a su approprier les yeux des habitants de Lilliput à tous les objets soumis à leur vue. Ils ont ce sens d'une grande justesse, mais d'une étendue très-courte. Pour faire concevoir combien leur vue est perçante eu égard à sa portée, je dirai que je vis une fois un cuisinier plumant une alouette qui n'était pas aussi grosse qu'une mouche ordinaire, et une jeune fille enfilant une aiguille invisible avec de la soie pareillement imperceptible.

Leurs arbres ont sept pieds de haut, et les autres végétaux sont dans la même proportion.

Je dirai peu de chose des sciences que ce peuple cultive depuis plusieurs siècles dans toutes leurs branches; je citerai seulement son écriture singulière. Elle n'est pas tracée de gauche à droite, comme celle des Européens, ni de droite à gauche, comme celle des Arabes, ni de bas en haut comme celle des Chinois, mais obliquement et d'un angle du papier à l'autre, comme celle des dames d'Angleterre.

Ils enterrent les morts la tête en bas, parce qu'ils s'imaginent

que dans onze mille lunes tous les hommes doivent ressusciter; qu'alors la terre, qu'ils croient plate, se tournera sens dessus dessous, et que, par ce moyen, au moment de la résurrection, chacun se trouvera sur ses pieds. Les savants reconnaissent l'absurdité de cette opinion; mais l'usage subsiste, parce qu'il est ancien et appuyé sur les préjugés du peuple.

Ils ont des lois et des coutumes très-singulières, que j'entreprendrais peut-être de justifier si elles n'étaient trop contraires à celles de ma chère patrie. La première dont je ferai mention regarde les délateurs. Tous les crimes contre l'État sont punis en ce pays-là avec une rigueur extrême; mais si l'accusé fait voir évidemment son innocence, l'accusateur est aussitôt condamné à une mort ignominieuse, et tous ses biens confisqués au profit de l'innocent. Si ces biens sont insuffisants, le trésor de l'État y supplée; le souverain joint quelque marque de faveur au dédommagement pécuniaire, et fait proclamer par tout le pays l'innocence de l'homme faussement inculpé.

On regarde la fraude comme un crime plus énorme que le

vol ; c'est pourquoi elle est toujours punie de mort ; car on a pour principe que le soin et la vigilance, avec un esprit ordinaire, peuvent garantir les biens d'un homme contre les attentats des voleurs, mais que la probité n'a point de défense contre la fourberie et la mauvaise foi dans les affaires de la vie. Je suppliai une fois l'empereur de faire grâce à un criminel qui avait emporté une somme d'argent que son maître l'avait autorisé à recevoir. C'est, disais-je, un simple abus de confiance ; mais le monarque trouva monstrueux que je présentasse comme justification ce qui devait aggraver le crime. Je ne pus répondre que par ce lieu commun : Chaque pays a ses coutumes. J'avoue cependant que j'étais honteux au fond du cœur.

Quoique nous regardions les châtiments et les récompenses comme les grands pivots du gouvernement, je puis dire néanmoins que la maxime de punir et de récompenser n'est pas observée en Europe avec la même sagesse que dans l'empire de Lilliput. Quiconque peut montrer par des preuves suffisantes qu'il a observé exactement les lois de son pays pendant soixante et treize lunes, a droit de prétendre à certains priviléges, selon sa naissance et son état, de plus à certaine somme d'argent tirée d'un fonds destiné à cet usage : il gagne même le titre de *snill pall*, ou *légitime*, lequel est ajouté à son nom ; mais ce titre ne passe pas à sa postérité. Ces peuples regardent comme un défaut prodigieux de notre politique que nos lois soient toutes menaçantes, et que l'infraction en soit suivie de rigoureux châtiments, tandis que l'observation n'en est suivie d'aucune récompense : aussi représentent-ils la justice avec six yeux, deux devant, deux derrière, et un de chaque côté (pour figurer la circonspection), tenant un sac plein d'or à sa main droite et une épée dans le fourreau à sa main gauche (pour faire voir qu'elle est disposée à récompenser plutôt qu'à punir.)

Dans le choix qu'on fait des sujets pour remplir les emplois, on a plus d'égard à la probité qu'au génie. Comme le gouvernement est nécessaire au genre humain, on croit que la Providence n'eut jamais dessein de faire de l'administration des affaires publiques une science difficile et mystérieuse qui ne pût être possédée que par un petit nombre d'esprits rares et sublimes, tels qu'il en naît au plus deux ou trois dans un siècle ; mais on juge que la vérité, la justice, la tempérance et les autres vertus sont à la portée de tout le monde, et que la pratique de ces vertus, accompagnée d'un peu d'expérience et de bonne volonté, rend tout homme sensé propre au service de son pays. On est persuadé que le manque de moralité est loin de pouvoir être suppléé par la supériorité de l'esprit; celle-ci rendrait les personnes qui la possèderaient, et qui n'auraient ni bonnes mœurs ni bonne foi, plus dangereuses dans les emplois que ne pourrait l'être un ministre ignorant et borné, mais intègre. On pense que les erreurs d'un honnête homme ne peuvent pas être aussi funestes au bien public, que les pratiques ténébreuses d'un ministre dont les inclinations seraient corrompues, dont les vues seraient criminelles, et qui trouverait dans les ressources de son esprit de quoi faire le mal impunément.

Celui qui ne croit pas à une Providence divine parmi les Lilliputiens est déclaré incapable de posséder aucun emploi public. Comme les rois se prétendent à juste titre les délégués de la Providence, les Lilliputiens jugent qu'il n'y a rien de plus absurde et de plus inconséquent que la conduite d'un prince qui se sert de gens sans religion, puisqu'ils nient cette autorité suprême, dont il se dit le dépositaire, et dont en effet il emprunte la sienne.

Je dois faire observer que je parle ici des lois fondamentales des Lilliputiens, et non des institutions modernes introduites par la corruption inhérente à l'espèce humaine, telles, par exemple, que cette honteuse manière d'obtenir les grandes charges en dansant sur la corde, et les marques de distinction en sautant par-dessus un bâton. Cet indigne usage fut établi par le père de l'empereur régnant.

L'ingratitude est, parmi ces peuples, un crime capital, comme nous apprenons dans l'histoire qu'elle l'a été autrefois aux yeux de quelques nations vertueuses. Un homme capable de nuire même à son bienfaiteur est nécessairement l'ennemi de tous les autres hommes; il est donc, à Lilliput, indigne de vivre.

Leurs idées relativement aux devoirs des parents sont très-différentes des nôtres. Ils pensent que l'union de l'homme et de la femme étant fondée sur la loi de nature, ils ne sont pas obligés à prendre soin de leur progéniture. Par la même raison, ils ne croient point que les enfants aient aucune obligation à leurs père et mère pour les avoir mis au monde, ce qui n'est pas un grand bienfait, vu les misères de la vie. D'après ces idées, ils croient les parents moins propres que tout autre à élever leurs enfants, et ils ont établi dans chaque ville des séminaires publics où tous les pères et mères, excepté les paysans, sont obligés d'envoyer leurs enfants de l'un et de l'autre sexe pour être élevés et formés. Quand ils sont parvenus à l'âge de vingt lunes, on les suppose dociles et capables d'apprendre. Les écoles sont de différentes espèces, suivant le rang et le sexe. Des maîtres habiles forment les enfants pour un état de vie conforme à leur naissance, à leurs propres talents et à leurs inclinations.

Les séminaires pour les garçons d'une naissance illustre sont pourvus de maîtres graves et savants. L'habillement et la nourriture des enfants sont simples. On leur inspire des principes d'honneur, de justice, de courage, de modestie, de clémence, de religion et d'amour pour la patrie; ils sont toujours occupés, sauf le temps assez court des repas et du sommeil, et deux heures de récréation; ils sont habillés par des hommes jusqu'à l'âge de quatre ans; passé cet âge, ils sont obligés de s'habiller eux-mêmes, de quelque qualité qu'ils soient, et jamais on ne les laisse causer avec les domestiques. Il ne leur est permis de prendre leurs divertissements qu'en présence d'un maître. On permet à leurs père et mère de les voir deux fois par an. La visite

ne peut durer qu'une heure; les parents peuvent embrasser leur fils en entrant et en sortant; mais un maître qui est toujours présent en ces occasions ne leur permet pas de parler secrètement à l'enfant, de le flatter, de le caresser, ni de lui donner des bijoux, ou des dragées et des confitures.

La pension pour l'éducation et la nourriture des enfants est payée par les parents, et les percepteurs du gouvernement en assurent la rentrée. Les séminaires pour les enfants des bourgeois et des artisans sont dirigés dans le même esprit, avec les différences exigées par les divers états : par exemple, les jeunes gens destinés à des professions mécaniques finissent leurs études à onze ans, tandis que les jeunes gens des classes plus élevées continuent leurs exercices jusqu'à quinze ans, ce qui répond à l'âge de vingt-cinq ans parmi nous; mais, les trois dernières années, on leur laisse un peu plus de liberté.

Dans les séminaires pour les filles, les jeunes personnes de qualité sont élevées presque comme les garçons. Souvent elles

sont habillées par des domestiques de leur sexe, mais toujours en présence d'une maîtresse, jusqu'à ce qu'elles aient atteint l'âge de cinq ans ; alors elles s'habillent elles-mêmes. Si l'on surprend une des bonnes ou femmes de chambre à conter à ces petites filles des histoires extravagantes ou effrayantes, on la fait fouetter dans les rues; puis, après un an de prison, elle est exilée pour le reste de ses jours dans l'endroit le plus désert du pays. Ainsi les jeunes filles, parmi ces peuples, sont aussi honteuses que les hommes d'être lâches et sottes; elles méprisent tous les ornements extérieurs, et n'ont égard qu'à la bienséance et à la propreté. Leurs études sont moins fortes que celles des garçons, mais elles sont de même nature; seulement on y joint quelques notions d'économie domestique. On pense qu'une femme devant être pour son mari une compagne agréable et raisonnable, elle doit s'orner l'esprit, qui ne vieillit point. A l'âge de douze ans, âge nubile en ce pays, les parents ou tuteurs prennent chez eux les jeunes filles, après avoir exprimé une grande reconnaissance aux instituteurs; cette séparation ne se fait pas sans que la jeune demoiselle et ses compagnes répandent beaucoup de larmes.

Dans les séminaires des filles de la basse classe, elles sont instruites à faire toutes sortes d'ouvrages; et celles qui doivent entrer en apprentissage sortent de la maison d'éducation à sept ans; les autres sont gardées jusqu'à onze ans.

Les familles d'artisans qui ont des enfants dans ces maisons doivent fournir tous les mois, outre la pension, qui est aussi modique que possible, une petite somme prélevée sur leurs gains, et destinée à former une dot pour l'enfant. Ainsi les parents sont limités dans leurs dépenses par la loi; car on trouverait très-injuste que des gens, après avoir mis au monde des enfants, en laissassent la charge au public. A l'égard des personnes de qualité, elles assurent une fortune à chacun de leurs enfants, suivant leur condition, et les fonds en sont gérés par les directeurs du séminaire. Les fermiers et laboureurs gardent chez eux leurs enfants, parce que, leur occupation étant de cultiver la terre, il importe peu à l'État qu'ils soient plus ou moins éclairés; mais, la vieillesse venue, ils sont recueillis dans des hospices; car la mendicité est inconnue chez ces peuples.

C'est peut-être ici le lieu de parler de ma façon de vivre en ce pays pendant un séjour de neuf mois et treize jours. Je m'étais fait moi-même une table et un fauteuil assez commodes, avec les bois des plus grands arbres du parc royal. Deux cents couturières étaient chargées de faire mon linge avec la plus forte toile que l'on pût trouver, mise en plusieurs doubles et piquée. Leurs toiles ont en général trois pouces de largeur, et la longueur de trois pieds forme une pièce. Les lingères prirent ma mesure lorsque j'étais couché, l'une se plaçant sur mon cou,

une autre sur le gras de ma jambe, et tenant chacune par un bou une grosse corde, tandis qu'une troisième mesurait la longueur de la corde avec une règle d'un pouce. Après cela, elles mesurèrent le tour de mon pouce, et ce fut assez, parce qu'elles avaient calculé, par une opération mathématique, que deux fois la circonférence de mon pouce formait celle de mon poignet; qu'en doublant celle-ci, on avait le tour de mon cou, et qu'en doublant ce dernier, on avait la grosseur de ma taille. Je déployai ensuite sur le plancher une de mes vieilles chemises, et elles l'imitèrent fort exactement. Trois cents tailleurs furent employés

à la confection de mes habits, et s'avisèrent d'un autre moyen pour prendre leurs mesures. Je me mis à genoux; ils dressèrent contre mon corps une échelle; un d'eux y monta jusqu'à la hauteur de mon cou, et laissa tomber un plomb de mon collet à terre, ce qui donna la longueur de mon habit. Je pris moi-même la mesure du corps et des bras. Ils travaillèrent chez moi, aucune de leur maison ne pouvant contenir des pièces de la grandeur de mes vêtements, qui ressemblaient, lorsqu'ils furent achevés, à ces couvertures composées de petits morceaux carrés cousus ensemble; seulement ils étaient tous de la même couleur.

Trois cents cuisiniers préparaient mes repas dans des baraques construites autour de ma maison, où ils logeaient eux et leurs familles, et ils étaient chargés de me fournir deux plats à chaque service. Je prenais une vingtaine de laquais et les plaçais sur ma table; une centaine de leurs camarades se tenaient en bas, les uns apportant les mets, les autres le vin et les liqueurs sur leurs épaules; et ceux qui étaient sur la table déchargeaient les porteurs de ces objets à mesure que j'en avais besoin, en se servant d'une sorte de poulie. Un de leurs plats formait une bouchée, et un baril une gorgée raisonnable. Leur mouton ne vaut pas le nôtre, mais leur bœuf est parfait. On me servit une fois un aloyau dont je fus obligé de faire trois bouchées; mais c'était une rareté. Mes domestiques étaient émerveillés de me voir manger ce rôti, os et viande, comme nous croquons la cuisse d'une mauviette. Je faisais en général une seule bouchée de leurs oies et de leurs dindons, et je prenais une trentaine de leurs petits oiseaux à la pointe de mon couteau.

Un jour Sa Majesté voulut, comme il lui plut de s'exprimer, avoir le plaisir de dîner avec moi, avec la reine et les jeunes princes. Ils vinrent donc, et je les plaçai dans des fauteuils sur ma table, en face de moi, avec leurs gardes autour d'eux. Flimnap, le grand-trésorier, les accompagnait aussi, et j'observai qu'il me regardait de mauvais œil; mais je ne fis pas semblant de m'en apercevoir, et je mangeai plus que de coutume, pour faire honneur à ma chère patrie et remplir ces étrangers d'admiration. J'ai quelques raisons de croire que Flimnap prit occasion de cette visite pour me desservir auprès de son maître. Ce ministre avait toujours été mon ennemi secret, bien qu'il me fît un accueil qu'on n'aurait pas dû attendre de son caractère morose. Il représenta à l'empereur la pénurie de ses finances, qui le forçait d'emprunter de l'argent à très-gros intérêts, les bons du trésor étant tombés à neuf pour cent au-dessous du pair; il rappela que j'avais coûté plus d'un million et demi de leurs pièces d'or, et qu'il serait expédient de saisir le premier prétexte qui pourrait s'offrir pour me renvoyer honnêtement.

Je suis obligé de justifier ici une dame respectable qui souffrit innocemment à cause de moi. Le trésorier se mit en tête d'être jaloux de sa femme, grâce à la malice de quelques médisants qui prétendirent que cette dame avait une forte inclination pour ma personne. Les caquets de cour allèrent même jusqu'à répandre qu'elle s'était rendue plusieurs fois en secret à mon hôtel : infâme calomnie, je le déclare solennellement, et qui n'avait d'autre fondement que les marques innocentes de bonté et de confiance que Sa Grâce avait bien voulu me donner. J'avoue qu'elle venait souvent chez moi, mais toujours publiquement et en compagnie de sa sœur, de sa fille ou de quelque amie, comme le faisaient beaucoup d'autres dames de la cour. Tous mes domestiques pourraient affirmer que jamais ils n'ont vu un carrosse arrêté à ma porte sans savoir quelles personnes il avait amenées. Lorsqu'un laquais m'avait annoncé une visite, j'allais à la porte, je présentais mes respects, et je prenais ensuite la voiture et les deux chevaux bien soigneusement (s'il y en avait six, le postillon en dételait quatre), et je les plaçais sur une table pourvue d'un bord, afin de prévenir tout accident. J'ai souvent eu quatre équipages sur ma table, pendant qu'assis dans mon fauteuil je

causais avec les dames, qui restaient dans leurs voitures; et tandis que je m'occupais d'une compagnie, les cochers faisaient filer doucement les autres carrosses autour de l'esplanade. J'ai passé des soirées très-agréables de cette manière; mais je défie le trésorier et ses espions, Clustril et Drunlo (et c'est à eux de se défendre, s'ils le peuvent), je les défie de prouver que personne soit venu chez moi incognito, excepté le secrétaire Reldresal, qui fut envoyé par l'empereur pour le motif cité plus haut. Je ne serais pas entré dans ces détails, s'ils n'eussent intéressé la réputation d'une grande dame, pour ne rien dire de la mienne, bien que j'eusse alors l'honneur d'être *nardac*, titre de noblesse supérieur à celui de trésorier, qui n'est que *glumglum*. Il avait cependant le pas sur moi, en raison de sa charge. Ces faux rapports aigrirent le trésorier contre sa femme, et contre moi encore plus; et, bien qu'il reconnût peu de temps après qu'on l'avait induit en erreur, et qu'il se réconciliât avec elle, il ne revint pas sur mon compte, et mon crédit baissa rapidement avec l'empereur lui-même, sur lequel ce favori exerce un empire beaucoup trop grand.

CHAPITRE VII

L'auteur, averti par un ami qu'on voulait le mettre en jugement
pour crime de lèse-majesté,
s'enfuit dans le royaume de Blefuscu.

VANT que je parle de ma sortie de l'empire de Lilliput, il peut être à propos d'instruire le lecteur d'une intrigue secrète qui se forma contre moi.

J'étais peu fait aux manœuvres de cour, mon humble condition ne m'ayant pas permis de les connaître par expérience. J'avais, il est vrai, lu et entendu beaucoup de choses sur la conduite ordinaire des princes et des ministres; toutefois je ne m'attendais pas à en voir d'aussi terribles effets dans un pays si éloigné des nôtres et gouverné en apparence par une politique si différente de celle de l'Europe. Ainsi, ne me doutant nullement de ce qui m'attendait, je me disposais à me rendre auprès de l'empereur de Blefuscu, lorsqu'une personne de grande considération à la cour, et à qui j'avais rendu des services importants, vint me trouver secrètement pendant la nuit, et entra chez moi avec sa chaise sans se faire annoncer. Les porteurs furent congédiés; je mis la chaise avec Son Excellence dans la poche de mon justaucorps; et, donnant ordre à son domestique de tenir fermée la porte de ma maison, je déposai la chaise sur la table et je m'assis auprès. Les premiers compli-

ments échangés, je remarquai que l'air de ce seigneur était triste et inquiet, et je lui en demandai la raison; il me pria de vouloir bien l'écouter sur un sujet qui intéressait mon honneur et ma vie.

« Sachez, me dit-il, qu'on a convoqué depuis peu plusieurs comités secrets à votre sujet, et qu'il y a deux jours Sa Majesté a pris une fâcheuse résolution.

« Vous n'ignorez pas que Skyresh Bolgolam (*galbet* ou grand-amiral) a presque toujours été votre ennemi mortel depuis votre arrivée ici. Je n'en sais pas la cause ; mais sa haine s'est fort augmentée depuis votre expédition contre la flotte de Blefuscu : comme amiral, il est jaloux d'un tel succès. Ce seigneur, de concert avec le grand-trésorier Flimnap, le général Limtoc, le grand-chambellan Lalcon, et le grand-juge Balmuff, a dressé un acte d'accusation contre vous pour crime de lèse-majesté et autres crimes capitaux. »

Cet exorde me frappa tellement, que j'allais l'interrompre, quand il me pria de ne rien dire et de l'écouter, et il continua ainsi :

« Pour reconnaître les services que vous m'avez rendus, je me suis fait instruire de tout le procès, et j'ai obtenu une copie de l'acte : c'est une affaire dans laquelle je risque ma tête pour votre service.

ARTICLES DE L'ACCUSATION

INTENTÉE CONTRE

QUINBUS FLESTRIN (L'HOMME-MONTAGNE).

« Considérant que, par une loi portée sous le règne de Sa Majesté Impériale Cabin Deffàr Plune, il est ordonné que quiconque fera de l'eau dans l'étendue du palais impérial sera sujet aux peines et châtiments du crime de lèse-majesté, et que, malgré cela, ledit Quinbus Flestrin, par une violation ouverte de ladite loi, sous le prétexte d'éteindre le feu allumé dans l'appartement de la bien-aimée et auguste épouse de Sa Majesté, aurait malicieusement, traîtreusement et diaboliquement, en accomplissant l'acte prohibé par ladite loi, éteint ledit feu allumé dans ledit appartement, étant alors dans l'enceinte dudit palais impérial ;

« Que ledit Quinbus Flestrin, ayant amené la flotte royale de Blefuscu dans notre port impérial, et lui ayant été ensuite enjoint par Sa Majesté Impériale de se rendre maître de tous les autres vaisseaux dudit royaume de Blefuscu, de le réduire à la forme d'une province qui pût être gouvernée par un vice-roi de notre pays, et de faire périr et mettre à mort non-seulement tous les gros-boutiens exilés, mais aussi tous les Blefuscudiens qui refuseraient d'abjurer l'hérésie gros-boutienne ; ledit Flestrin, comme un traître rebelle à Sa très-heureuse et Impériale Majesté, aurait présenté une requête pour être dispensé dudit service, sous le prétexte frivole qu'il répugnait à contraindre les consciences et à détruire les libertés d'un peuple innocent ;

« Que certains ambassadeurs étant venus depuis peu de la cour de Blefuscu pour demander la paix à Sa Majesté, ledit Flestrin, comme un sujet déloyal, aurait secouru, aidé et régalé lesdits ambassadeurs, quoiqu'il les connût pour être ministres d'un prince qui venait d'être ré-

cemment l'ennemi déclaré de Sa Majesté Impériale, et en guerre ouverte contre Sadite Majesté;

« Que ledit Quinbus Flestrin, contre le devoir d'un fidèle sujet, se disposerait actuellement à faire un voyage à la cour de Blefuscu, pour lequel il n'a reçu qu'une permission verbale de Sa Majesté Impériale ; et, sous prétexte de ladite permission, se proposerait témérairement et perfidement de faire ledit voyage, et de secourir et soutenir le roi de Blefuscu.

« Il y a encore d'autres articles, ajouta-t-il; mais ce sont les plus importants dont je viens de vous lire un abrégé.

« Dans les différentes délibérations sur cette accusation, il faut avouer que Sa Majesté a fait voir sa modération, sa douceur et son équité, représentant plusieurs fois vos services, et tâchant de diminuer vos crimes. Le trésorier et l'amiral ont proposé de vous faire mourir d'une mort cruelle et ignominieuse, en mettant le feu à votre hôtel pendant la nuit; et le général devait vous attendre avec vingt mille hommes armés de flèches empoisonnées, pour vous frapper au visage et aux mains. Des ordres secrets devaient être donnés à quelques-uns de vos domestiques pour répandre un suc vénéneux sur vos chemises, lequel vous aurait fait bientôt déchirer votre propre chair, et mourir dans des tourments inouïs. Le général s'est rangé au même avis : en sorte que, pendant quelque temps, la pluralité des voix a été contre vous; mais Sa Majesté, résolue à vous sauver la vie, a gagné le suffrage du chambellan.

« Sur ces entrefaites, Reldresal, premier secrétaire d'État pour les affaires secrètes, a reçu l'ordre de l'empereur de donner son avis, ce qu'il a fait conformément à celui de Sa Majesté, et certainement il a bien justifié l'estime que vous avez pour lui : il a reconnu que vos crimes étaient grands, mais qu'ils méritaient néanmoins quelque indulgence; il a dit que l'amitié qui existait entre vous et lui était si connue, qu'on pourrait le croire prévenu en votre faveur; que, cependant, pour obéir au commandement de Sa Majesté, il voulait dire son avis avec franchise et liberté; que si Sa Majesté, en considération de vos services et conformément à sa clémence accoutumée, voulait bien vous sauver la vie et se contenter de vous faire crever les deux yeux, cet expédient lui semblait satisfaire la justice, et ferait applaudir et à la miséricordieuse pitié de l'empereur et à l'équité généreuse de ceux qui avaient l'honneur d'être ses conseillers; que la perte de vos yeux ne ferait point obstacle à votre force corporelle, par laquelle vous pourriez encore être utile à Sa Majesté; que la cécité sert à augmenter le courage en nous cachant les périls; que l'esprit en devient plus recueilli, et plus disposé à la découverte de la vérité; que la crainte que vous aviez pour vos yeux était la plus grande difficulté que vous aviez eue à surmonter en vous rendant maître de la flotte ennemie, et que ce serait assez que vous vissiez par les yeux des autres, puisque les plus puissants princes ne voient pas autrement.

« Cette proposition fut reçue avec un déplaisir extrême par toute l'assemblée. L'amiral Bolgolam se leva, et, transporté de fureur, dit qu'il était étonné que le secrétaire osât opiner pour la conservation de la vie d'un traître; que les services que vous aviez rendus étaient, selon les véritables maximes d'État, des crimes énormes; que vous, qui étiez capable d'éteindre tout à coup un incendie en arrosant d'urine le palais de Sa Majesté (ce qu'il ne pouvait rappeler sans horreur), pourriez quelque autre fois, par le même moyen, inonder le palais et toute la ville; et que la même force qui vous avait mis en état d'entraîner toute la flotte de l'ennemi, pourrait servir à la reconduire, sur le premier mécontentement, à l'endroit d'où vous l'aviez tirée; qu'il avait des raisons très-fortes de penser que vous étiez gros-boutien au fond de votre cœur; et parce que la trahison commence au cœur avant qu'elle paraisse dans les actions, comme gros-boutien il vous déclara formellement traître et rebelle, et insista pour que vous fussiez mis à mort sans délai.

« Le trésorier fut du même avis. Il fit voir à quelles extrémités les finances de Sa Majesté étaient réduites par la dépense de votre entretien, ce qui deviendrait bientôt insoutenable; que l'expédient proposé par le secrétaire de vous crever les yeux, loin d'être un remède contre ce mal, l'augmenterait selon toutes les apparences, comme cela est démontré par l'usage d'aveugler certaines volailles, qui, après cela, mangent encore davantage, et s'engraissent plus promptement; que Sa Majesté sacrée et le conseil, qui vous jugeaient, étaient dans leurs propres consciences persuadés de votre crime, ce qui était une preuve plus que suffisante pour vous condamner à mort, sans avoir recours à des preuves formelles requises par la lettre rigoureuse de la loi.

« Mais Sa Majesté Impériale, étant absolument déterminée à ne point vous faire mourir, dit gracieusement que, puisque le conseil jugeait la perte de vos yeux un châtiment trop léger, on pourrait en ajouter un autre. Et votre ami le secrétaire, priant avec soumission d'être écouté encore pour répondre à ce que le trésorier avait objecté touchant la grande dépense que Sa Majesté faisait pour votre entretien, dit que Son Excellence, qui seule avait la disposition des finances de l'empereur, pourrait remédier facilement à ce mal en diminuant votre table peu à peu, et que, par ce moyen, faute d'une quantité suffisante de nourriture, vous deviendriez faible et languissant, et perdriez l'appétit, et bientôt après la vie. Alors cinq à six mille sujets de Sa Majesté pourraient détacher votre chair de vos os, et l'emporter par petites parties pour l'enterrer au loin, afin d'empêcher l'infection, laissant le squelette comme un monument curieux digne d'être conservé.

« Ainsi, par la grande amitié du secrétaire, toute l'affaire a été terminée à l'amiable ; des ordres précis ont été donnés pour tenir secret le dessein de vous faire peu à peu mourir de faim. L'arrêt pour vous crever les yeux a été enregistré au greffe du conseil, personne ne s'y opposant, si ce n'est l'amiral Bolgolam. Dans trois jours le secrétaire aura ordre de se rendre chez vous, et de lire les articles de votre accusation en votre présence; et puis de vous faire savoir la grande clémence de Sa Majesté et du conseil, en ne vous condamnant qu'à la perte de vos yeux, à laquelle Sa Majesté ne doute pas que vous ne vous soumettiez avec la reconnaissance et l'humilité qui conviennent. Vingt des chirurgiens de Sa Majesté se rendront à sa suite, et exécuteront l'opération par la décharge adroite de plusieurs flèches très-aiguës dans les prunelles de vos yeux lorsque vous serez couché à terre. C'est à vous de prendre les mesures que votre prudence vous suggèrera. Pour moi, afin de prévenir les soupçons, il faut que je m'en retourne aussi secrètement que je suis venu. »

Son Excellence me quitta, et je restai seul, livré à la plus

cruelle anxiété. L'usage introduit par ce prince et par son ministère (très-différent, à ce qu'on m'assure, de l'usage des premiers temps) était qu'après que la cour avait ordonné un supplice pour satisfaire le ressentiment du souverain ou la méchanceté d'un favori, l'empereur devait adresser une harangue à tout son conseil, dans laquelle sa douceur et sa clémence étaient citées comme des qualités reconnues de tout le monde. La harangue de l'empereur à mon sujet fut bientôt publiée par tout l'empire, et le peuple fut terrifié par ces éloges de la clémence de Sa Majesté, parce qu'on avait remarqué que plus ces éloges étaient amplifiés, plus la condamnation à laquelle ils servaient de préambule était cruelle et injuste. Quant à moi, j'entendais si peu les affaires, que je ne pouvais décider si l'arrêt porté contre moi était doux ou rigoureux, juste ou injuste. Je ne songeai point à demander la permission de me défendre; j'aimais autant être condamné sans être entendu, car, ayant autrefois assisté à plusieurs procès semblables, je les avais toujours vus terminés selon les instructions données aux juges, et au gré des accusateurs accrédités et puissants.

J'eus quelque envie de faire de la résistance; car, étant en liberté, toutes les forces de cet empire ne seraient pas venues à bout de moi, et j'aurais pu facilement, à coups de pierres, battre et renverser la capitale; mais je rejetai aussitôt ce projet avec horreur, me ressouvenant du serment que j'avais prêté à Sa Majesté, des grâces que j'avais reçues d'elle, et de la haute dignité de *nardac* qu'elle m'avait conférée. D'ailleurs je ne m'étais pas assez pénétré de l'esprit de la cour pour me persuader que les rigueurs de Sa Majesté m'acquittaient de toutes les obligations que je lui avais.

Enfin je pris une résolution qui, selon les apparences, sera censurée avec justice par quelques personnes; car je confesse que ce fut une grande témérité à moi et un très-mauvais procédé de ma part d'avoir voulu conserver mes yeux, ma liberté et ma vie, malgré les ordres de la cour. Si j'avais mieux connu le caractère des princes et des ministres d'État, que j'ai depuis observés dans plusieurs autres cours, et leur manière de traiter des accusés moins criminels que moi, je me serais soumis sans difficulté à une peine si douce; mais, emporté par le feu de la jeunesse, et ayant eu auparavant la permission de Sa Majesté Impériale de me rendre auprès du roi de Blefuscu, je me hâtai, avant l'expiration de trois jours, d'envoyer une lettre à mon 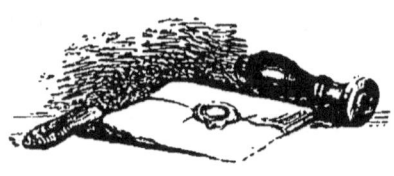 ami le secrétaire, par laquelle je lui faisais savoir la résolution que j'avais prise de partir ce jour-là même pour Blefuscu, suivant la permission que j'avais obtenue ; et, sans attendre la réponse, je m'avançai vers la côte de l'île où était la flotte. Je me saisis d'un gros vaisseau de guerre, j'attachai un câble à la proue, et, levant les ancres, je me déshabillai, mis mon habit (avec ma couverture, que j'avais apportée sous mon bras) sur le vaisseau, et le tirant après moi, tantôt à gué, tantôt à la nage, j'arrivai au port royal de Blefuscu, où le peuple m'avait attendu longtemps. On m'y fournit deux guides pour me conduire à la capitale, qui porte le même nom. Je les tins dans mes mains jusqu'à ce que je fusse arrivé à cent toises de la porte de la ville, et je les priai de donner avis de mon arrivée à un des secrétaires d'État, et de lui faire savoir que j'attendais les ordres de Sa Majesté.

On vint me dire au bout d'une heure que Sa Majesté, avec toute la maison royale, venait pour me recevoir. Je m'avançai de cinquante toises : le roi et sa suite descendirent de leurs chevaux, la reine avec les dames sortirent de leurs carrosses, et je

n'aperçus pas qu'ils eussent peur de moi. Je me couchai à terre pour baiser les mains du roi et de la reine. Je dis à Sa Majesté que j'étais venu, suivant ma promesse, et avec la permission de l'empereur mon maître, pour avoir l'honneur de voir un si puissant prince, et pour lui offrir tous les services qui dépendaient de moi, et qui ne seraient pas contraires à ce que je devais à mon souverain, mais sans parler de ma disgrâce.

Je n'ennuierai point le lecteur du détail de ma réception à la cour, qui fut conforme à la générosité d'un si grand prince, ni des incommodités que j'essuyai faute d'une maison et d'un lit, étant obligé de me coucher sur la terre, enveloppé de ma couverture.

CHAPITRE VIII

L'auteur, par un heureux hasard, trouve le moyen de quitter Blefuscu, et, après quelques difficultés, retourne dans sa patrie.

Rois jours après mon arrivée, me promenant par curiosité vers la côte de l'île qui regarde le nord-ouest, je découvris, à une demi-lieue de distance, dans la mer, quelque chose qui me sembla être un bateau renversé. Je tirai mes souliers et mes bas, et m'avançant dans l'eau à cent ou cent cinquante toises, je vis que l'objet était poussé par la force de la marée; je reconnus alors que c'était une chaloupe, qui me parut avoir été détachée d'un vaisseau par quelque tempête : sur quoi je me hâtai de rentrer en ville, et priai Sa Majesté de me prêter vingt des plus grands vaisseaux qui lui restaient depuis la perte de sa flotte, et trois mille matelots, sous les ordres du vice-amiral. Cette flotte mit à la voile, faisant le tour, pendant que j'allai, par le chemin le plus court, à la côte où j'avais d'abord découvert la chaloupe. Je trouvai que la marée l'avait portée encore plus près du rivage. Quand les vaisseaux m'eurent joint, je me dépouillai de mes habits, me mis dans l'eau, et m'avançai jusqu'à cinquante toises de la chaloupe, après quoi je fus obligé de nager jusqu'à ce que je l'eusse atteinte. Les matelots me jetèrent un câble dont j'attachai un bout à un trou sur le devant du bateau, et l'autre bout à un vaisseau de guerre; mais je ne pus continuer mon ouvrage, perdant pied dans l'eau. Je me mis donc à nager derrière la chaloupe, et à la pousser en avant avec une de mes mains; en sorte qu'à la faveur de la marée je m'avançai tellement vers la plage, que je pus avoir le menton hors de l'eau et prendre pied. Je me reposai deux à trois minutes, puis je poussai encore le bateau jusqu'à ce que la mer ne me vînt plus qu'aux épaules. Alors le plus fort était fait; je pris d'autres câbles apportés dans un des vaisseaux; je les attachai premièrement au bateau, puis à neuf des vaisseaux qui m'attendaient;

le vent étant assez favorable et les matelots m'aidant, j'agis de telle sorte que nous arrivâmes à vingt toises du rivage. La mer s'étant retirée, je gagnai la chaloupe à pied sec; avec le secours de deux mille hommes et celui des cordes et des machines, je vins à bout de la relever, et trouvai qu'elle n'avait été que très-peu endommagée.

Je fus dix jours à faire entrer ma chaloupe dans le port royal de Blefuscu, où il s'amassa un grand concours de peuple, plein d'étonnement à la vue d'un vaisseau si prodigieux.

Je dis au roi que ma bonne fortune m'avait fait rencontrer ce vaisseau pour me transporter à quelque autre endroit d'où je pourrais retourner dans mon pays natal, et je priai Sa Majesté de vouloir bien me donner ses ordres pour mettre ce vaisseau en état de me servir, et de me permettre de sortir de ses États; ce qu'après quelques plaintes obligeantes il lui plut de m'accorder.

J'étais fort surpris que l'empereur de Lilliput, depuis mon départ, n'eût fait aucune recherche à mon sujet; mais j'appris que Sa Majesté Impériale, ignorant que j'avais eu avis de ses desseins, s'imaginait que je n'étais allé à Blefuscu que pour accomplir ma promesse, suivant la permission qu'il m'en avait donnée, et que je reviendrais dans peu de jours; à la fin, ma longue absence le mit en peine, et ayant tenu conseil avec le trésorier et le reste de la cabale, une personne de qualité fut dépêchée avec une copie des articles dressés contre moi. L'envoyé avait des instructions pour représenter au souverain de Blefuscu la grande douceur de son maître, qui s'était contenté de me punir par la perte de mes yeux; que je m'étais soustrait à la justice, et que, si je ne retournais pas dans deux jours, je serais dépouillé de mon titre de *nardac*, et déclaré criminel de haute trahison. L'envoyé ajouta que, pour conserver la paix et l'amitié entre les deux empires, son maître espérait que le roi de Blefuscu donnerait ordre de me reconduire à Lilliput, pieds et poings liés, pour être puni comme un traître.

Le roi de Blefuscu, ayant pris trois jours pour délibérer sur cette affaire, fit une réponse très-honnête et très-sage. Il représenta que, quant à me renvoyer lié, l'empereur n'ignorait pas que cela était impossible; que, quoique je lui eusse enlevé sa flotte, il m'était redevable de plusieurs bons offices que je lui avais rendus par rapport au traité de paix; d'ailleurs, qu'ils seraient bientôt, l'un et l'autre, délivrés de moi, parce que j'avais trouvé sur le rivage un vaisseau prodigieux, capable de me porter sur la mer, qu'il avait donné ordre de disposer avec mon secours et suivant mes instructions; en sorte qu'il espérait que dans peu de semaines les deux empires seraient débarrassés de ce fardeau insupportable.

L'envoyé retourna avec cette réponse à Lilliput, et le roi de Blefuscu me raconta tout ce qui s'était passé, m'offrant en même temps, mais secrètement et en confidence, sa gracieuse protection si je voulais rester à son service. Quoique je crusse sa proposition sincère, je pris la résolution de ne me livrer jamais à aucun prince ni à aucun ministre lorsque je pourrais me passer d'eux : c'est pourquoi, après avoir témoigné à Sa Majesté ma juste reconnaissance de ses intentions favorables, je la priai humblement de me donner mon congé, en lui disant que, puisque la fortune, bonne ou mauvaise, m'avait offert un vaisseau, j'étais résolu à affronter l'Océan plutôt que d'être l'occasion d'une rupture entre deux si puissants souverains. Le roi ne me parut pas offensé de ce discours, et j'appris même qu'il était fort aise de ma résolution, aussi bien que la plupart de ses ministres.

Ces considérations m'engagèrent à partir un peu plus tôt que je n'avais projeté ; et la cour, qui souhaitait mon départ, y contribua avec empressement. Cinq cents ouvriers furent employés à faire deux voiles à mon bateau, suivant mes ordres, en doublant treize fois leur plus grosse toile, et la matelassant. Je fis moi-même des cordages et des câbles, en assemblant dix, vingt ou trente des leurs. Une grosse pierre que j'eus le bonheur de trouver, après une longue recherche, près du rivage de la mer, me servit d'ancre ; j'eus le suif de trois cents bœufs pour graisser ma chaloupe et pour d'autres usages. Je pris des peines infinies à couper les plus grands arbres pour en faire des rames

et des mâts, en quoi cependant je fus aidé par les charpentiers des navires de Sa Majesté.

Au bout d'environ un mois, quand tout fut prêt, j'allai recevoir les ordres de Sa Majesté et prendre congé d'elle. Le roi, accompagné de la famille royale, sortit du palais. Je me couchai à terre pour avoir l'honneur de lui baiser la main, qu'il me donna très-gracieusement, aussi bien que la reine et les jeunes princes du sang. Sa Majesté me fit présent de cinquante bourses de deux cents *spruggs* chacune, avec son portrait en pied, que je mis aussitôt dans un de mes gants pour le mieux conserver.

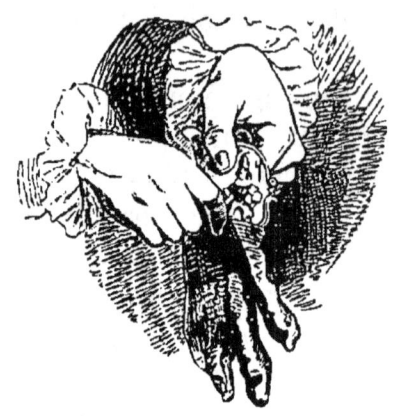

Je chargeai sur ma chaloupe cent bœufs et trois cents moutons, avec du pain et de la boisson à proportion, et tout ce que quatre cents cuisiniers avaient pu fournir de viande cuite. Je pris avec moi six vaches et deux taureaux vivants, et pareil nombre de brebis et de béliers, ayant dessein de les porter dans mon pays pour en multiplier l'espèce : je me pourvus aussi de foin et de blé. J'aurais été bien aise d'emmener six des gens du pays, mais le roi ne voulut pas le permettre; et, outre une très-exacte visite de mes poches, Sa Majesté me fit donner ma parole d'honneur que je n'emporterais aucun de ses sujets, quand même ce serait de leur propre consentement.

Ayant ainsi préparé toutes choses, je mis à la voile le vingt-quatrième jour de septembre 1701, sur les six heures du matin ; et quand j'eus fait quatre lieues vers le nord, le vent étant au sud-est, sur les six heures du soir, je découvris une petite île, qui se prolongeait d'environ une demi-lieue au nord-est. Je m'avançai et jetai l'ancre vers la côte de l'île qui était à l'abri du vent : elle me parut inhabitée. Je pris des rafraîchissements, et m'allai reposer. Je dormis environ six heures ; car le jour commença à paraître deux heures après que je fus éveillé. Je déjeunai, et, le vent étant favorable, je levai l'ancre, et fis autant de chemin que le jour précédent, guidé par mon compas de poche. C'était mon dessein de me rendre, s'il était possible, dans une de ces îles que je croyais avec raison situées au nord-est de la terre de Van-Diemen. Je ne vis rien ce jour-là; mais le lendemain, sur les trois heures après midi, quand j'eus fait, selon mon calcul, environ vingt-quatre lieues, je découvris un navire faisant route vers le sud-est. Je mis toutes mes voiles; et, au bout d'une demi-heure, le navire, m'ayant aperçu, arbora son pavillon et tira un coup de canon.

Il n'est pas facile d'exprimer la joie que me fit éprouver l'espérance de revoir encore une fois mon bien-aimé pays et les chers gages que j'y avais laissés. Le navire cargua ses voiles, et je le joignis à cinq ou six heures du soir, le 26 septembre. J'étais transporté de joie de voir le pavillon d'Angleterre. Je mis mes vaches et mes moutons dans les poches de mon justaucorps, et me rendis à bord avec toute ma petite cargaison de vivres.

C'était un vaisseau marchand anglais, revenant du Japon par les mers du nord et du sud, commandé par le capitaine Jean Biddel de Deptford, fort honnête homme et excellent marin. Il y avait à bord environ cinquante passagers ou matelots, parmi lesquels je rencontrai un de mes anciens camarades, nommé

Pierre Williams, qui parla avantageusement de moi au capitaine. Celui-ci me fit un très-bon accueil, et me pria de lui apprendre d'où je venais et où j'allais, ce que je fis en peu de mots; mais il crut que la fatigue et les périls que j'avais courus m'avaient fait tourner la tête : sur quoi je tirai mes vaches et mes moutons de ma poche, ce qui le jeta dans un grand étonnement, en lui faisant voir la vérité de ce que je venais de lui raconter. Je lui montrai les pièces d'or que m'avait données le roi de Blefuscu, aussi bien que le portrait en pied de Sa Majesté, avec plusieurs autres raretés de ce pays. Je lui donnai deux bourses de deux cents *spruggs* chacune, et promis de lui faire présent, à notre arrivée en Angleterre, d'une vache et d'une brebis pleines.

Je n'entretiendrai point le lecteur du détail de ma route : nous arrivâmes aux Dunes le 13 avril 1702. Je n'eus qu'un seul malheur, c'est que les rats du vaisseau emportèrent un de mes

béliers Je débarquai le reste de mon bétail en santé, et le mis paître dans un boulingrin à Greenwich.

Pendant le peu de temps que je restai en Angleterre, je fis un profit considérable en montrant mes petits animaux à des gens de qualité, et même au peuple; et, avant que je commençasse mon second voyage, je les vendis six cents livres sterling. Depuis mon dernier retour, j'en ai inutilement cherché la race, que je croyais considérablement augmentée, surtout celle des moutons; j'espérais que cela tournerait à l'avantage de nos manufactures de laine, par la finesse des toisons.

Je ne restai que deux mois avec ma femme et ma famille : la passion insatiable de voir des pays étrangers ne me permit pas d'être plus longtemps sédentaire. Je laissai quinze cents livres sterling à ma femme, et l'établis dans une bonne maison à Redriff; j'emportai avec moi le reste de ma fortune, partie en argent et partie en marchandises, dans la vue d'augmenter mes fonds. Mon oncle Jean m'avait légué près d'Epping des terres rapportant trente livres sterling, et j'avais affermé à long bail ma terre du Taureau-Noir, dans Fetter-Lane, qui me fournissait le même revenu : ainsi je ne courais pas le risque de laisser ma famille à la charité de la paroisse. Mon fils Jean, ainsi nommé du nom de mon oncle, apprenait le latin, et allait au collége; et ma fille Élisabeth, qui est à présent mariée et mère, s'appliquait au travail de l'aiguille. Je dis adieu à ma femme, à mon fils et à ma fille, et, malgré beaucoup de larmes qu'on versa de part et d'autre, je montai courageusement sur *l'Aventure*, navire de trois cents tonneaux, commandé par le capitaine Jean Nicolas, de Liverpool. Le récit de ce voyage formera la seconde partie de mon ouvrage.

AVIS DES ÉDITEURS

Les lecteurs qui, en parcourant cette première partie des *Voyages de Gulliver,* auront été tentés de rapprocher du texte anglais la traduction que nous offrons aujourd'hui au public, doivent lui avoir reconnu un genre de mérite que nous nous sommes constamment attachés à lui assurer, savoir cette fidélité scrupuleuse à laquelle un écrivain aussi éminent que Swift avait des droits incontestables, et que néanmoins son premier et unique traducteur jusqu'à ce jour avait violée par les plus incroyables altérations.

Que la censure, effrayée des hardiesses philosophiques du doyen de Saint-Patrick, ait exigé de nombreuses et de graves suppressions ; qu'elle les ait facilement obtenues de l'antagoniste de Voltaire, de l'abbé Desfontaines : cela se comprend. Mais ce qui ne peut se justifier d'aucune façon, c'est que ce littérateur, homme de savoir et de goût, et digne d'apprécier et de reproduire *Gulliver,* ait cru pouvoir interpoler tantôt des phrases, tantôt des pages entières, qui dénaturent l'esprit et le ton de l'ouvrage.

Toutefois, nous devons reconnaître que, dans ses écarts, Desfontaines n'a pas toujours été malheureux au même degré ; et, pour nous montrer justes envers lui, nous nous plaisons à rapporter, sous la forme d'appendice et en ayant soin de l'isoler du texte, un passage dans lequel il nous paraît avoir assez habilement développé et complété le chapitre VI, relatif aux mœurs des habitants de Lilliput.

APPENDICE

AU

VOYAGE A LILLIPUT

Les Lilliputiens sont persuadés autrement que nous ne le sommes en Europe, que rien ne demande plus de soin et d'application que l'éducation des enfants. Il est aisé, disent ils, de semer et de planter ; mais de conserver certaines plantes, de les faire croître heureusement, de les défendre contre les rigueurs de l'hiver, contre les ardeurs et les orages de l'été, contre les attaques des insectes, de leur faire enfin porter des fruits en abondance, c'est l'effet de l'attention et des peines d'un jardinier habile.

Ils prennent garde que le maître ait plutôt un esprit bien fait qu'un esprit sublime, plutôt des mœurs que de la science ; ils ne peuvent souffrir ces maîtres qui étourdissent sans cesse les oreilles de leurs disciples de combinaisons grammaticales, de discussions frivoles, de remarques puériles, et qui, pour leur apprendre l'ancienne langue de leur pays, qui n'a que peu de rapport avec celle qu'on y parle aujourd'hui, accablent leur esprit de règles et d'exceptions, et laissent là l'usage et l'exercice, pour farcir leur mémoire de principes superflus et de préceptes épineux ; ils veulent que le maître se familiarise avec dignité, rien n'étant plus contraire à la bonne éducation que le pédantisme et le sérieux affecté ; il doit, selon eux, plutôt s'abaisser

que s'élever devant son disciple ; et ils jugent l'un plus difficile que l'autre, parce qu'il faut souvent plus d'effort et de vigueur, et toujours plus d'attention, pour descendre sûrement que pour monter.

Ils prétendent que les maîtres doivent bien plus s'appliquer à former l'esprit des jeunes gens pour la conduite de la vie, qu'à l'enrichir de connaissances curieuses, presque toujours inutiles. On leur apprend donc de bonne heure à être sages et philosophes, afin que, dans la saison même des plaisirs, ils sachent les goûter philosophiquement. N'est-il pas ridicule, disent-ils, de n'en connaître la nature et le véritable usage que lorsqu'on y est devenu inhabile, d'apprendre à vivre quand la vie est presque passée, et de commencer à devenir homme lorsqu'on va cesser de l'être ?

On leur propose des récompenses pour l'aveu ingénu et sincère de leurs fautes ; et ceux qui savent le mieux raisonner sur leurs propres défauts obtiennent des grâces et des honneurs. On veut qu'ils soient curieux et qu'ils fassent souvent des questions sur tout ce qu'ils voient et sur tout ce qu'ils entendent ; et l'on punit très-sévèrement ceux qui, à la vue d'une chose extraordinaire et remarquable, témoignent peu d'étonnement et de curiosité.

On leur recommande d'être très-fidèles, très-soumis, trèsattachés au prince, mais d'un attachement général et de devoir, et non d'un attachement particulier, qui blesse souvent la conscience et toujours la liberté, et qui expose à de grands malheurs.

Les maîtres d'histoire se mettent moins en peine d'apprendre à leurs élèves la date de tel ou tel événement, que de leur peindre le caractère, les bonnes et les mauvaises qualités des rois, des généraux d'armée et des ministres; ils croient qu'il

leur importe assez peu de savoir qu'en telle année et en tel mois, telle bataille a été donnée, mais beaucoup plus de considérer combien les hommes dans tous les siècles sont barbares, brutaux, injustes, sanguinaires, toujours prêts à prodiguer leur propre vie sans nécessité, et à attenter à celle des autres sans raison; combien les combats déshonorent l'humanité, et combien les motifs doivent être puissants pour en venir à cette extrémité funeste : ils regardent l'histoire de l'esprit humain comme la meilleure de toutes, et ils apprennent moins aux jeunes gens à retenir les faits qu'à les juger.

Ils veulent que l'amour des sciences soit borné, et que chacun choisisse le genre d'étude qui convient le plus à son inclination et à son talent; ils font aussi peu de cas d'un homme qui étudie trop que d'un homme qui mange trop, persuadés que l'esprit a ses indigestions comme le corps. Il n'y a que l'empereur seul qui ait une vaste et nombreuse bibliothèque. A l'égard de quelques particuliers qui en ont de trop grandes, on les regarde comme des ânes chargés de livres.

La philosophie chez ces peuples est très-gaie, et ne consiste pas en *ergotismes* comme dans nos écoles; ils ne savent ce que c'est que *baroco* et *baralipton*, que *catégories*, que termes de la première et de la seconde intention, et autres sottises épineuses de la dialectique, qui n'apprennent pas plus à raisonner qu'à danser. Leur philosophie consiste à établir des principes infaillibles, qui conduisent l'esprit à préférer l'état médiocre d'un honnête homme aux richesses et au faste

d'un financier, et les victoires remportées sur ses passions à celles d'un conquérant. Elle leur apprend à vivre durement, et à fuir tout ce qui accoutume les sens à la volupté, tout ce qui rend l'âme trop dépendante du corps et affaiblit sa liberté. Au reste, on leur représente toujours la vertu comme une chose aisée et agréable.

On les exhorte à bien choisir leur état de vie, et l'on tâche de leur faire apprendre celui qui leur convient le mieux, ayant moins égard aux facultés de leurs parents qu'aux facultés de leur âme; en sorte que le fils d'un laboureur est quelquefois ministre d'État, et le fils d'un seigneur est marchand.

Ces peuples n'estiment la physique et les mathématiques qu'autant que ces sciences sont avantageuses à la vie et aux progrès des arts utiles. En général, ils se mettent peu en peine de connaître toutes les parties de l'univers, et aiment moins à raisonner sur l'ordre et le mouvement des corps physiques qu'à jouir de la nature sans l'examiner. A l'égard de la métaphysique, ils la regardent comme une source de visions et de chimères.

Ils haïssent l'affectation dans le langage et le style précieux, soit en prose, soit en vers; et ils jugent qu'il est aussi impertinent de se distinguer par sa manière de parler que par celle de s'habiller. Un auteur qui quitte le style pur, clair et sérieux, pour employer un jargon bizarre et guindé, et des métaphores recherchées et insolites, est poursuivi et hué dans les rues comme un masque de carnaval.

On cultive parmi eux le corps et l'âme tout à la fois, parce qu'il s'agit de dresser un homme, et qu'on ne doit pas former l'un sans l'autre. C'est, selon eux, une paire de chevaux attelés ensemble qu'il faut conduire à pas égaux. Tandis que vous ne formez, disent-ils, que l'esprit d'un enfant, son extérieur devient grossier et impoli; tandis que vous ne lui formez que le corps, la stupidité et l'ignorance s'emparent de son esprit.

Il est défendu aux maîtres de châtier les enfants par la douleur; ils le font par le retranchement de quelque douceur sensible, par la honte, et surtout par la privation de deux ou trois leçons, ce qui les mortifie extrêmement, parce qu'alors on les abandonne à eux-mêmes, et qu'on fait semblant de ne pas les juger dignes d'instruction. La douleur, selon eux, ne sert qu'à les rendre timides; défaut très-préjudiciable, et dont on ne guérit jamais.

CHAPITRE PREMIER

L'auteur, après avoir essuyé une violente tempête, se jette dans une chaloupe pour descendre à terre ; il est saisi par un des habitants du pays. — Comment il en est traité. — Idée générale du pays et du peuple.

YANT été condamné par la nature et par la fortune à une vie agitée, deux mois après mon retour, comme je l'ai dit, j'abandonnai encore mon pays natal, et je m'embarquai dans les Dunes, le 20 juin 1702, sur un vaisseau nommé *l'Aventure*, dont le capitaine, Jean Nicolas, de la province de Cornouailles, partait pour Surate. Nous eûmes le vent très-favorable jusqu'à la hauteur du cap de Bonne-Espérance, où nous mouillâmes pour faire de l'eau. Notre capitaine se trouvant alors incommodé d'une fièvre intermittente, nous ne pûmes quitter le cap qu'à la fin du mois de mars.

Alors nous remîmes à la voile, et notre voyage fut heureux

jusqu'au détroit de Madagascar; mais étant arrivés au nord de cette île, les vents, qui, dans ces mers, soufflent toujours également entre le nord et l'ouest, depuis le commencement de

décembre jusqu'aux premiers jours de mai, se mirent le 29 avril à souffler très-violemment du côté de l'ouest, ce qui dura vingt jours de suite, pendant lesquels nous fûmes poussés un peu à l'orient des îles Moluques, et environ à trois degrés au nord de la ligne équinoxiale, suivant les observations du 2 mai, époque à laquelle le vent cessa; mais notre capitaine, homme très-expérimenté dans la navigation de ces mers, nous ordonna de nous préparer pour le lendemain à une terrible tempête, ce qui ne manqua pas d'arriver; car le vent du sud, appelé mousson, commença à s'élever.

Appréhendant que le vent ne devînt trop fort, nous serrâmes la voile de beaupré; mais l'orage augmentant toujours, nous fîmes attacher les canons et serrâmes la misaine. Le vaisseau était au large, et ainsi nous crûmes que le meilleur parti à prendre était d'aller vent arrière. Nous rivâmes la misaine et bordâmes les écoutes; le timon était devers le vent, et le navire se gouvernait bien. Nous mîmes hors la grande voile; mais elle fut déchirée par la violence du temps. Ensuite nous amenâmes la grande vergue pour la dégréer, et coupâmes tous les cordages et le robinet qui la tenaient.

La mer était très-haute, les vagues se brisant les unes contre les autres. Nous tirâmes les bras du timon, et aidâmes au timonier, qui ne pouvait gouverner seul. Nous ne voulions pas amener le mât du grand hunier, parce que le vaisseau se gouvernait mieux allant à la mer, et nous étions persuadés qu'il ferait mieux son chemin le mât gréé. Voyant que nous étions assez au large, après la tempête, nous mîmes hors la misaine et la grande voile, et gouvernâmes auprès du vent : ensuite nous mîmes hors l'artimon, le grand et le petit hunier. Notre route était est-nord-est, et le vent était sud-ouest. Nous arrivâmes à tribord, et démarrâmes le bras devers le vent, brassâmes les boulines, et mîmes le navire au plus près du vent, toutes les voiles portant.

Pendant cet orage, qui fut suivi d'un vent impétueux d'ouest-sud-ouest, nous fûmes poussés, selon mon calcul, environ cinq cents lieues vers l'orient; en sorte que le plus vieux et le plus expérimenté des mariniers ne sut nous dire en quelle partie du monde nous étions. Cependant les vivres ne nous manquaient pas, notre vaisseau ne faisait point eau, et notre équipage était en bonne santé; mais nous étions réduits à une très-grande disette d'eau. Nous jugeâmes plus à propos de continuer la même route que de tourner au nord, ce qui nous aurait peut-être portés vers les côtes nord-ouest de la Grande-Tartarie, et dans la mer Glaciale.

Le 16 juin 1703, un mousse découvrit terre du haut du perroquet.

Le 17, nous vîmes clairement une grande île ou un continent (car nous ne sûmes pas lequel des deux), sur le côté droit duquel il y avait une petite langue de terre qui s'avançait dans la mer, et une petite baie trop basse pour qu'un vaisseau de cent tonneaux pût y entrer. Nous jetâmes l'ancre à une lieue de cette petite baie : notre capitaine envoya douze hommes de son équipage bien armés dans la chaloupe, avec des vases pour l'eau, si l'on en pouvait trouver. Je lui demandai la permission d'aller avec eux pour voir le pays et faire toutes les découvertes que je pourrais. Quand nous fûmes à terre, nous ne vîmes ni ruisseau, ni source, ni aucun vestige d'habitants, ce qui obligea nos gens à côtoyer le rivage pour chercher de l'eau fraîche près

de la mer. Pour moi, je me promenai seul, et j'avançai environ un mille dans les terres, où je ne remarquai qu'un pays stérile et plein de rochers. Je commençais à me lasser; et, ne voyant rien qui pût satisfaire ma curiosité, je m'en retournais doucement vers la petite baie, lorsque je vis nos hommes sur la chaloupe, qui semblaient tâcher, à force de rames, de sauver leur vie, et je remarquai en même temps qu'ils étaient poursuivis par un homme d'une grandeur prodigieuse. La mer, dans laquelle il marchait, ne montait pas plus haut que ses genoux, et il faisait des enjambées extraordinaires; mais nos gens avaient une demi-lieue d'avance, et, la mer étant dans cet endroit pleine de rochers, le grand homme ne put atteindre la chaloupe. Ces détails me furent contés plus tard, car dans le moment je ne songeai qu'à fuir aussi vite que je pus, et je grimpai jusqu'au sommet d'une montagne escarpée, d'où je découvris une partie du pays. Je le trouvai parfaitement cultivé; mais ce qui me surprit d'abord fut la grandeur de l'herbe, qui me parut avoir plus de vingt pieds de hauteur.

Je pris un grand chemin, qui me sembla tel, quoiqu'il ne fût pour les habitants qu'un petit sentier qui traversait un champ d'orge. Là, je marchai pendant quelque temps; mais je ne pouvais presque rien voir, le temps de la moisson étant proche et les blés étant hauts de quarante pieds au moins. Je cheminai pendant une heure avant de pouvoir arriver à l'extrémité de ce champ, qui était enclos d'une haie haute au moins de cent vingt pieds : pour les arbres, ils étaient si grands, qu'il me fut impossible d'en apprécier l'élévation. Une borne séparait ce champ d'un autre enclos. Quatre marches conduisaient à une longue pierre, sur laquelle on passait d'un côté à l'autre; mais je n'aurais pu franchir ce passage, les degrés ayant six pieds de haut, et la pierre qui les couronnait plus de vingt pieds.

Je tâchai de découvrir un passage à la haie, quand j'aperçus dans le champ voisin un habitant de la même taille que celui que j'avais vu dans la mer poursuivant notre chaloupe. Il me parut aussi haut qu'un clocher ordinaire, et il faisait environ cinq toises par enjambée, autant que je pus en juger. Je fus frappé d'une frayeur extrême, et je courus me cacher dans le blé, d'où je le vis arriver à une ouverture de la haie, jetant les yeux çà et là, et appelant d'une voix plus grosse et plus retentissante que si elle fût sortie d'un porte-voix : le son était si fort

et partait de si haut, que je crus entendre le tonnerre. Aussitôt sept hommes de sa taille s'avancèrent vers lui, tenant chacun une faucille de la grandeur de six faux. Ces gens n'étaient pas aussi bien habillés que le premier, dont ils semblaient être les domestiques. D'après les ordres qu'il leur donna, ils allèrent couper le blé dans le champ où j'étais couché. Je m'éloignai d'eux autant que je pus; mais je ne me déplaçais qu'avec une difficulté extrême, car les tuyaux du blé n'étaient guère qu'à un pied l'un de l'autre, en sorte que je me glissais très-péniblement dans cette espèce de forêt. Je m'avançai cependant jusqu'à un endroit du champ où la pluie et le vent avaient couché le blé : il me fut alors tout à fait impossible d'aller plus loin; car les tuyaux étaient tellement entrelacés, qu'il n'y avait pas moyen de ramper au travers, et les barbes des épis tombés étaient si fortes et si pointues, qu'elles perçaient mon habit et m'entraient dans la chair. Cependant j'entendais les moissonneurs qui n'étaient qu'à cinquante toises de moi. Épuisé, réduit au désespoir, je me couchai entre deux sillons, et je souhaitai d'y finir mes jours, me représentant ma veuve désolée, mes enfants orphelins, et déplorant la folie qui m'avait fait entreprendre ce second voyage contre l'avis de tous mes amis et de tous mes parents.

Dans cette terrible agitation, je ne pouvais m'empêcher de songer au pays de Lilliput, où j'avais été regardé comme le plus grand prodige qui eût jamais paru dans le monde, où j'avais été capable d'entraîner toute une flotte d'une seule main, et de faire d'autres actions merveilleuses dont la mémoire sera éternellement conservée dans les chroniques de cet empire, et que la postérité croira avec peine, quoique attestées par toute une nation.

Je pensai combien il serait mortifiant pour moi de paraître aussi misérable aux yeux de la nation chez laquelle je me trouvais alors, qu'un Lilliputien le serait parmi nous; mais je regardais cela comme le moindre de mes malheurs; car on remarque que les créatures humaines sont ordinairement sauvages et cruelles en proportion de leur taille; et, d'après cela, que pouvais-je attendre, sinon de n'être bientôt qu'un morceau dans la bouche du premier de ces hommes monstrueux qui me saisirait !

Les savants ont bien raison de dire qu'il n'y a rien de grand ou de petit que par comparaison. Peut-être les Lilliputiens trouveront-ils quelque nation plus petite à leur égard qu'ils ne me le parurent; et qui sait si cette race gigantesque ne serait pas une nation lilliputienne par rapport à celle de quelque pays que nous n'avons pas encore découvert?

Au milieu de mes frayeurs et de mon étonnement, je ne pouvais me défendre de ces réflexions philosophiques, lorsqu'un des moissonneurs, s'approchant à cinq toises du sillon où j'étais couché, me fit craindre que, pour peu qu'il marchât encore, je ne fusse écrasé sous son pied, ou coupé en deux par sa faucille : c'est pourquoi, le voyant avancer, je me mis à crier aussi fort que la frayeur dont j'étais saisi put me le permettre. Aussitôt le géant s'arrêta; et, regardant avec attention autour de lui et à ses pieds, il m'aperçut enfin. Il me considéra quelque temps avec la circonspection d'un homme qui tâche d'attraper un petit animal dangereux de manière à n'être ni égratigné ni mordu, comme j'avais fait moi-même quelquefois avec une belette en Angleterre. Enfin il eut la hardiesse de me prendre par le milieu du corps entre son index et son pouce, et de me soulever à une toise et demie de ses yeux, afin d'observer ma figure plus exactement. Je devinai son intention, et je résolus de ne faire aucune résistance, tandis qu'il me tenait en l'air à plus de soixante pieds de terre, quoiqu'il me serrât horriblement les côtes, par la crainte qu'il avait que je ne glissasse entre ses doigts. Tout ce que j'osai faire fut de lever les yeux vers le ciel, de joindre les mains dans la posture d'un suppliant, et de dire quelques mots d'un accent humble et triste, conforme à l'état où je me trouvais alors, car je craignais à chaque instant qu'il ne voulût m'écraser, comme nous écrasons d'ordinaire les petits animaux qui nous déplaisent; mais ma bonne étoile voulut qu'il fût touché de ma voix et de mes gestes, et il commença à me regarder comme quelque chose de curieux, étant bien surpris de m'entendre articuler des mots, quoiqu'il ne les comprît pas.

Cependant je ne pouvais m'empêcher de gémir et de verser des larmes; et, en tournant la tête, je lui donnais à entendre, autant que je pouvais, combien il me faisait de mal avec son pouce et son doigt. Il me sembla qu'il comprenait la douleur que je ressentais; car, levant un pan de son justaucorps, il me mit doucement dedans, et aussitôt il courut vers son maître, qui était un riche laboureur, et le même que j'avais vu d'abord dans le champ.

Le laboureur prit un petit brin de paille à peu près de la grosseur d'une canne, et avec ce brin il leva les pans de mon justaucorps, qu'il me parut prendre pour une espèce de couverture

que la nature m'avait donnée : il souffla mes cheveux pour mieux voir mon visage; il appela ses valets, et leur demanda, autant que je pus en juger, s'ils avaient jamais vu dans les champs aucun animal qui me ressemblât. Ensuite il me plaça doucement à terre et à quatre pattes; mais je me levai aussitôt et marchai gravement, allant et venant, pour faire voir que je n'avais pas envie de m'enfuir. Ils s'assirent tous en rond autour de moi pour mieux observer mes mouvements. J'ôtai mon chapeau, et fis une révérence très-humble au paysan; je me jetai à

ses genoux, et je prononçai plusieurs mots aussi fortement que je pus; ensuite je tirai une bourse pleine d'or de ma poche, et la lui présentai respectueusement. Il la reçut dans la paume de sa main, et la porta près de son œil pour voir ce que c'était; puis il la tourna plusieurs fois avec la pointe d'une épingle, qu'il tira de sa manche; mais il n'y comprit rien.

Voyant cela, je lui fis signe de poser sa main à terre; et, prenant la bourse, je l'ouvris et répandis toutes les pièces d'or dans le creux de sa main. Il y avait six pièces espagnoles de quatre pistoles chacune, sans compter vingt à trente pièces plus petites. Je le vis mouiller son petit doigt sur sa langue, et lever une de mes pièces les plus grosses, et ensuite une autre; mais il me sembla tout à fait ignorer ce que c'était : il me fit signe de les remettre dans ma bourse, et la bourse dans ma poche, ce que je fis après avoir renouvelé mon offre à plusieurs reprises, et vu qu'il n'y avait rien de mieux à faire.

Le laboureur fut alors persuadé qu'il fallait que je fusse une petite créature raisonnable. Il me parla plusieurs fois; mais le son de sa voix m'étourdissait comme celui d'un moulin à eau : cependant ses mots étaient bien articulés. Je répondis aussi fortement que je pus en plusieurs langues, et souvent il prêta l'oreille à une toise de moi, mais inutilement. Alors il renvoya ses gens à leur travail; et, tirant son mouchoir de sa poche, il le plia en deux et l'étendit sur sa main gauche, qu'il avait mise à terre, me faisant signe d'entrer dedans; ce que je pus faire aisément, car elle n'avait pas plus d'un pied d'épaisseur. Je crus devoir obéir; et, de peur de tomber, je me couchai tout de mon long sur le mouchoir, dont il m'enveloppa; de cette façon, il m'emporta chez lui. Là, il appela sa femme et me montra

à elle; mais elle jeta des cris effroyables et recula comme font les femmes en Angleterre à la vue d'un crapaud ou d'une araignée. Cependant, lorsqu'au bout de quelque temps elle eut vu toutes mes manières, et mon obéissance aux signes que faisait son mari, elle s'habitua promptement à ma vue, et elle en vint par degrés à m'aimer tendrement.

Il était environ midi, et un domestique servit le dîner. Ce repas, conforme à la vie simple d'un laboureur, consistait en viande grossière, servie dans un plat d'environ vingt-quatre pieds de diamètre. Le laboureur, sa femme, trois enfants et une vieille grand'mère, composaient la compagnie. Lorsqu'ils

furent assis, le fermier me plaça à quelque distance de lui sur la table, qui était à peu près haute de trente pieds; je me tins aussi loin que je pus du bord, de crainte de tomber. La femme coupa un morceau de viande, ensuite elle émietta du pain sur une assiette de bois qu'elle plaça devant moi. Je lui fis une révérence profonde; et, tirant mon couteau et ma fourchette, je me mis à manger, au grand étonnement de la société.

La maîtresse envoya sa servante chercher une petite tasse qui servait à boire des liqueurs, et qui contenait environ douze pintes, et la remplit de boisson. Je levai le vase avec une grande difficulté; et, d'une manière très-respectueuse, je bus à la santé de madame, prononçant les mots aussi fortement que je pouvais en anglais; ce qui fit faire à la compagnie de si grands éclats de rire, que peu s'en fallut que je n'en devinsse sourd.

Cette boisson avait à peu près le goût du petit cidre, et n'était pas désagréable. Le maitre me fit signe de venir à côté de son assiette de bois; mais, en marchant trop vite sur la table, une petite croûte de pain me fit broncher et tomber sur le visage, sans pourtant me blesser. Je me levai aussitôt; et, remarquant que ces bonnes gens étaient fort touchés de mon accident, je pris mon chapeau, et, le faisant tourner sur ma tête, je fis trois acclamations pour marquer que je n'avais point reçu de mal; mais comme je m'avançais vers mon maître (c'est le nom que je lui donnerai désormais), le dernier de ses fils, qui était assis le plus près de lui, et paraissait avoir environ dix ans et être très-malin, me prit par les jambes, et me tint si haut dans l'air, que je tremblai de tout mon corps. Son père m'arracha de ses mains, et en même temps lui donna sur l'oreille gauche un soufflet qui aurait suffi à renverser un escadron de cavalerie européenne, et lui ordonna de se lever de table; mais, ayant à craindre que le garçon ne gardât quelque ressentiment contre moi, et me souvenant que tous les enfants chez nous sont naturellement méchants à l'égard des oiseaux, des lapins, des petits chats et des petits chiens, je me mis à genoux; et montrant le petit garçon, je me fis entendre à mon maître autant que je pus, et le priai de pardonner à son fils. Le père y consentit, et l'enfant reprit sa chaise; alors je m'avançai jusqu'à lui, et lui baisai la main.

Au milieu du dîner, le chat favori de ma maîtresse sauta sur elle. J'entendis derrière moi un bruit ressemblant à celui de douze métiers à bas; et, tournant la tête, je vis que c'était un chat qui faisait ce qu'on appelle le rouet. Il me parut trois fois plus gros qu'un bœuf, à en juger par sa tête et une de ses pattes, que j'aperçus pendant que sa maîtresse lui donnait à manger et lui faisait des caresses. La physionomie féroce de cet animal me déconcerta tout à fait, quoique je me tinsse au bout le plus éloigné de la table, à la distance de cinquante pieds, et quoique ma maîtresse tînt le chat de peur qu'il ne s'élançât sur moi; mais il n'y avait point de danger; car mon maître me plaça à trois pieds du matou, et celui-ci ne fit pas la moindre attention à moi. D'ailleurs, je savais que lorsqu'on fuit devant un animal féroce, ou qu'on paraît avoir peur, on est infailliblement poursuivi; je résolus donc de faire bonne contenance devant le chat, et de ne point paraître craindre ses griffes. Je marchai hardiment devant lui, et je m'avançai jusqu'à dix-huit pouces, ce qui le fit reculer comme s'il eût eu lui-même peur de moi. J'eus moins d'appréhension des chiens. Trois ou quatre entrèrent dans la salle, parmi lesquels il y avait un mâtin d'une grosseur égale à celle de quatre éléphants, et un lévrier plus haut que le mâtin, mais moins gros.

Sur la fin du dîner, la nourrice entra, portant dans ses bras un enfant de l'âge d'un an, qui, aussitôt qu'il m'aperçut, poussa des cris si forts, qu'on aurait pu, je crois, les entendre du pont de Londres jusqu'à Chelsea. L'enfant, me regardant comme une poupée, criait afin de m'avoir pour lui servir de jouet. La mère, par pure faiblesse, me mit à la portée de l'enfant, qui se saisit bientôt de moi, et mit ma tête dans sa bouche, où je

commençai à hurler si horriblement, que l'enfant effrayé me laissa tomber; et je me serais infailliblement cassé la tête, si la mère n'avait pas tenu son tablier sous moi. La nourrice, pour apaiser son poupon, se servit d'un hochet, sorte de vaisseau creux rempli de grosses pierres, et attaché par un câble au milieu du corps de l'enfant; mais cela ne put le calmer, et elle se trouva réduite à se servir du dernier remède, qui fut de lui donner à teter. Il faut avouer que jamais objet plus révoltant ne s'était offert à ma vue. Je ne sais comment décrire ce sein monstrueux. Que l'on se figure qu'il avait six pieds de saillie, et au moins seize de circonférence. Le mammelon était gros comme la moitié de ma tête, et sa couleur et celle des alentours était nuancée par tant de taches et de boutons, qu'il n'y avait rien de plus hideux; et je pouvais tout voir, car la nourrice s'était assise contre la table sur laquelle j'étais placé. Cela me fit penser que les belles peaux de nos dames ne nous semblent telles que parce qu'elles sont dans nos proportions; et en effet, vus au microscope, les traits les plus frais et les plus unis paraissent grossiers et mal colorés.

Je me rappelle que, pendant mon séjour à Lilliput, le teint de ce peuple en miniature me semblait admirable. Je le dis un jour à un savant de ce pays, et il me répondit que, quant à lui, mon visage, lorsqu'il le voyait de terre, lui paraissait beaucoup plus beau que lorsqu'il en était proche; et que la première fois que je l'avais pris dans ma main, l'aspect de ma face l'avait presque effrayé. Il me dit qu'il découvrait de grands trous dans ma peau, que les poils de ma barbe étaient dix fois plus forts que les soies d'un sanglier, et que mon teint, composé de différentes couleurs, était tout à fait désagréable, quoique je sois blond, et que je passe pour avoir le teint assez beau. Une autre fois, en parlant avec cet ami des dames de la cour, il me disait que celle-ci avait des taches de rousseur, celle-là le nez gros, une autre la bouche grande : tout cela m'avait échappé. Ces réflexions peuvent paraître inutiles; mais je les exprime, afin de ne point laisser l'idée que ces grandes créatures fussent difformes. Au contraire, c'est une assez belle race en général, et mon maître, quand je le voyais avec ses soixante pieds de hauteur, me paraissait très-bien fait.

Après le dîner, mon maître alla retrouver ses ouvriers; et, à ce que je pus comprendre par sa voix et par ses gestes, il chargea sa femme de prendre un grand soin de moi. J'étais bien las, et j'avais une grande envie de dormir; ma maîtresse, s'en apercevant, me mit dans son lit et me couvrit avec un mouchoir blanc, plus large que la grande voile d'un vaisseau de guerre.

Je dormis pendant deux heures, et songeai que j'étais chez moi avec ma femme et mes enfants; ce qui augmenta mon affliction quand je m'éveillai, et me trouvai tout seul dans une chambre de deux à trois cents pieds de large, et de plus de deux cents de haut, et couché dans un lit large de dix toises. Ma maîtresse était sortie pour les affaires de la maison, et m'avait enfermé au verrou. Le lit était élevé de quatre toises : cependant quelques nécessités naturelles me pressaient de descendre, et je n'osais appeler; quand je l'eusse essayé, c'eût été inutilement, avec une voix comme la mienne, et aussi éloigné que je l'étais de la cuisine, où la famille se tenait. Sur ces entrefaites, deux rats grimpèrent le long des rideaux, et se mirent à courir sur le lit : l'un approcha de mon visage ; sur quoi je me levai tout effrayé et mis le sabre à la main pour me

défendre. Ces horribles animaux eurent l'insolence de m'attaquer des deux côtés ; mais je fendis le ventre à l'un, et l'autre s'enfuit. Après cet exploit, je me promenai à petits pas sur le lit pour reprendre mes esprits. Ces animaux étaient de la grosseur d'un mâtin, mais infiniment plus agiles et plus féroces ; en sorte que si j'eusse quitté mon sabre avant de me coucher, j'aurais été infailliblement dévoré par eux.

Je mesurai la queue du rat mort, et j'estimai qu'elle avait quatre pieds environ ; mais je n'eus pas le courage de traîner son cadavre hors du lit ; et comme j'y remarquai certains signes de vie, je l'achevai en lui appliquant un grand coup sur la gorge.

Bientôt après, ma maîtresse entra dans la chambre ; me voyant tout couvert de sang, elle accourut et me prit dans sa main. Je lui montrai le rat mort, en souriant et en faisant d'autres signes, pour lui faire connaître que je n'étais pas blessé, ce qui lui donna de la joie. Je tâchai de lui faire comprendre mon désir d'être mis à terre, ce qu'elle fit ; mais ma modestie ne me permit pas de m'expliquer autrement qu'en montrant du doigt la porte, et en faisant plusieurs révérences. La bonne femme m'entendit, non sans quelque difficulté, et, me reprenant dans sa main, alla dans le jardin, où elle me mit à terre. Je m'éloignai à cent toises environ; et lui faisant signe de ne pas regarder, je me cachai entre deux feuilles d'oseille, et y fis ce que vous pouvez deviner.

J'espère que le lecteur m'excusera si je m'arrête sur de tels détails, qui, bien que puérils ou grossiers pour des yeux vulgaires, sont cependant propres à faire naître dans l'esprit des philosophes des idées applicables au bien public ou particulier, seul but de la publication de mes ouvrages. Je me suis surtout attaché, dans cette vue, à une exacte vérité, sans aucun ornement de science ou de langage. Tout ce qui m'est arrivé dans ce voyage a fait une si forte impression sur moi, ma mémoire l'a si fidèlement conservé, que je n'ai omis aucune circonstance importante. Mais, en relisant mon manuscrit, j'ai rayé plusieurs passages insignifiants, de peur d'être accusé d'une minutie fastidieuse, défaut dans lequel les voyageurs tombent assez fréquemment.

CHAPITRE II

Portrait de la fille du laboureur.
— L'auteur est conduit à une ville où il y avait un marché,
et ensuite à la capitale. — Détail de son voyage.

A maîtresse avait une fille de neuf ans, très-intelligente pour son âge, et déjà très-adroite pour les ouvrages à l'aiguille. Sa mère, de concert avec elle, s'avisa d'accommoder pour moi le berceau de sa poupée avant qu'il fît nuit. Le berceau fut mis dans un petit tiroir de cabinet, et le tiroir posé sur une tablette suspendue, de peur des rats : ce fut là mon lit pendant tout le temps que je demeurai avec ces bonnes gens. Cette jeune fille, après que je me fus déshabillé une ou deux fois en sa présence, sut m'habiller et me déshabiller, quoique je ne lui donnasse cette peine que pour lui obéir. Elle me fit six chemises, et d'autres sortes de linge, de la toile la plus fine qu'on put trouver (qui était plus grossière que des toiles de navire), et les blanchit toujours elle-même. Elle était encore ma maîtresse d'école. Quand je montrais quelque chose du doigt, elle m'en disait le nom aussitôt; en sorte qu'en peu de temps je fus en état de demander ce que je souhaitais. C'était

réellement une excellente fille; elle me donna le nom de *Grildrig*, que les Latins expriment par *homunculus*, les Italiens par *uomicciuolo*, et les Anglais par *mannikin*. C'est à elle que je fus redevable de ma conservation. Nous étions toujours ensemble; je l'appelais *Glumdalclitch*, ou la petite bonne, et je serais coupable d'une très-noire ingratitude si j'oubliais jamais ses soins et son affection pour moi. Je souhaite de tout mon cœur de me trouver un jour en état de les reconnaître, au lieu d'être, quoique innocemment, la malheureuse cause de sa disgrâce, comme j'ai trop sujet de l'appréhender.

Il se répandit alors dans tout le pays que mon maître avait trouvé dans les champs un petit animal de la grosseur d'un *splack-nock* (animal de ce pays, long d'environ six pieds), mais ayant exactement la figure d'un homme, l'imitant dans toutes ses actions, et parlant une petite espèce de langue qui lui était propre; qu'il avait déjà appris plusieurs de leurs mots; qu'il marchait droit sur les deux pieds, était doux et traitable, venait quand il était appelé, faisait tout ce qu'on lui ordonnait de faire, avait les membres délicats et le teint plus blanc et plus fin que celui d'une demoiselle de trois ans.

Un laboureur, voisin et intime ami de mon maître, lui rendit visite exprès pour s'assurer de la vérité du bruit qui s'était répandu. On me fit venir aussitôt; on me mit sur la table, où je marchai comme on me l'ordonna. Je tirai mon sabre, et le remis dans son fourreau; je fis la révérence à l'ami de mon maître; je lui demandai dans sa propre langue comment il se portait, et lui dis qu'il était le bienvenu, le tout suivant les instructions de ma petite maîtresse. Cet homme, à qui le grand âge avait fort affaibli la vue, mit ses lunettes pour me regarder mieux; sur quoi je ne pus m'empêcher d'éclater de rire, les deux verres produisant l'effet de deux lunes dans leur plein. Les

gens de la famille qui découvrirent la cause de ma gaieté se prirent aussi à rire, ce dont le vieux fut assez nigaud pour se fâcher. Il avait l'air d'un avare, et il le fit bien paraître par le conseil détestable qu'il donna à mon maître de me faire voir pour de l'argent, un jour de marché, dans la ville voisine, qui était éloignée de notre maison d'environ vingt-deux milles. Je devinai qu'il y avait quelque dessein sur le tapis, lorsque je remarquai mon maître et son ami se parlant tout bas à l'oreille pendant assez longtemps, et quelquefois me regardant et me montrant du doigt.

Le lendemain matin, Glumdalclitch, ma petite bonne, me confirma dans ma pensée, en me racontant toute l'affaire, qu'elle avait apprise de sa mère. La pauvre fille me mit dans son sein, et versa beaucoup de larmes : elle appréhendait qu'il ne m'arrivât du mal, que je ne fusse froissé, estropié et peut-être écrasé par des hommes grossiers et brutaux qui me manieraient rudement. Comme elle avait remarqué que j'étais modeste de mon naturel, et très-délicat dans tout ce qui regardait mon honneur, elle gémissait de me voir exposé pour de l'argent à la curiosité du plus bas peuple; elle disait que son papa et sa maman lui avaient promis que Grildrig serait tout à elle; mais qu'elle voyait bien qu'on voulait la tromper comme on avait fait l'année précédente, quand on feignit de lui donner un agneau qui, une fois engraissé, fut vendu à un boucher. Pour moi, je puis dire en vérité que j'eus moins de chagrin que ma petite maîtresse. J'avais conçu de grandes espérances, qui ne m'abandonnèrent jamais, que je recouvrerais un jour ma liberté; et, quant à l'ignominie d'être colporté çà et là comme un monstre, je songeai qu'une telle disgrâce ne me pourrait jamais être reprochée, et ne flétrirait point mon honneur lorsque je serais de retour en Angleterre, parce que le roi même de la Grande-Bretagne, s'il se trouvait en pareille situation, aurait un pareil sort.

Mon maître, suivant l'avis de son ami, me mit dans une caisse, et, le jour de marché suivant, me mena à la ville voisine avec sa fille. La caisse était fermée de tous côtés, et percée seulement de quelques trous pour laisser entrer l'air. La jeune fille avait eu soin de mettre sous moi le matelas du lit de sa poupée : cependant je fus rudement secoué dans ce voyage, quoiqu'il ne durât pas plus d'une demi-heure. Le cheval faisait des enjambées d'environ quarante pieds, et trottait si haut, que je me sentais agité comme si j'eusse été dans un vaisseau pendant une tempête furieuse : le chemin était un peu plus long que de Londres à Saint-Albans. Mon maître descendit de cheval à une auberge où il avait coutume d'aller; et, après avoir tenu conseil avec l'hôte, et fait quelques préparatifs nécessaires, il loua le *glultrud*, ou crieur public, pour annoncer à toute la ville qu'on ferait voir à l'enseigne de l'Aigle-Vert un petit animal étranger moins gros qu'un *splack-nock*, et qui ressemblait, dans toutes les parties de son corps, à une créature humaine, prononçait plusieurs mots, et faisait une infinité de tours d'adresse.

Je fus posé sur une table dans la salle la plus grande de l'au-

berge, qui avait près de trois cents pieds en carré. Ma petite maîtresse se tenait debout sur un tabouret bien près de la table, pour prendre soin de moi et m'indiquer ce qu'il fallait faire. Mon maître, afin d'éviter la foule et le désordre, ne voulut pas permettre que plus de trente personnes entrassent à la fois pour me voir. Je marchai çà et là sur la table, suivant les ordres de la jeune fille : elle me fit plusieurs questions qu'elle savait être à ma portée, et en rapport avec la connaissance que j'avais de la langue; je répondis le mieux et le plus haut que je pus. Je me retournai plusieurs fois vers toute la compagnie, et fis mille révérences. Je pris un dé plein de vin, que Glumdalclitch m'avait donné pour me servir de gobelet, et je bus à la santé des spectateurs. Je tirai mon sabre, et fis le moulinet à la façon des maîtres d'armes en Angleterre. Ma bonne me donna un brin de paille, avec lequel je fis l'exercice comme avec une pique, ayant appris cela dans ma jeunesse. Je fus montré ce jour-là douze fois, et fus obligé de répéter toujours les mêmes choses; en sorte que j'étais presque mort de lassitude, d'ennui et de chagrin.

Un petit écolier malin me jeta une noisette, et peu s'en fallut

qu'il ne m'attrapât à la tête : elle fut lancée avec tant de force, que, s'il n'eût pas manqué son coup, elle m'aurait infailliblement brisé le crâne, car elle était presque aussi grosse qu'un melon; mais j'eus la satisfaction de voir le méchant espiègle chassé de la salle.

Ceux qui m'avaient vu firent de tous côtés des récits si merveilleux sur le rapport de ma taille avec la leur, sur mes exer-

cices prodigieux, que le peuple voulait ensuite enfoncer les portes pour entrer. Mon maître, ayant en vue son propre intérêt, ne voulut permettre à personne de me toucher, excepté à ma petite maîtresse, et, pour me garantir de tout accident, on avait rangé des bancs autour de la table à la distance convenable pour que je ne fusse à portée d'aucun spectateur.

Mon maître publia qu'il me montrerait encore le jour de marché suivant. Cependant il me fit faire une voiture plus commode, parce que j'avais été si fatigué de mon premier voyage et du spectacle que j'avais donné pendant huit heures de suite, que je ne pouvais plus me tenir debout, et que j'avais presque perdu la voix.

Pour m'achever, lorsque je fus de retour, tous les gentilshommes du voisinage, ayant entendu parler de moi, vinrent chez mon maître. Il y en avait un jour plus de trente, avec leurs femmes et leurs enfants; car ce pays est aussi peuplé que l'Angleterre. Et mon maître demandait toujours le prix d'une chambrée complète, même pour une seule famille, lorsqu'il me montrait à la maison. Ainsi je n'avais guère de repos que le mercredi (qui est leur jour de sabbat), quoique je ne fusse point porté à la ville.

Supputant le profit que je pouvais lui rapporter, mon maître résolut de me faire voir dans les villes les plus considérables. S'étant donc pourvu de toutes les choses nécessaires à un long voyage, ayant réglé ses affaires domestiques et dit adieu à sa femme, le 17 août 1703, c'est-à-dire environ deux mois après mon arrivée, nous partîmes pour nous rendre à la capitale, située vers le milieu de cet empire, à près de quinze cents lieues de notre demeure. Mon maître fit monter sa fille en croupe derrière lui, et elle me porta dans une boîte doublée du drap le plus fin qu'elle eût pu trouver et attachée autour de son corps. Le dessein de mon maître était de me faire voir sur la route, dans toutes les villes, bourgs et villages de quelque importance, et de s'arrêter même dans les châteaux de la noblesse qui l'éloigneraient peu de son chemin.

Nous faisions de petites journées, c'est-à-dire seulement de quatre-vingts à cent lieues; car Glumdalclitch, exprès pour m'épargner de la fatigue, se plaignit d'être incommodée du trot du cheval. Souvent elle me tirait de la caisse, pour me donner de l'air et me faire voir le pays; mais elle me tenait toujours par mes lisières. Nous passâmes cinq ou six rivières plus larges et plus profondes que le Nil et le Gange, et il n'y avait guère de ruisseau qui ne fût plus grand que la Tamise au pont de Londres.

Nous fûmes trois semaines dans notre voyage, et je fus montré dans dix-huit grandes villes, sans compter les villages et les châteaux.

Le 26 octobre, nous arrivâmes à la capitale, appelée dans leur langue *Lorbruldrud* ou *l'Orgueil de l'Univers*. Mon maître prit un appartement dans la rue principale de la ville, peu éloignée du palais royal, et distribua, selon la coutume, des affiches contenant une description merveilleuse de ma personne et de mes talents.

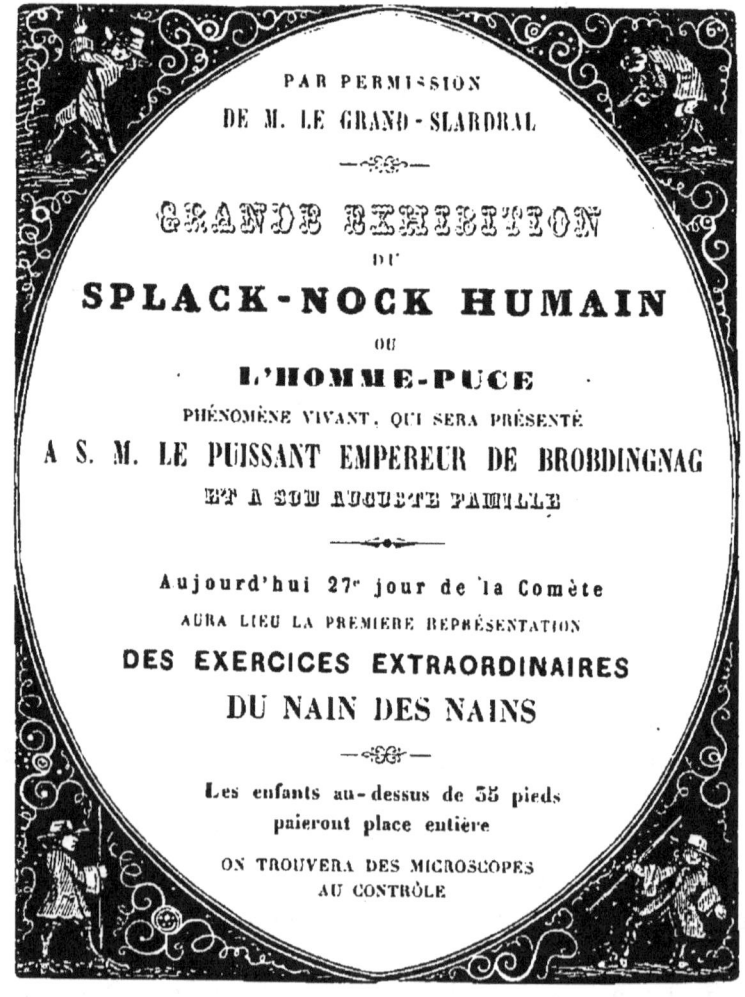

Il loua une salle de trois à quatre cents pieds de large, où il plaça une table de soixante pieds de diamètre, sur laquelle je devais jouer mon rôle; il la fit entourer de palissades pour m'empêcher de tomber. C'est sur cette table qu'on me montra dix fois par jour, au grand étonnement et à la satisfaction de tout le peuple. Je savais alors passablement parler la langue, et j'entendais parfaitement tout ce qu'on disait de moi; j'avais appris leur alphabet, et je pouvais, quoique avec peine, lire et traduire les livres; car Glumdalclitch m'avait donné des leçons chez son père, et aux heures de loisir pendant notre voyage : elle portait dans sa poche un petit livre un peu plus grand qu'un de nos atlas; c'était un catéchisme en abrégé, contenant les dogmes principaux de la religion ; elle s'en servait pour m'enseigner les lettres de l'alphabet, et elle m'en interprétait les mots.

CHAPITRE III

L'auteur mandé pour se rendre à la cour : la reine l'achète et le présente au roi. — Il discute avec les savants de Sa Majesté. — On lui prépare un appartement. — Il devient le favori de la reine. — Il soutient l'honneur de son pays. — Ses querelles avec le nain de la reine.

Les peines et les fatigues qu'il me fallait essuyer chaque jour apportèrent un changement considérable à ma santé; car, plus mon maître gagnait, plus il devenait insatiable. J'avais perdu entièrement l'appétit, et j'étais presque devenu un squelette. Mon maître s'en aperçut, et, jugeant que je mourrais bientôt, résolut de tirer de moi tout le profit qu'il pourrait. Pendant qu'il calculait de cette façon, un *slardral*, ou écuyer du roi, vint ordonner à mon maître de m'amener sur-le-champ à la cour pour le divertissement de la reine et de toutes ses dames.

Quelques-unes d'entre elles m'avaient déjà vu, et avaient rapporté des choses merveilleuses de ma figure mignonne, de ma tournure gracieuse et de mon esprit. Sa Majesté et sa suite furent extrêmement diverties de mes manières. Je me mis à genoux, et demandai d'avoir l'honneur de baiser son pied royal;

mais cette princesse aimable me présenta son petit doigt, que je serrai entre mes deux bras, et dont j'appliquai le bout avec

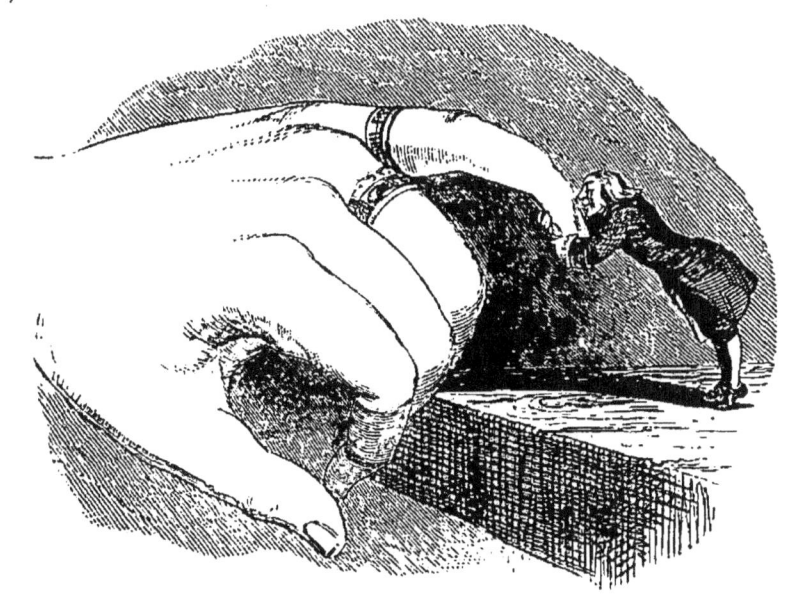

respect à mes lèvres. Elle me fit des questions générales touchant mon pays et mes voyages, auxquelles je répondis aussi distinctement et en aussi peu de mots que je pus. Elle me demanda si je serais bien aise de vivre à la cour; je fis la révérence jusqu'au bas de la table sur laquelle j'étais monté, et répondis humblement que j'étais l'esclave de mon maître, mais que, s'il ne dépendait que de moi, je serais charmé de consacrer ma vie au service de Sa Majesté.

Elle demanda ensuite à mon maître s'il voulait me vendre. Lui, qui s'imaginait que je n'avais pas un mois à vivre, fut ravi de la proposition, et fixa le prix de ma vente à mille pièces d'or, qu'on lui compta sur-le-champ.

Je dis alors à la reine que, puisque j'étais devenu un humble esclave de Sa Majesté, je lui demandais la grâce que Glumdalclitch, qui avait toujours eu pour moi tant d'attentions et de soins, fût admise à l'honneur de son service, et continuât d'être ma gouvernante. Sa Majesté y consentit, et y fit consentir aussi le laboureur, qui était bien aise de voir sa fille à la cour. Pour la pauvre fille, elle ne pouvait cacher sa joie. Mon maître se retira, et me dit en partant qu'il me laissait dans un bon endroit; à quoi je ne répliquai que par une révérence cavalière.

La reine remarqua la froideur avec laquelle j'avais reçu le compliment et l'adieu du laboureur, et m'en demanda la cause. Je pris la liberté de répondre à Sa Majesté que je n'avais d'autre obligation à mon dernier maître que celle de n'avoir pas écrasé un pauvre animal innocent, trouvé par hasard dans son champ; que ce bienfait avait été assez bien payé par le profit qu'il avait fait en me montrant pour de l'argent, et par le prix qu'il venait de recevoir en me vendant; que ma santé était très-altérée par mon esclavage et par l'obligation continuelle d'entretenir et d'amuser le menu peuple à toutes les heures du jour, et que si mon maître n'avait pas cru ma vie en danger, Sa Majesté ne m'aurait pas eu à si bon marché; mais que comme je n'avais pas lieu de craindre d'être désormais aussi malheureux sous la protection d'une princesse si grande et si bonne, l'ornement de la nature, l'admiration du monde, les délices de ses sujets et le phénix de la création, j'espérais que l'appréhension qu'avait eue mon dernier maître serait vaine, puisque je me trouvais déjà ranimé par l'influence de sa présence très-auguste.

Tel fut le sommaire de mon discours, dans lequel je commis plusieurs barbarismes, et que je ne prononçai pas très-couramment. La reine, qui excusa avec bonté les défauts de ma harangue, fut surprise de trouver tant d'esprit et de bon sens dans un si petit animal : elle me prit dans ses mains, et sur-le-champ me porta au roi, qui était alors retiré dans son cabinet.

Sa Majesté, prince très-sérieux et d'un visage austère, ne remarquant pas bien ma figure à la première vue, demanda froidement à la reine depuis quand elle avait le goût des *splacksnocks* (car il m'avait pris pour cet insecte); mais la reine, qui avait infiniment d'esprit, me mit doucement debout sur l'écritoire du roi, et m'ordonna de dire moi-même à Sa Majesté ce que j'étais. Je le fis en très-peu de mots; et Glumdalclitch, qui était restée à la porte du cabinet, ne pouvant souffrir que je fusse longtemps hors de sa présence, entra, et dit à Sa Majesté comment j'avais été trouvé dans un champ.

Le roi était aussi savant qu'aucun de ses sujets, surtout dans les mathématiques et les sciences naturelles. Cependant, quand il vit de près ma figure et ma démarche, avant que je pusse commencer à parler, il s'imagina que je pourrais être l'œuvre d'un mécanicien, la mécanique étant poussée à un haut degré de perfection en son pays; mais après qu'il eut entendu ma voix, et trouvé du raisonnement dans les petits sons que je rendais, il ne put cacher son étonnement et son admiration.

Il n'était nullement satisfait de la relation que je lui avais donnée de mon arrivée en ce royaume, et il supposait que c'était un conte inventé par le père de Glumdalclitch, et qu'on m'avait fait apprendre par cœur. Dans cette pensée, il m'adressa d'autres questions, et je répondis à toutes avec justesse, mais avec un léger accent étranger et quelques locutions rustiques que j'avais apprises chez le fermier, et qui étaient déplacées à la cour.

Il envoya chercher trois savants qui étaient alors de quartier et dans leur semaine de service, selon la coutume de ce pays. Ces messieurs, après avoir examiné ma figure avec beaucoup

d'attention, furent d'avis différents sur mon sujet. Ils convenaient tous cependant que je ne pouvais pas être produit suivant les lois ordinaires de la nature, parce que j'étais dépourvu de la faculté naturelle de conserver ma vie, soit par l'agilité, soit par la faculté de grimper sur un arbre, soit par le pouvoir de creuser la terre, et d'y faire des trous pour m'y cacher comme les lapins. Mes dents, qu'ils considérèrent longtemps, leur firent conjecturer que j'étais un animal carnassier.

Un de ces philosophes avança que j'étais un embryon, un pur avorton; mais cet avis fut rejeté par les deux autres, qui observèrent que mes membres étaient parfaits et achevés dans leur espèce, et que j'avais vécu plusieurs années; ce qui parut évident par ma barbe, dont les poils étaient visibles au microscope. On ne voulut pas admettre que je fusse un nain, parce que ma petitesse était hors de toute comparaison; le nain favori de la reine, le plus petit qu'on eût jamais vu dans ce royaume, avait près de trente pieds de haut. Après un grand débat, on conclut unanimement que je n'étais qu'un *relplum scalcath*, qui veut dire littéralement jeu de nature; décision très-conforme à la philosophie moderne de l'Europe, dont les professeurs, dédaignant le vieux subterfuge des causes occultes à la faveur duquel les sectateurs d'Aristote tâchent de masquer leur ignorance, ont inventé cette solution merveilleuse de toutes les difficultés de la physique, au très-grand avantage du savoir humain.

Après cette conclusion décisive, je pris la liberté de dire quelques mots : je m'adressai au roi, et protestai à Sa Majesté que je venais d'un pays où mon espèce était répandue par plusieurs millions d'individus des deux sexes, où les animaux, les arbres et les maisons étaient proportionnés à ma petitesse, et où, par conséquent, je pouvais être tout aussi bien en état de me défendre et de trouver ma nourriture que les sujets de Sa Majesté pouvaient le faire en ses États. Cette réponse fit sourire dédaigneusement les philosophes, qui répliquèrent que le laboureur m'avait bien instruit, et que je savais ma leçon. Le roi, qui avait plus de pénétration que ses savants, les congédia et envoya chercher le laboureur, qui par bonheur n'était pas encore sorti de la ville. L'ayant donc d'abord examiné en particulier, et puis l'ayant confronté avec moi et avec la jeune fille, Sa Majesté commença à croire que ce que je lui avais dit pouvait être vrai. Il pria la reine de donner ordre qu'on prît un soin particulier de moi, et fut d'avis qu'il fallait me laisser sous la conduite de Glumdalclitch, ayant remarqué que nous avions une grande affection l'un pour l'autre.

On lui fit préparer un appartement convenable dans le palais;

elle eut une gouvernante, une femme de chambre et deux laquais, mais fut seule chargée de me soigner.

La reine donna ordre à son ébéniste de faire une boîte qui pût me servir de chambre à coucher, suivant le modèle que Glumdalclitch et moi lui donnerions. Cet homme, qui était un ouvrier très-adroit, me fit en trois semaines une chambre de bois de seize pieds en carré et de douze de haut, avec des fenêtres, une porte et deux cabinets de la grandeur d'une chambre à coucher de Londres. La planche qui formait le plafond s'ouvrait, et Glumdalclitch pouvait tirer mon lit en dehors par cette ouverture, qui avait servi à le passer. Il était fait avec beaucoup de soin par le tapissier de la reine. Ma petite bonne l'arrangeait tous les jours, puis le soir elle le remettait et refermait la trappe sur moi. La chambre était matelassée de tous côtés, afin de prévenir les accidents qui pouvaient m'arriver par la maladresse de mes porteurs ou les cahots des voitures.

Un ouvrier habile, qui était renommé pour les petits bijoux curieux, entreprit de me faire deux chaises d'une matière

semblable à l'ivoire, et deux tables, avec une armoire pour mettre mes hardes. Je demandai une serrure, afin de pouvoir fermer ma porte et empêcher les rats et les souris d'entrer chez moi; le serrurier, après plusieurs tentatives, fit la plus petite serrure qu'on eût jamais vue en ce pays; j'en ai même vu de plus grandes aux portes des maisons anglaises. Ensuite la reine fit chercher les étoffes les plus fines pour me faire des habits. J'eus beaucoup de peine à m'accoutumer au poids des vêtements du pays; ils tiennent un peu des formes chinoises, un peu des formes persanes. A tout prendre, ce costume me parut grave et décent.

Cette princesse goûtait si fort mon entretien, qu'elle ne

pouvait dîner sans moi. J'avais une table placée sur celle où Sa Majesté mangeait, avec une chaise sur laquelle je pouvais m'asseoir. Glumdalclith était debout sur un tabouret, près de la table, pour pouvoir prendre soin de moi. J'avais un service complet, qui aurait tenu dans une boîte de leurs ménages d'enfant, et Glumdalclitch la portait dans sa poche. La reine dînait seule avec les princesses ses filles, l'une âgée de seize ans, l'autre de treize. Sa Majesté plaçait un morceau d'un des plats de sa table sur mon assiette, et je le découpais avec mon couteau, ce qui paraissait divertir infiniment ces princesses. De mon côté, les énormes bouchées que prenait la reine (dont l'estomac était cependant très-délicat) me causaient un dégoût involontaire. Une douzaine de nos fermiers auraient dîné d'une de ces bouchées. Elle croquait l'aile d'une mauviette, os et chair, bien qu'elle fût neuf fois aussi grande qu'une aile de dindon; et le morceau de pain qui l'accompagnait était de la grosseur de deux pains de quatre livres. Les cuillers, les fourchettes et autres instruments étaient dans les mêmes proportions. Une fois, ma petite bonne me fit voir une des tables des gens du palais, et j'avoue que la vue de dix à douze de ces grands couteaux et fourchettes en mouvement me parut horrible.

Tous les mercredis, jours de repos dans ce pays, le roi, la reine et la famille royale dînent ensemble dans les appartements de Sa Majesté, laquelle, m'ayant pris en grande amitié, faisait placer en ces occasions ma petite chaise et ma table à sa gauche et devant une salière. Ce prince prenait plaisir à causer avec moi et à me faire des questions touchant les mœurs, la religion, les lois, le gouvernement et la littérature de l'Europe, et je lui en rendais compte le mieux que je pouvais. Son esprit était si pénétrant et son jugement si solide, qu'il faisait des réflexions et des observations très-sages sur tout ce que je lui disais. Mais j'avoue qu'ayant parlé un peu trop en détail de ma chère patrie, de notre commerce étendu, de nos schismes religieux, de nos sectes politiques, le roi, influencé par les préjugés de son éducation, me prit d'une main, me frappa de l'autre bien doucement, et me demanda en éclatant de rire si j'étais un *whig* ou un *tory;* puis, se tournant vers son premier ministre, qui se tenait derrière lui ayant à la main un bâton blanc presque aussi

11

haut que le grand mât du *Royal Souverain :* « Hélas! dit-il, que la grandeur humaine est peu de chose, puisque de vils insectes peuvent ainsi l'imiter! et je ne doute pas qu'ils n'aient chez eux des rangs et des distinctions, de petits lambeaux dont ils se parent, des trous, des cages, des boîtes, qu'ils appellent des palais et des hôtels, des équipages, des livrées, des titres, des charges, des occupations, des passions comme nous. Chez eux on aime, on hait, on trompe, on trahit comme ici. » C'est ainsi que Sa Majesté philosophait à l'occasion de ce que je lui avais dit de l'Angleterre; et moi j'étais confondu et indigné de voir ma patrie, la maîtresse des arts, la souveraine des mers, le fléau de la France, l'arbitre de l'Europe, la gloire de l'univers, traitée avec tant de mépris.

Mais ma situation ne me permettait pas de ressentir une injure; et je doutais même, en y réfléchissant mieux, que j'eusse été offensé. Je me rappelais qu'après avoir passé plusieurs mois parmi ce peuple, mes yeux s'étaient accoutumés aux proportions relatives des choses, et leurs dimensions si différentes des nôtres ne me causaient plus l'horreur qu'elles m'avaient inspirée au premier abord. Il est même certain que si j'avais vu tout à coup une compagnie de dames et de seigneurs anglais dans leurs brillantes parures des jours de naissance royale, jouant tous leurs rôles en courtisans bien stylés, saluant, babillant et se pavanant, j'aurais été tenté de rire de leur mine, comme le roi et ses grands venaient de rire de moi. Le fait est que je ne pouvais m'empêcher de sourire quand la reine me prenait dans sa main et se plaçait devant une glace. Nos deux figures formaient le contraste le plus étrange, et je croyais réellement avoir diminué de grandeur.

Il n'y avait rien qui m'offensât et me chagrinât plus que le nain de la reine, qui, étant de la taille la plus petite qu'on eût jamais vue dans ce pays, devint d'une insolence extrême à la vue d'un homme beaucoup plus petit que lui. Il me regardait d'un air fier et dédaigneux, et se moquait sans cesse de ma figure quand il passait à côté de moi, tandis que j'étais posé sur une table, causant avec les seigneurs et les dames de la cour; et il ne manquait jamais de lancer quelque quolibet sur mon exiguïté. Je ne m'en vengeai qu'en l'appelant *frère* (car je crois en vérité qu'il n'avait pas plus de trente pieds), en le défiant de lutter avec moi, et en lui adressant de ces petites plaisanteries que les pages de cour se font mutuellement. Un jour, pendant le dîner, le malicieux avorton fut si piqué de quelque chose que je lui avais dit, qu'il grimpa sur le dos de la chaise de la reine, me saisit par le milieu du corps, m'enleva, me laissa tomber dans un plat de lait, et s'enfuit. J'en eus par-dessus les oreilles; et si je n'avais été un nageur excellent,

j'aurais été infailliblement noyé. Glumdalclitch, dans ce moment, était par hasard à l'autre extrémité de la chambre. La reine fut si consternée de cet accident, qu'elle manqua de présence d'esprit pour m'assister; mais ma petite bonne vint à mon secours, et me tira du plat très-adroitement, non sans que j'eusse bu plusieurs pintes de lait. On me mit au lit. Cependant je n'eus aucun mal; mes habits seulement furent complétement gâtés. Le nain fut bien fouetté, et condamné en outre à boire le bol de crème dans lequel j'étais tombé. Il ne regagna jamais la faveur de la reine, qui le donna à une de ses dames, à ma grande joie, car il se serait tôt ou tard vengé de moi. Ce n'était pas le premier tour qu'il me jouait. Un jour, Sa Majesté, après avoir vidé la moelle d'un os, l'avait remis sur le plat tout droit; et le nain, prenant son temps, me saisit, serra mes jambes, et m'enfila dans l'os jusqu'au cou. J'y restai quelques minutes,

ne croyant pas de ma dignité de crier et d'attirer l'attention sur moi en cette position ridicule. Heureusement les princes ne mangent pas leurs mets très-chauds, et mes jambes ne furent pas brûlées. On rit beaucoup lorsque je fus tiré sain et sauf, et je demandai grâce pour le nain.

La reine me raillait souvent sur ma poltronnerie, et me demandait si les gens de mon pays étaient tous aussi couards que moi. La cause de ces railleries était l'importune agression des mouches, qui ne me laissaient pas un instant de repos. Ces odieux insectes (de la grosseur de nos alouettes) m'étourdissaient par leur bourdonnement, tombaient comme des harpies sur ma victuaille, et y laissaient leurs œufs et leurs excréments, visibles pour moi. Quelquefois elles se posaient sur mon nez, et me piquaient au vif, exhalant en même temps une odeur affreuse; et je pouvais alors distinguer la trace de cette matière visqueuse qui, selon nos savants, donne à ces animalcules la faculté de marcher sur un plafond. Malgré moi je tressaillais à l'approche de ces insectes, et le nain prenait plaisir à en rassembler plusieurs dans sa main, puis à les lâcher afin de m'effrayer et de divertir les princesses. Mon unique recours était de tirer mon couteau et de tailler en pièces mes ennemis ailés; et l'on admirait la dextérité que je déployais à cette chasse.

Un matin ma gouvernante avait posé ma boîte sur une fenêtre pour me faire respirer l'air frais (je ne voulus jamais laisser accrocher la boîte à un clou en dehors, comme une cage), je levai un de mes châssis, et, m'asseyant auprès devant ma table, je commençais à déjeuner avec une tartre sucrée, lorsque des guêpes entrèrent dans ma chambre avec un bourdonnement aussi fort que le son d'une douzaine de cornemuses Les unes fondirent sur la tartre et l'enlevèrent par morceaux, les autres volaient autour de ma tête. J'eus le courage de me lever et de les attaquer en l'air. Bientôt j'en dépêchai quatre, le reste s'enfuit, et je fermai ma fenêtre. Ces insectes étaient gros comme des perdrix; je tirai un de leurs dards, qui avaient un pouce de long, et je le conservai soigneusement avec d'autres curiosités, que je montrai à mon retour en Europe; j'en donnai ensuite trois au collége de Gresham, et je gardai pour moi le quatrième.

CHAPITRE IV

Description du pays. — L'auteur indique une correction pour les cartes modernes.
— Palais du roi, sa capitale.
— Manière de voyager de l'auteur. — Temple principal.

E vais maintenant donner au lecteur une courte description de ce pays, autant que je l'ai pu connaître par ce que j'en ai parcouru. Il ne s'étend pas à plus de sept cents lieues autour de la capitale; car la reine, que je suivais toujours, s'arrêtait à cette distance lorsqu'elle accompagnait le roi dans ses voyages, et Sa Majesté continuait seule sa tournée jusqu'aux frontières. Le royaume a environ deux mille lieues de long, et mille à quinze cents lieues de large : d'où je conclus que nos géographes de l'Europe se trompent lorsqu'ils croient qu'il n'y a que la mer entre le Japon et la Californie. Je me suis toujours imaginé qu'il devait y avoir de ce côté-là une terre ferme pour servir de contre-poids au grand continent de Tartarie. Il y a donc lieu de corriger les cartes et de joindre cette vaste étendue de pays aux parties nord-ouest de l'Amérique; sur ce point je suis prêt à aider les géographes de mes lumières.

Cet empire est une presqu'île, terminée vers le nord par une chaîne de montagnes qui ont environ dix lieues de hauteur, et dont on ne peut approcher à cause des volcans qui couronnent leur cime. Les plus savants ignorent quelle espèce de mortels habite au delà de ces montagnes, et même s'il y a des habitants. La mer borne les trois autres côtés. Il n'y a aucun port dans tout le royaume; les endroits de la côte où les fleuves vont se perdre dans la mer sont si remplis de rochers hauts et escarpés, et la mer y est ordinairement si agitée, qu'il n'y a presque personne qui ose y aborder; en sorte que ces peuples sont exclus de tout commerce avec le reste du monde. Les grandes rivières sont pleines de poissons excellents; aussi est-ce très-rarement qu'on

pêche dans la mer, parce que les poissons y sont de même grosseur que ceux de l'Europe, et, par rapport à eux, ne valent pas la peine d'être pêchés : il est donc évident que la nature n'a produit que pour ce continent des plantes et des animaux de dimensions aussi énormes; je laisse à expliquer aux philosophes les motifs de ce fait singulier. On prend néanmoins quelquefois sur la côte des baleines, dont le bas peuple se nourrit et se régale. J'ai vu une de ces baleines qui était si grosse, qu'un homme du pays avait de la peine à la porter sur ses épaules. Quelquefois, par curiosité, on en apporte dans des paniers à Lorbrulgrud; j'en ai vu une dans un plat sur la table du roi, mais il ne paraissait pas aimer cette sorte de nourriture. Peut-être en était-il dégoûté par la grosseur de l'animal; cependant j'en avais vu de plus gros au Groënland.

Le pays est très-peuplé; car il contient cinquante et une villes, près de cent bourgs entourés de murailles, et un plus grand nombre de villages et de hameaux. Pour satisfaire le lecteur curieux, il suffira peut-être de donner la description de Lorbrulgrud. Cette ville est située sur une rivière qui la divise en deux parties presque égales. Elle contient plus de quatre-vingt mille maisons, et environ six cent mille habitants; elle a en longueur trois *glomglungs* (qui font environ dix-huit lieues), et deux et demi en largeur : j'en ai pris la mesure sur la carte dressée par les ordres du roi, qui fut étendue sur la terre exprès pour moi, et sur laquelle je marchai nu-pieds pour mesurer le diamètre et la circonférence. Cette carte avait cent pieds de long.

Le palais du roi est un bâtiment assez peu régulier; c'est plutôt un amas d'édifices, couvrant un peu plus de deux lieues : les chambres principales sont hautes de deux cent quarante pieds, et larges à proportion.

On donna un carrosse à Glumdalclitch et à moi, pour voir la ville, ses places et ses hôtels, et courir les boutiques. Elle me tenait près d'elle dans ma boîte; mais souvent, à ma prière, elle m'en faisait sortir et me prenait dans sa main, afin que je pusse mieux voir les maisons et le monde. D'après mes calculs, notre carrosse avait la surface carrée de la salle de Westminster; mais il était moins élevé : toutefois je puis avoir mal calculé. Un jour nous fîmes arrêter la voiture à plusieurs boutiques, et les mendiants, profitant de l'occasion, se rendirent en foule aux portières, et me présentèrent le coup d'œil le plus affreux qu'un œil européen ait jamais vu.

Une femme avait un cancer monstrueux rempli de trous, dans lesquels j'aurais pu entrer presque entier; un malheureux avait une loupe sur le cou plus grande que cinq balles de laine ;

un autre marchait sur deux jambes de bois de vingt pieds de haut. Le spectacle le plus hideux était celui des insectes qui se promenaient sur les haillons de ces pauvres gens. Je distinguais à l'œil nu les membres de ces insectes mieux qu'on ne peut les voir au microscope en Europe; et j'observai qu'ils avaient un museau semblable à celui du cochon. J'aurais été curieux d'en disséquer un, si j'avais eu les instruments nécessaires ; mais je les avais malheureusement laissés dans le vaisseau : l'entreprise eût été peut-être au-dessus de mes forces.

Outre la grande boîte dans laquelle j'étais ordinairement transporté, la reine en fit faire une qui n'avait que douze pieds carrés sur dix de haut, et que ma gouvernante pouvait mettre sur ses genoux quand nous allions en voiture. L'habile ouvrier qui l'avait faite sous notre direction avait percé une fenêtre de trois côtés (on les avait grillées de peur d'accident), et sur le quatrième côté étaient attachées deux fortes boucles en cuir. On passait une ceinture dans ces boucles s'il me plaisait d'aller à cheval, et un domestique fixait la ceinture autour de son corps, et me tenait devant lui. C'est ainsi que j'accompagnais souvent le roi et les princes, que je prenais l'air dans les jardins ou que je rendais des visites, quand ma petite bonne se trouvait indisposée; car j'étais fort bien vu à la cour, sans doute grâce à la faveur dont le roi voulait bien m'honorer. Dans les voyages, je préférais cette façon d'aller, parce que je pouvais voir le pays. C'était toujours une personne sûre à laquelle on confiait le soin de me porter, et ma boîte était posée sur un coussin.

J'avais dans ce cabinet un lit de camp ou hamac suspendu au plafond, une table et deux fauteuils vissés au plancher; et l'habitude de la mer faisait que les mouvements du cheval ou de la voiture ne me causaient pas trop d'incommodité, bien qu'ils fussent souvent très-violents. Toutes les fois que je désirais courir la ville, c'était dans cette boîte qu'on me portait. Glumdalclitch la posait sur ses genoux après être montée dans une chaise, ouverte et portée par quatre hommes à la livrée de la reine. Le peuple, qui avait souvent ouï parler de moi, se rassemblait en foule pour me voir; et la jeune fille avait la complaisance de faire arrêter les porteurs et de me prendre dans sa main, afin qu'on pût me considérer plus commodément.

J'étais fort curieux de voir le temple principal, surtout la tour qui en fait partie et qu'on regarde comme la plus haute du royaume. Ma gouvernante m'y conduisit; et j'avoue que je fus trompé dans mon attente; car cette tour n'a pas plus de trois mille pieds du sol au point le plus élevé, ce qui n'a rien de très-merveilleux, vu la différence de proportion qui existe entre ces peuples et nous : cela n'égale pas relativement la hauteur du clocher de Salisbury, si je me souviens bien de celle-ci. Mais, ne voulant pas rabaisser par mes critiques une nation envers laquelle j'ai contracté une reconnaissance éternelle, je ferai observer que ce qui manque à cette tour en élévation est compensé par la beauté et la solidité. Les murs ont près de cent pieds

d'épaisseur, et sont en pierres de taille de quarante pieds cubes; ils sont ornés de statues colossales de dieux et d'empereurs, en marbre, placées dans des niches. Je mesurai le petit doigt de l'une de ces statues qui était tombé et gisait parmi des décombres, et je trouvai qu'il avait juste quatre pieds un pouce de long. Glumdalclitch l'enveloppa dans son mouchoir, et l'emporta pour le conserver avec d'autres joujoux.

La cuisine royale était un superbe édifice voûté, d'environ six cents pieds de haut. Le grand four a dix pas de moins que la coupole de Saint-Paul; je m'en suis assuré en mesurant celle-ci à mon retour. Mais si je décrivais les grilles à feu, les énormes pots et marmites, et les pièces de viande qui tournaient sur les broches, on aurait peine à me croire; du moins de sévères critiques pourraient m'accuser d'exagération. Pour éviter ces censures, je crains d'être tombé dans l'excès opposé : et si cet ouvrage était jamais traduit dans la langue de Brobdingnag, et qu'il fût transmis en ce royaume, le roi et le peuple auraient raison de se plaindre du tort que je leur ai fait en réduisant leurs proportions.

Ce monarque n'a jamais plus de six cents chevaux dans ses écuries, et ils ont de cinquante-quatre à soixante pieds de haut. Dans les grandes solennités, il est suivi d'une garde de cinq cents cavaliers, qui m'avaient paru la plus belle troupe qui existât; mais lorsque je vis une partie de l'armée rangée en bataille, ce spectacle me sembla encore plus imposant.

CHAPITRE V

Aventures diverses arrivées à l'auteur.
— Exécution d'un criminel. —
L'auteur montre ses connaissances en navigation.

'aurais passé ma vie assez doucement en ce pays, si ma petite taille ne m'eût exposé à mille accidents, dont je rapporterai quelques-uns. Ma gouvernante me portait quelquefois dans les jardins, et là me tirait de ma boîte ou me laissait à terre me promener librement. Un jour, le nain de la reine (avant sa disgrâce) nous avait suivis dans les jardins, et Glumdalclitch m'ayant posé à terre, nous nous trouvâmes lui et moi à côté d'un pommier nain. Je fus tenté de montrer mon esprit par une comparaison assez sotte entre mon compagnon et l'arbre, les termes dans les deux langues prêtant également à cette similitude. Le petit méchant, voulant se venger de ma plaisanterie, prit son temps pour secouer une branche bien chargée de fruits, et une douzaine de pommes plus grosses que des tonneaux de Bristol tombèrent sur moi. Une seule m'atteignit à l'instant où je me baissais, et me fit choir le nez contre terre. Je ne voulus pas me plaindre de ce tour, parce que je l'avais provoqué.

Un autre jour, ma bonne me laissa sur un gazon bien uni, tandis qu'elle causait à quelque distance avec sa gouvernante. Tout à coup un orage de grêle vint à tomber, et je fus à l'instant renversé et meurtri par les grêlons. Je me traînai à quatre pattes jusqu'à une bordure de thym, sous laquelle j'étais à moitié abrité; mais je fus tellement moulu des pieds à la tête, que je gardai la chambre pendant huit jours, ce qui n'a rien de surprenant, car toutes choses ayant, en ce pays, la même proportion gigantesque par rapport à nous, les grêlons ordinaires étaient dix-huit cents fois plus gros que les nôtres. Je puis affirmer le fait, puisque j'eus la curiosité d'en peser et d'en mesurer un.

Mais un plus dangereux accident m'arriva dans les mêmes jardins. Un jour que ma petite gouvernante, croyant m'avoir mis en lieu de sûreté, me laissa seul. comme je la priais souvent de le faire, afin que je pusse me livrer à mes pensées ; elle n'avait point pris ma boîte, et, m'ayant posé à terre, elle s'éloigna avec quelques dames de sa connaissance. Pendant son absence, un petit épagneul, qui appartenait à un des jardiniers, vint par hasard flâner près de l'endroit où j'étais, courut droit à moi, guidé par son odorat, me saisit dans sa gueule, me

porta à son maître, et me posa devant lui en remuant la queue. Par bonheur, il m'avait pris si adroitement, que je n'eus pas le moindre mal ; mais le jardinier, qui me connaissait et m'aimait beaucoup, eut la plus grande frayeur. Il me tira bien doucement, et me demanda comment je me trouvais; mais je ne pus lui répondre que quelques minutes après, ma terreur et la rapidité avec laquelle j'avais été emporté m'ayant ôté l'usage de la voix. Il me reporta là où le petit chien m'avait trouvé. Glumdalclitch y était, désespérée de ne me voir nulle part, et m'appelant de tous côtés; elle gronda le jardinier à cause de son chien. Cependant nous convînmes de taire cette aventure, qui me semblait propre à jeter du ridicule sur ma personne.

Elle décida toutefois ma gouvernante à ne plus me laisser hors de sa vue; et comme je craignais depuis longtemps cette résolution, je lui avais caché plusieurs petits incidents fâcheux qui m'étaient arrivés. Un cerf-volant avait failli m'emporter, si je n'avais pas eu la présence d'esprit de me mettre à l'abri d'un espalier, et de me défendre avec mon couteau. Une autre fois, je m'enfonçai jusqu'au cou dans une taupinière, et je manquai peu de temps après de me casser l'épaule contre une coquille de limaçon, sur laquelle je trébuchai en rêvant à ma chère Angleterre.

Je ne puis dire si j'étais flatté ou humilié de remarquer, dans mes promenades solitaires, que les oiseaux n'avaient aucune frayeur de moi. Une grive eut même l'effronterie de m'enlever un morceau de biscuit que je tenais à la main. Quand j'essayais de prendre un de ces oiseaux, il se tournait hardiment contre moi, me menaçait de son bec, puis recommençait tranquillement à chercher des vers ou des grains. Mais un jour je lançai un gros bâton de toute ma force sur un linot, et si adroitement, qu'il tomba, et je le saisis par le cou pour le traîner jusqu'à l'endroit où ma gouvernante m'attendait. Mais le linot, qui n'avait été qu'étourdi, me donna des coups d'aile si violents, que j'aurais été forcé de le lâcher, si un domestique n'était venu à mon aide. Le lendemain, on me servit à mon dîner une partie de ma prise. Ce linot était à peu près de la grosseur d'un de nos cygnes.

Un jour, le neveu de la gouvernante de Glumdalclitch les engagea toutes deux à venir voir l'exécution d'un meurtrier. La dernière eut beaucoup de peine à consentir à cette proposition; mais enfin elle se laissa entraîner; et moi-même, bien que ces spectacles me soient odieux, je désirais voir celui-ci, comme objet de curiosité philosophique. Le patient était lié sur un fauteuil placé sur un échafaud, et sa tête fut tranchée d'un seul coup avec un sabre de quarante pieds. Les artères et les veines lancèrent des jets beaucoup plus élevés que ceux du parc de Versailles, et la tête coupée fit un bond si prodigieux, que je tressaillis de frayeur, quoique je fusse à plus d'un mille de distance.

La reine, qui prenait plaisir à causer avec moi de mes voyages, et qui ne laissait échapper aucune occasion de me distraire quand j'étais mélancolique, me demanda un jour si j'étais capable de manier une rame ou de diriger une voile, et si un peu d'exercice en ce genre ne serait pas bon pour ma santé. Je répondis que j'entendais ces deux exercices, parce que, bien que mon emploi fût celui de chirurgien, j'avais été souvent obligé de travailler comme un simple matelot dans les moments de crise; mais que j'ignorais comment je pourrais naviguer en ce pays; où la plus petite barque était égale à un vaisseau de guerre du premier rang parmi nous; d'ailleurs, un navire proportionné à ma taille et à mes forces n'aurait pu flotter longtemps sur leurs rivières, et je n'aurais pu le gouverner.

Sa Majesté me dit que, si je voulais, son menuisier me ferait une petite barque, et qu'elle me trouverait un endroit où je pourrais naviguer. Le menuisier, suivant mes instructions, me construisit en dix jours un petit navire avec tous ses cordages, capable de tenir commodément huit Européens.

Quand il fut achevé, la reine fut si ravie, qu'elle le mit dans son tablier et courut le montrer au roi; celui-ci donna l'ordre de le mettre dans une citerne, où j'essaierais de le faire manœuvrer, ce qui me fut impossible, faute d'espace pour mes rames.

Cependant la reine avait eu auparavant une autre idée; elle avait commandé à son menuisier de faire une auge de bois longue de trois cents pieds, large de cinquante, et profonde de huit, laquelle, étant bien goudronnée pour empêcher l'eau de s'échapper, fut posée sur le plancher, le long de la muraille, dans une salle extérieure du palais : elle avait un robinet bien près du fond pour laisser sortir l'eau de temps en temps, et deux domestiques la pouvaient remplir dans une demi-heure de temps.

C'est là que l'on me fit ramer pour mon divertissement, aussi

bien que pour celui de la reine et de ses dames, qui prirent beaucoup de plaisir à voir mon adresse et mon agilité.

Quelquefois je hissais ma voile, et alors je n'avais d'autre peine que de tenir le gouvernail pendant que les dames me donnaient un coup de vent avec leur éventail; et quand elles se trouvaient fatiguées, quelques-uns des pages poussaient le navire avec leur souffle, tandis que je manœuvrais à tribord ou à bâbord, selon ma convenance. Quand j'avais fini, Glumdalclitch reportait mon navire dans son cabinet, et le suspendait à un clou pour le faire sécher.

Dans cet exercice il m'arriva une fois un accident qui faillit me coûter la vie.

Un des pages ayant mis mon esquif dans l'auge, une femme de la suite de Glumdalclitch me prit très-officieusement pour me mettre dans le navire; mais il arriva que je glissai entre ses doigts, et je serais infailliblement tombé de la hauteur de quarante pieds sur le plancher, si, grâce au plus heureux hasard du monde, je n'eusse été arrêté par une grosse épingle qui était fichée dans le tablier de cette femme. La tête de l'épingle passa entre ma chemise et la ceinture de ma culotte, en sorte que je restai suspendu en l'air, et qu'on eut le temps de venir à mon secours.

Une autre fois, un des domestiques, dont la fonction était de remplir mon auge d'eau fraîche tous les trois jours, fut si négligent, qu'il laissa échapper de son seau une grenouille très-

grosse, sans l'apercevoir. La grenouille se tint cachée jusqu'à ce que je fusse mis à flot; alors, voyant un endroit pour se reposer, elle y grimpa, et fit tellement pencher le navire, que je me trouvai obligé de faire le contre-poids de l'autre côté pour l'empêcher d'enfoncer.

Cependant la grenouille se mit à sauter sur ma tête, puis sur mes jambes, couvrant de boue mon visage et mes habits. Sa grosseur en faisait un monstre épouvantable à mes yeux; toutefois je priai ma gouvernante de me laisser me tirer d'affaire seul avec cette bête; et en la poursuivant avec une de mes rames, je la fis enfin sauter hors du bateau.

Mais voici le plus grand péril que je courus dans ce royaume : Glumdalclitch, étant sortie pour des affaires ou pour faire une visite, m'avait enfermé au verrou dans son cabinet. Le temps était très-chaud, et la fenêtre du cabinet était ouverte, aussi bien que les fenêtres et la porte de ma boîte. Pendant que j'étais assis tranquille et mélancolique près de ma table, j'entendis quelque chose entrer dans le cabinet par la fenêtre, et sauter çà et là. Quoique j'en fusse un peu alarmé, j'eus le courage de regarder dehors, mais sans abandonner ma chaise : et alors je vis un animal qui, bondissant de tous côtés, finit par s'approcher de ma boîte, et la regarda avec une apparence de plaisir et de curiosité, mettant sa tête à la porte et à chaque fenêtre.

Je me retirai dans le coin le plus renfoncé de ma boîte; mais cet animal, qui était un singe, regardant dedans de tous côtés, me causa une telle frayeur, que je n'eus pas la présence d'esprit de me cacher sous mon lit, comme je pouvais le faire très-facilement. Après bien des grimaces et des gambades, le singe me découvrit; et, fourrant une de ses pattes par l'ouverture de la porte, comme fait un chat qui joue avec une souris, quoique je changeasse souvent de lieu pour me mettre à l'abri, il m'attrapa par les pans de mon justaucorps (qui, étant fait du drap de ce pays, était épais et très-solide), et me tira dehors. Il me prit dans sa patte droite, et me tint comme une nourrice tient un enfant qu'elle veut allaiter. J'avais vu souvent en Europe des singes s'amuser ainsi avec de petits chats. Quand je me débattais, il me pressait si fort, que je crus que le parti le plus sage était de me soumettre, et d'en passer par tout ce qui lui plairait. J'ai quelque raison de croire qu'il me prit pour un jeune singe, parce qu'avec son autre patte il flattait doucement mon visage.

Il fut tout à coup interrompu par un bruit à la porte du cabinet, comme si quelqu'un eût tâché de l'ouvrir; soudain il sauta à la fenêtre par laquelle il était entré, et de là sur les gouttières, marchant sur trois pattes et me tenant dans la quatrième, jusqu'à ce qu'il eût grimpé à un toit attenant au nôtre. J'entendis alors Glumdalclitch jeter des cris lamentables. La pauvre fille était au désespoir, et ce quartier du palais fut bientôt en alarmes : les domestiques coururent chercher des échelles; le singe fut vu par plusieurs personnes assis sur le faîte d'un bâtiment, me tenant comme une poupée dans une de ses pattes de devant, et me

donnant à manger avec l'autre, fourrant dans ma bouche quelques viandes qu'il avait attrapées, et me tapant quand je ne voulais pas manger. La canaille qui me regardait d'en bas en riait beaucoup; et cela était fort excusable, car, excepté pour moi, la chose était assez plaisante. Quelques-uns jetèrent des pierres, dans l'espérance de faire descendre le singe; mais il leur fut défendu de continuer, de peur qu'on ne me cassât la tête.

Des échelles furent apportées, et plusieurs hommes montèrent sur le toit. Aussitôt le singe effrayé décampa, et me laissa tomber sur une gouttière. Alors un des laquais de ma petite maîtresse, honnête garçon qui m'aimait beaucoup, grimpa, et, me mettant dans la poche de sa culotte, me fit descendre en sûreté.

J'étais presque suffoqué des ordures que le singe avait fourrées dans mon gosier; mais ma chère petite maîtresse me fit vomir, ce qui me soulagea. J'étais si faible et si froissé des embrassades de cet animal, que je fus obligé de me tenir au lit pendant quinze jours. Le roi et toute la cour envoyèrent chaque jour demander des nouvelles de ma santé, et la reine me fit plusieurs visites pendant ma maladie. Le singe fut mis à mort, et défense fut faite d'entretenir désormais aucun animal de cette espèce dans les environs du palais.

La première fois que je me rendis auprès du roi, après le rétablissement de ma santé, pour le remercier de ses bontés, il me fit l'honneur de me railler beaucoup sur cette aventure; il me demanda quelles étaient mes pensées et mes impressions pendant que j'étais entre les pattes du singe, quel goût avaient les viandes qu'il me donnait, et si l'air frais que j'avais respiré sur le toit n'avait pas aiguisé mon appétit : il souhaita fort de savoir ce que j'aurais fait en pareille occasion dans mon pays. Je dis à Sa Majesté qu'en Europe nous n'avions point de singes, excepté ceux qu'on apportait des pays étrangers, et qu'ils étaient si petits qu'ils n'étaient point à craindre. A l'égard de l'animal énorme auquel je venais d'avoir affaire (il était en vérité aussi gros qu'un éléphant), si la peur m'avait permis de penser aux moyens d'user de mon sabre (je pris alors un air fier, et mis la main sur la poignée), quand il a fourré sa patte dans ma chambre, peut-être lui aurais-je porté un si rude coup, qu'il se serait hâté de la retirer plus promptement qu'il ne l'avait avancée.

Je prononçai ces paroles avec l'énergie d'une personne jalouse de son honneur mis en question. Cependant mon discours ne produisit rien qu'un éclat de rire, et tout le respect dû à Sa Majesté de la part de ceux qui l'environnaient ne put le retenir : cela me fit réfléchir sur la sottise d'un homme qui prétend se glorifier en présence de ceux qui sont hors d'égalité ou de comparaison avec lui. Je me rappelai plusieurs exemples de la même erreur que j'avais observés en Angleterre, où bien souvent de très-minces personnages, sous le rapport de la naissance, de l'esprit, de la bonne mine, ou même du bon sens, prennent un air important avec les plus grands du royaume.

Je fournissais tous les jours à la cour le sujet de quelque conte ridicule, et Glumdalclitch, quoiqu'elle m'aimât extrêmement, était assez méchante pour amuser la reine du récit de mes sottises, lorsqu'elle les croyait propres à réjouir Sa Majesté. Par exemple, un jour, sa gouvernante l'ayant conduite à une heure de distance de la ville pour lui faire prendre l'air, parce qu'elle était un peu souffrante, elles descendirent dans une prairie. Glumdalclitch ouvrit ma boîte; et je sortis pour me promener : il y avait de la bouse de vache dans un sentier; je voulus, pour faire parade de mon agilité, sauter par-dessus; mais, par malheur, je sautai mal, et tombai au beau milieu, en sorte que j'eus de l'ordure jusqu'aux genoux. Je me tirai du bourbier avec peine, et un des laquais me nettoya comme il put avec son mouchoir.

184 SECONDE PARTIE.

La reine fut bientôt instruite de cette aventure fâcheuse; les laquais la divulguèrent partout, et pendant plusieurs jours je fournis matière à l'amusement général.

CHAPITRE VI

Différentes inventions de l'auteur pour plaire au roi et à la reine.
— Le roi s'informe de l'état de l'Europe,
dont l'auteur essaie de lui donner une idée. —
Observations du roi à ce sujet.

J'AVAIS coutume de me rendre au lever du roi une ou deux fois par semaine, et je m'y étais trouvé souvent lorsqu'on le rasait, ce qui, dans le commencement, me faisait trembler, le rasoir du barbier ayant en longueur à peu près le double d'une faux. Sa Majesté, selon l'usage du pays, n'était rasée que deux fois par semaine. Je demandai une fois au barbier quelques poils de la barbe du roi; il me les donna. Je pris un petit morceau de bois, auquel je perçai avec une aiguille plusieurs trous à des distances égales, et j'y attachai si bien les poils, que je m'en fis un peigne ; cela me fut d'un grand secours, car le mien était cassé et presque hors de service, et je n'avais trouvé dans le pays aucun ouvrier capable de m'en faire un autre.

Je me souviens d'un amusement que je me procurai vers le même temps. Je priai une des femmes de chambre de la reine de recueillir les cheveux fins qui tombaient de la tête de Sa Majesté quand on la peignait, et de me les donner. J'en amassai une quantité considérable, et, m'entendant avec l'ébéniste qui avait reçu l'ordre d'exécuter tous les petits travaux que je lui commanderais, je lui donnai des instructions pour me faire deux fauteuils de la grandeur de ceux qui se trouvaient dans ma boîte, et de les percer de plusieurs petits trous avec une alène fine. Quand les pieds, les bras, les barres et les dossiers des fauteuils furent prêts, je composai le fond avec les cheveux de la reine, que je passai dans les trous, et j'en fis des fauteuils semblables aux meubles de canne dont nous nous servons en Angleterre. J'eus l'honneur d'en faire présent à la reine, qui les mit dans une armoire comme une curiosité.

Elle voulut un jour me faire asseoir dans un de ces fauteuils ; mais je m'en excusai, protestant que j'aimerais mieux souffrir mille morts que de placer ma personne sur des cheveux qui avaient autrefois orné la tête de Sa Majesté et par cette raison méritaient le respect. Je fis ensuite de ces cheveux une bourse très-bien travaillée, longue d'environ deux aunes, avec le nom de Sa Majesté brodé en lettres d'or ; je la donnai à Glumdalclitch, du consentement de la reine ; et comme elle était trop fine pour contenir même des pièces d'or, ma petite bonne y renfermait quelques-unes de ces bagatelles chères aux jeunes filles.

Le roi, qui aimait fort la musique, avait très-souvent des concerts, auxquels j'assistais placé dans ma boîte ; mais le bruit était si grand, que je ne pouvais guère distinguer les accords : j'affirme que tous les tambours et trompettes d'une armée royale, battant et sonnant à la fois tout près de mes oreilles, n'auraient pu égaler ce bruit. Ma coutume était de faire placer ma boîte loin de l'endroit où étaient les acteurs du concert, de fermer les portes et les fenêtres, et de tirer les rideaux : avec ces précautions, je ne trouvais pas leur musique désagréable.

J'avais appris pendant ma jeunesse à jouer du clavecin. Glumdalclitch en avait un dans sa chambre, et un maître y venait deux fois par semaine pour le lui enseigner. La fantaisie me prit un jour de régaler le roi et la reine d'un air anglais sur cet instrument; mais cela me parut extrêmement difficile; car le clavecin était long de près de soixante pieds, et les touches larges d'un pied; de telle sorte qu'avec mes deux bras bien étendus, je ne pouvais atteindre plus de cinq touches; et de plus, pour tirer un son, il me fallait toucher à grands coups de poing.

Voici le moyen dont je m'avisai : je taillai deux bâtons de la grosseur d'une canne ordinaire, et je couvris le bout de ces bâtons de peau de souris, pour ménager les touches et le son de l'instrument; je plaçai un banc vis-à-vis, sur lequel je montai, et alors je me mis à courir avec toute la vitesse et toute l'agilité imaginables sur cette espèce d'échafaud, frappant çà et là le clavier avec mes deux bâtons de toute ma force; en sorte que je

vins à bout de jouer une gigue anglaise à la grande satisfaction de Leurs Majestés; mais il faut avouer que je ne fis jamais d'exercice plus violent et plus pénible. Je ne pouvais embrasser plus de seize touches; par conséquent, je ne pouvais jouer la basse et la tierce en même temps, ce qui ôtait beaucoup d'agrément à mon jeu.

Le roi, qui, comme je l'ai dit, était doué d'une haute intelligence, ordonnait souvent de m'apporter dans ma boîte, et de me mettre sur la table de son cabinet. Alors il me commandait de tirer de la boîte une de mes chaises, et de m'asseoir de sorte que je fusse au niveau de son visage. De cette manière, j'eus plusieurs conférences avec lui. Un jour je pris la liberté de dire à Sa Majesté que le mépris qu'elle avait conçu pour l'Europe et pour le reste du monde ne me semblait pas digne d'un esprit aussi éclairé que le sien ; que la raison était indépendante de la grandeur du corps; qu'on avait même observé dans notre pays que les personnes de haute taille n'étaient pas ordinairement

les plus ingénieuses; que, parmi les animaux, les abeilles et les fourmis avaient la réputation d'avoir le plus d'industrie et de sagacité; et enfin que, quelque peu de cas qu'il fît de ma figure, j'espérais néanmoins pouvoir rendre de grands services à Sa Majesté. Le roi m'écouta avec attention, et commença à prendre meilleure opinion de moi.

Il m'ordonna alors de lui faire une relation exacte du gouvernement d'Angleterre, disant que, quelque prévenus que les princes fussent ordinairement en faveur de leurs principes et de leurs usages (ce qu'il supposait d'après mes discours), il serait bien aise d'apprendre des choses qui pouvaient être bonnes à imiter. Imaginez-vous, mon cher lecteur, combien je désirai alors d'avoir le génie et la langue de Démosthène et de Cicéron, afin de célébrer ma chère patrie dans un style digne de ses mérites et de sa splendeur.

Je commençai par dire à Sa Majesté que nos États étaient

composés de deux îles qui formaient trois puissants royaumes sous un seul souverain, sans compter nos colonies en Amérique. Je m'étendis fort sur la fertilité de notre terre et sur la température de notre climat.

Je décrivis ensuite la constitution du parlement anglais, divisé en deux corps législatifs, le premier nommé chambre des pairs, composé de nobles possesseurs et seigneurs des plus belles terres du royaume. Je parlai de l'extrême soin qu'on prenait de leur éducation par rapport aux sciences et aux armes, pour les rendre capables d'être conseillers-nés du royaume, d'avoir une part dans l'administration du gouvernement, d'être membres de la plus haute cour de justice, dont il n'y avait point d'appel, et d'être les défenseurs zélés de leur prince et de leur patrie, par leur valeur, leur conduite et leur fidélité; je dis que ces seigneurs étaient l'ornement et la sûreté du royaume, et les dignes successeurs de leurs ancêtres, dont les honneurs avaient été la récompense d'une vertu insigne. J'ajoutai que de saints personnages siégeaient avec ces nobles sous le titre d'évêques, et que leur charge particulière était de veiller sur la religion et sur ceux qui la prêchent au peuple, et qu'on choisissait dans le clergé les hommes les plus exemplaires et les plus savants pour les revêtir de cette dignité éminente.

Je dis que l'autre partie du parlement était une assemblée respectable, nommée la chambre des communes, composée de nobles ou de gentilshommes choisis librement, et députés par le peuple même, seulement à cause de leurs lumières, de leurs talents et de leur amour pour la patrie, afin de représenter la sagesse de toute la nation. J'ajoutai que ces deux corps formaient la plus auguste assemblée de l'Europe, et que cette assemblée, de concert avec le prince, faisait les lois et décidait de toutes les affaires d'État.

Ensuite je décrivis nos cours de justice, où étaient assis de vénérables interprètes de la loi, qui décidaient sur les différentes contestations des particuliers, qui punissaient le crime et protégeaient l'innocence. Je ne manquai pas de parler de la sage et économique administration de nos finances, et de m'étendre sur la valeur et les exploits de nos guerriers de mer et de terre. Je supputai le nombre de mes concitoyens, en comptant combien il y avait de millions d'hommes de différentes religions et de

différents partis politiques parmi nous. Je n'omis ni nos jeux, ni nos spectacles, ni aucune autre particularité que je crusse pouvoir faire honneur à mon pays, et je finis par un petit récit historique des dernières révolutions d'Angleterre depuis environ cent ans.

Cette conversation remplit cinq audiences, chacune de plusieurs heures, et le roi écouta le tout avec une grande attention, prenant note de presque tout ce que je disais, et marquant en même temps les questions qu'il avait dessein de me faire.

Quand j'eus achevé mes longs discours, Sa Majesté, dans une sixième audience, examinant ses notes, me proposa plusieurs doutes et de fortes objections sur chaque article.

Elle me demanda d'abord quels étaient les moyens qu'on employait pour cultiver l'esprit de notre jeune noblesse; quelles mesures on prenait quand une maison noble venait à s'éteindre, ce qui devait arriver de temps en temps; quelles qualités étaient nécessaires à ceux qui devaient être créés pairs; si le caprice du prince, une somme d'argent donnée à propos à une dame de la cour et à un favori, ou le dessein de fortifier un parti opposé au bien public, n'étaient jamais les motifs de ces promotions; quel degré de connaissance les pairs avaient dans les lois de leur pays, et comment ils devenaient capables de décider en dernier ressort des droits de leurs compatriotes; s'ils étaient toujours exempts d'avarice et de préjugés; si ces saints évêques dont j'avais parlé parvenaient toujours à ce haut rang par leur science dans les matières théologiques et par la sainteté de leur vie; s'ils n'avaient jamais intrigué lorsqu'ils n'étaient que de simples prêtres; s'ils n'avaient pas été quelquefois les aumôniers d'un pair par le moyen duquel ils étaient parvenus à l'évêché; et si, dans ce cas, ils ne suivaient pas toujours aveuglément l'avis du pair, et ne servaient pas sa passion ou ses préjugés dans l'assemblée du parlement.

Il voulut savoir comment on s'y prenait pour l'élection de ceux que j'avais appelés députés des communes; si un inconnu, avec une bourse bien remplie d'or, ne pouvait pas quelquefois gagner le suffrage des électeurs à force d'argent, et se faire préférer à leur propre seigneur, ou aux plus considérables et aux plus distingués de la noblesse dans le voisinage; il demanda aussi pourquoi on avait un désir si violent d'être élu, puisque cette élection était l'occasion d'une très-grande dépense, et ne rapportait rien; qu'il fallait donc que ces élus fussent des

hommes d'un désintéressement parfait et d'une vertu éminente et héroïque, ou bien qu'ils s'attendissent à être indemnisés et remboursés avec usure par le prince et par ses ministres, en leur sacrifiant le bien public. Sa Majesté me fit sur cet article des objections embarrassantes, que la prudence ne me permet pas de répéter.

A l'égard de nos cours de justice, Sa Majesté voulut être éclairée touchant plusieurs articles. Je me trouvais en état de la satisfaire, ayant été autrefois presque ruiné par un long procès à la chancellerie, qui fut néanmoins jugé en ma faveur, et que je gagnai même avec dépens. Il me demanda combien de temps on employait ordinairement à mettre une affaire en état d'être jugée; si les avocats avaient la liberté de défendre les causes évidemment injustes; si l'on n'avait jamais remarqué que l'esprit de parti ou de religion eût fait pencher la balance; si ces avocats avaient quelque connaissance des premiers principes et des lois générales de l'équité, ou s'ils ne se contentaient pas de savoir le droit provincial et les coutumes locales du pays; si eux et les juges avaient la faculté d'interpréter à leur gré et de commenter les lois; si les plaidoyers et les arrêts n'étaient pas quelquefois contraires les uns aux autres dans la même espèce; si la corporation des légistes était riche ou pauvre; si les gens de loi recevaient de l'argent pour leurs plaidoyers ou leurs

consultations; enfin s'ils étaient quelquefois élus membres de la chambre basse.

Ensuite il s'attacha à me questionner sur l'administration des finances, et me dit qu'il croyait que je m'étais mépris sur cet article, puisque je n'avais fait monter les impôts qu'à cinq ou six millions sterling par an; que cependant la dépense de l'État allait plus loin, et excédait de beaucoup la recette.

Il ne pouvait, disait-il, concevoir comment un royaume osait dépenser au delà de son revenu, et manger son bien comme un particulier imprévoyant. Il me demanda quels étaient nos créanciers, et où nous trouvions de quoi les payer. Il était étonné du détail que je lui avais fait de nos guerres et des frais excessifs qu'elles exigeaient. Il fallait certainement, disait-il, que nous fussions un peuple bien inquiet et bien querelleur, ou que nous eussions de bien mauvais voisins.

Vos généraux, disait-il encore, doivent être plus riches que vos rois. Qu'avez-vous à démêler, ajouta-t-il, hors de vos îles? devez-vous y avoir d'autres affaires que celles de votre commerce? devez-vous songer à faire des conquêtes? et ne vous suffit-il pas de bien garder vos ports et vos côtes? Ce qui l'étonna fort, ce fut d'apprendre que nous entretenions une armée dans le sein de la paix et au milieu d'un peuple libre. Il dit que, si nous étions gouvernés de notre propre consentement, il ne pouvait s'imaginer de qui nous avions peur, et contre qui nous avions à nous battre : il demanda si la maison d'un particulier ne serait pas mieux défendue par lui-même, par ses enfants et par ses domestiques, que par une troupe de fripons et de coquins tirés au hasard de la lie du peuple, avec un salaire bien modique, et qui pourraient gagner cent fois plus en nous coupant la gorge.

Il rit beaucoup de ma bizarre arithmétique (comme il lui plut de l'appeler), lorsque j'avais supputé la population de notre empire, en la divisant en différentes sectes religieuses et politiques. Il ne concevait pas qu'on pût empêcher les gens d'avoir des opinions contraires à la sûreté de l'État, ni que l'on pût permettre de professer ouvertement de telles opinions : la première chose étant une tyrannie, la seconde une faiblesse; car si l'on ne peut empêcher un homme d'avoir des substances vénéneuses dans sa maison, on doit lui défendre de les débiter.

Parmi les amusements de notre noblesse j'avais fait mention du jeu. Il voulut savoir à quel âge ce divertissement était ordinairement pratiqué, et quand on le quittait; combien de temps on y consacrait, et s'il ne portait pas quelquefois atteinte à la fortune des particuliers, et ne leur faisait pas commettre des actions basses et indignes; si des hommes vils et corrompus ne pouvaient pas par leur adresse dans ce métier acquérir de grandes richesses, tenir nos pairs même dans une espèce de dépendance, les accoutumer à voir mauvaise compagnie, les détourner entièrement de la culture de leur esprit et du soin de leurs affaires domestiques, et de les forcer peut-être, par les pertes qu'ils pouvaient faire, d'apprendre à se servir de cette adresse infâme qui les avait ruinés.

Il était extrêmement étonné du récit que je lui avais fait de notre histoire du dernier siècle; ce n'était, selon lui, qu'un enchaînement odieux de conjurations, de révoltes, de meurtres, de massacres, de révolutions, d'exils, et des plus terribles effets que l'avarice, l'esprit de faction, l'hypocrisie, la perfidie, la cruauté, la rage, la folie, la haine, l'envie, la malice et l'ambition pussent produire.

Sa Majesté, dans une autre audience, prit la peine de récapituler la substance de tout ce que j'avais dit, compara les questions qu'elle m'avait adressées avec les réponses que j'avais faites; puis, me prenant dans ses mains et me caressant avec douceur, s'exprima en ces mots, que je n'oublierai jamais, non plus que la manière dont il les prononça :

« Mon petit ami Grildrig, vous avez fait un panégyrique admirable de votre pays : vous avez fort bien prouvé que l'ignorance, la paresse et le vice peuvent être quelquefois les seules qualités d'un homme d'État; que les lois sont expliquées, interprétées et appliquées le mieux possible par des gens que l'intérêt et la rapacité portent à les dénaturer, à les embrouiller et à les éluder. La forme de votre gouvernement dans son origine a pu être supportable; mais les abus l'ont rendue méconnaissable. Il ne me semble pas, d'après tout ce que vous m'avez dit, qu'une seule vertu soit requise pour parvenir à aucun rang ou à aucune charge parmi vous. Je vois que les hommes n'y sont point anoblis pour leur vertu, que les prêtres n'y sont point avancés pour leur piété ou leur science, les soldats pour leur conduite ou leur valeur, les juges pour leur intégrité, les sénateurs pour l'amour de leur patrie, ni les hommes d'État pour leur sagesse. Pour vous, continua le roi, qui avez passé la plus grande partie de votre vie dans les voyages, je veux croire que vous n'êtes pas infecté des vices de votre pays; mais, par tout ce que vous m'avez raconté d'abord et par les réponses que je vous ai obligé de faire à mes objections, je juge que la plupart de vos compatriotes sont la plus pernicieuse vermine à qui la nature ait jamais permis de ramper sur la surface de la terre. »

CHAPITRE VII

Zèle de l'auteur pour l'honneur de sa patrie.
— Il fait au roi une proposition avantageuse; elle est rejetée. —
Ignorance du roi en matière politique.
— Les connaissances de ce peuple imparfaites et bornées. — Leurs lois,
Leurs affaires militaires et leurs partis.

'amour de la vérité m'a seul empêché de déguiser l'entretien que j'eus alors avec Sa Majesté; mais il eût été vain de montrer mon dépit, qui ne faisait jamais d'autre effet que d'exciter le rire; et je fus obligé d'écouter patiemment cette diatribe contre ma chère patrie. Je serais cependant très-affligé que l'on pensât que j'y eusse donné lieu : le fait est que ce prince était si curieux, ses questions si pressantes, que la reconnaissance, même la simple politesse, m'obligeait d'y répondre le mieux possible.

Je dois dire toutefois, pour ma justification, que j'éludais adroitement la plupart de ses questions, et que je donnais à chaque chose le tour le plus favorable que je pouvais; car j'ai toujours eu cette noble partialité pour mon pays que Denis d'Halicarnasse recommande avec tant de raison dans un historien. Je n'omettais rien pour cacher les infirmités et les difformités de ma patrie, et pour placer sa beauté et sa vertu sous le jour le plus avantageux, dans les différents entretiens que j'eus avec ce judicieux monarque, bien que mes efforts n'aient pas été heureux.

Mais il faut excuser un roi qui vit entièrement séparé du reste du monde, et qui, par conséquent, ignore les mœurs et les coutumes des autres nations. Ce défaut de connaissance sera toujours la cause de plusieurs préjugés, et d'une certaine manière de penser étroite, dont les pays plus policés de l'Europe sont exempts. Il serait ridicule que les idées de vertu et de vice d'un prince étranger et isolé fussent proposées comme des règles à suivre.

Pour confirmer ce que je viens de dire, et pour faire voir les effets malheureux d'une éducation bornée, je rapporterai ici une chose qu'on aura peut-être de la peine à croire. Désirant gagner les bonnes grâces de Sa Majesté, je lui donnai avis d'une découverte faite il y a trois à quatre cents ans, d'une certaine poudre noire qu'une seule petite étincelle pouvait allumer en un instant, de telle manière qu'elle était capable de faire sauter en l'air des montagnes, avec un bruit et un fracas plus grands que celui du tonnerre.

Je lui dis qu'une quantité de cette poudre étant mise dans un

tube de bronze ou de fer, selon sa grosseur, poussait une balle de plomb ou un boulet de fer avec une si grande violence et tant de vitesse, que rien n'était capable de résister à sa force; que les boulets, ainsi poussés et chassés d'un tube de fonte par l'inflammation de cette petite poudre, rompaient, renversaient, culbutaient les bataillons et les escadrons, abattaient les plus fortes murailles, faisaient sauter les plus grosses tours, coulaient à fond les plus gros vaisseaux; que cette poudre, mise dans un globe de fer lancé avec une machine, brûlait et écrasait les maisons, et jetait de tous côtés des éclats qui foudroyaient tout ce qui se rencontrait; que je savais la composition de cette poudre merveilleuse, où il n'entrait que des choses communes et à bon marché; et que je pourrais apprendre à ses sujets, si Sa Majesté le voulait, la manière de construire ces tubes dans la dimension proportionnée à toutes les autres choses dans le royaume; et que les plus grands ne devraient pas avoir plus de cent pieds. Vingt à trente de ces tubes chargés convenablement renverseraient, lui dis-je, les murailles de la plus forte ville de son royaume, si elle se soulevait jamais et osait lui résister, et détruiraient même la capitale en quelques heures, si elle prétendait se soustraire à son pouvoir absolu. Je lui offris humblement ce petit présent comme un léger tribut de ma reconnaissance.

Le roi fut saisi d'horreur à la description que je lui fis de ces terribles machines, et à la proposition dont je l'accompagnai. Il était confondu de voir un insecte impuissant et rampant (ce sont ses propres termes) parler avec tant de légèreté des scènes de sang et de désolation produites par ces inventions destructives. Il fallait, disait-il, que ce fût un mauvais génie, ennemi de Dieu et de ses ouvrages, qui en eût été l'auteur. Il protesta que, quoique rien ne lui fît plus de plaisir que les nouvelles découvertes, soit dans la nature, soit dans les arts, il aimerait mieux perdre sa couronne que de faire usage d'un si funeste secret, dont il me défendit, sous peine de la vie, de faire part à aucun de ses sujets.

Étrange effet des vues et des idées bornées d'un prince orné d'ailleurs de toutes les vertus qui peuvent gagner la vénération, l'amour et l'estime des peuples : ce prince sage, éclairé, plein de talents admirables et adoré dans son royaume, sottement gêné par un scrupule bizarre, dont nous n'avons jamais eu la pensée en

Europe, laisse échapper l'occasion qu'on lui met entre les mains de se rendre le maître absolu de la vie, de la liberté et des biens de tous ses sujets.

Je ne dis pas cela dans l'intention de rabaisser les qualités et les lumières de ce prince, auquel je n'ignore pas néanmoins que ce récit fera tort dans l'esprit d'un lecteur anglais; mais je suis convaincu que ce défaut ne venait que d'ignorance, ces peuples n'ayant pas encore réduit la politique en art, comme l'ont fait les Européens, dont l'esprit est plus subtil. Je me souviens en effet que, dans un entretien que j'eus un jour avec le roi, je lui dis par hasard qu'il y avait parmi nous un grand nombre de volumes écrits sur l'art de gouverner, et Sa Majesté en conçut, contre mon attente, une opinion très-basse de notre esprit, et ajouta qu'il méprisait et détestait tout mystère, tout raffinement et toute intrigue dans les procédés d'un prince ou d'un ministre d'État.

Il ne pouvait comprendre ce que je voulais dire par les secrets du cabinet. Pour lui, il renfermait la science du gouvernement dans des bornes très-étroites, la réduisant au sens commun, à la raison, à la facilité, à la prompte expédition des affaires civiles et criminelles, et à d'autres moyens également à la portée de tout le monde, et qui ne valent pas la peine qu'on en parle. Enfin il avança ce paradoxe étrange, que si quelqu'un pouvait faire croître deux épis ou deux brins d'herbe sur un morceau de terre où auparavant il n'y en avait qu'un, il mériterait mieux du genre humain, et rendrait un service plus essentiel à son pays que toute la race de nos sublimes politiques.

Les connaissances de ce peuple sont fort peu de chose, et consistent uniquement dans la morale, l'histoire, la poésie et les mathématiques; mais il faut avouer qu'ils excellent dans ces quatre genres. La dernière de ces connaissances n'est appliquée par eux qu'à des choses utiles, au perfectionnement de l'agriculture et des arts mécaniques; en sorte que, parmi nous, une science pareille serait peu estimée. Quant aux entités métaphysiques, aux abstractions et aux catégories, il me fut impossible de les leur faire concevoir.

Dans ce pays il n'est pas permis de rédiger une loi en plus de mots qu'il n'y a de lettres dans leur alphabet, lequel n'est composé que de vingt-deux lettres : il y a même très-peu de lois qui aient cette étendue. Elles sont toutes exprimées dans les termes les plus clairs et les plus simples, et ces peuples ne sont pas assez ingénieux pour y trouver plusieurs sens; c'est d'ailleurs un crime capital que d'écrire un commentaire sur aucune loi.

A l'égard de la justice civile ou criminelle, ils ont si peu de précédents, qu'ils ne peuvent se vanter d'un grand savoir dans l'une ou dans l'autre.

Ils possèdent de temps immémorial l'art d'imprimer, aussi bien que les Chinois; mais leurs bibliothèques ne sont pas grandes : celle du roi, qui est la plus nombreuse, n'est composée que de mille volumes, rangés dans une galerie de douze cents pieds de longueur, où j'eus la liberté de lire tous les livres qu'il me plut.

Le menuisier de la reine avait fabriqué une sorte d'échelle double, haute de vingt-huit pieds, avec des marches de cinquante pieds de large. On plaçait cet escalier portatif à dix pieds de la muraille contre laquelle le livre était posé. Je montais sur la plus haute marche, et, me tournant vers le livre, je commençais par le haut de la page, et je marchais de droite à gauche sur le degré, selon la portée de la ligne, recommençant pour la ligne suivante jusqu'à ce que j'eusse atteint le niveau de mes yeux. Alors je descendais, et j'arrivais ainsi d'échelon en échelon au bas de la page; ensuite je remontais pour lire l'autre de la même manière; après quoi je tournais le feuillet, ce qui m'était facile en y mettant les deux mains, car le papier

était ferme comme du carton, et les plus grands livres n'avaient que dix-huit à vingt pieds de long.

Leur style est clair, mâle et doux, mais nullement fleuri, parce qu'ils évitent soigneusement de multiplier les mots et de varier les expressions. Je parcourus plusieurs de leurs livres, surtout ceux qui concernaient l'histoire et la morale : entre autres, je lus avec plaisir un vieux petit traité qui était dans la chambre de Glumdalclitch. Ce livre était intitulé : *Traité de la faiblesse du genre humain*, et n'était estimé que des femmes et du vulgaire. Cependant je fus curieux de voir ce qu'un auteur de ce pays pouvait dire sur un pareil sujet.

Cet écrivain reproduisait les lieux communs de nos moralistes, montrant combien l'homme est peu en état de se mettre à couvert des injures de l'air ou de la fureur des bêtes sauvages; combien il est surpassé par d'autres animaux, soit en force, soit en vitesse, soit en prévoyance, soit en industrie. Il ajoutait que la nature avait dégénéré dans ces derniers siècles, et qu'elle était sur son déclin, et ne produisait plus que des avortons en comparaison de ses œuvres des anciens temps. Il prétendait que les hommes avaient dû être beaucoup plus grands dans l'origine, comme le prouvent l'histoire écrite, la tradition, et des ossements gigantesques que l'on avait trouvés en creusant la terre dans diverses parties du pays. Il soutenait que les lois mêmes de la nature exigeaient que notre première dimension eût été plus grande que celle d'à présent, qui nous expose à périr par le plus léger accident, une tuile tombée d'un toit, une pierre lancée par un enfant, un petit ruisseau dans lequel nous pouvons nous noyer en cherchant à le passer.

De ces raisonnements l'auteur tirait des préceptes moraux applicables à la conduite de la vie, mais inutiles à répéter ici. Pour moi, je ne pouvais m'empêcher de faire des réflexions sur cette morale, et sur le penchant universel qu'ont les hommes à se plaindre de la nature, et à en exagérer les défauts. Je crois même qu'à examiner les choses mûrement, nos plaintes ne sont pas mieux fondées que celles de ces peuples.

A l'égard de leur force militaire, on dit que l'armée du roi est composée de cent soixante-seize mille hommes de pied, et de trente-deux mille hommes de cavalerie; si néanmoins on peut donner ce nom à une armée qui n'est composée que de marchands et de laboureurs, dont les commandants ne sont que les pairs et la noblesse, lesquels ne reçoivent aucune paie ou récompense. Ils sont à la vérité assez bien exercés, et parfaitement disciplinés; ce qui n'est pas étonnant, puisque chaque laboureur est commandé par son propre seigneur, et chaque bourgeois par les principaux de sa ville, élus au scrutin à la façon de Venise.

Je vis souvent la milice de Lorbrulgrud faire l'exercice dans une plaine près de la ville. Il n'y avait pas plus de vingt-deux

mille fantassins et six mille cavaliers; mais l'espace qu'ils couvraient ne me permettait pas d'évaluer leur nombre. Un cavalier monté avait la hauteur de quatre-vingt-dix pieds. Sur un commandement, la troupe en masse tirait le sabre, et cela présentait le spectacle le plus imposant : on eût dit que dix mille éclairs partaient à la fois de tous les points du ciel.

Je fus curieux de savoir pourquoi ce prince, dont les États sont inaccessibles, s'avisait de faire apprendre à son peuple la pratique de la discipline militaire ; mais j'en fus bientôt instruit, soit par les entretiens que j'eus sur ce sujet, soit par la lecture de leurs histoires ; car, pendant plusieurs siècles, ils ont été affligés de la maladie à laquelle tous les hommes sont sujets : la noblesse avait souvent combattu pour le pouvoir, le peuple pour la liberté, et le roi pour la domination arbitraire.

Ces choses, quoique sagement tempérées par les lois du royaume, avaient quelquefois été violées par l'un des trois partis, ce qui occasionnait des guerres civiles, dont la dernière fut heureusement terminée par l'aïeul du prince régnant. Ce prince fit un compromis par lequel chacun se trouva satisfait ; mais la milice, alors établie dans le royaume, d'un commun accord, a toujours subsisté depuis, et on la maintient sous la discipline la plus sévère.

CHAPITRE VIII

Le roi et la reine font un voyage vers la frontière, où l'auteur les suit.
— Détail de la manière dont il sort de ce pays
pour retourner en Angleterre.

'AVAIS toujours eu dans l'esprit que je recouvrerais un jour ma liberté, quoique je ne pusse deviner par quel moyen, ni former aucun projet avec la moindre apparence de réussir. Le vaisseau qui m'avait porté, et qui avait échoué sur ces côtes, était le premier bâtiment européen qu'on eût vû s'en approcher, et le roi avait donné des ordres très-précis pour que, si jamais il arrivait qu'un autre parût en vue de ses États, il fût tiré à terre, mis avec tout l'équipage et les passagers sur un tombereau, et apporté à Lorbrulgrud.

Il aurait bien voulu me trouver une femme de ma taille, afin de voir mon espèce se multiplier; mais je crois que j'aurais mieux aimé mourir que de mettre au monde de malheureux enfants destinés à être tenus en cage ainsi que des serins de

Canarie, et ensuite vendus par tout le royaume aux gens de qualité comme de petits animaux curieux.

A dire vrai, on me traitait avec beaucoup de bonté : j'étais le favori du roi et de la reine, et les délices de toute la cour ; mais c'était dans une condition qui ne convenait pas à la dignité de ma nature humaine.

Je ne pouvais d'ailleurs oublier ces précieux gages que j'avais laissés chez moi. Je souhaitais fort de me retrouver parmi des peuples avec lesquels je pusse m'entretenir d'égal à égal, et d'avoir la liberté de me promener par les rues et par les champs sans craindre d'être foulé aux pieds, d'être écrasé comme une grenouille, ou d'être le jouet d'un jeune chien.

Mais ma délivrance arriva plus tôt que je ne m'y attendais, et d'une manière très-extraordinaire, ainsi que je vais le raconter fidèlement, avec toutes les circonstances de cet événement miraculeux.

Il y avait deux ans que j'étais dans ce pays. Au commencement de la troisième année, Glumdalclitch et moi nous étions à la suite du roi et de la reine, dans un voyage qu'ils faisaient vers la côte méridionale du royaume. J'étais porté à mon ordinaire dans la boîte, qui formait un cabinet très-commode et large de douze pieds. On avait, par mon ordre, attaché un hamac avec des cordons de soie aux quatre coins du haut de la boîte, afin que je sentisse moins les secousses du cheval sur lequel un domestique me portait devant lui, quand je voulais aller à cheval; et souvent je dormais dans mon hamac pendant les voyages. J'avais ordonné au menuisier de faire au toit de ma boîte une ouverture d'un pied carré pour laisser entrer l'air, de telle sorte qu'elle pût, à ma volonté, s'ouvrir ou se fermer avec une planche mobile.

Quand nous fûmes arrivés au terme de notre route, le roi jugea à propos de passer quelques jours à une maison de plaisance qu'il avait près de Flanflasnic, ville située à six lieues de la mer. Glumdalclitch et moi nous étions bien fatigués : j'étais

seulement un peu enrhumé; mais la pauvre fille se portait si mal, qu'elle était obligée de se tenir toujours dans sa chambre:

Je mourais d'envie de revoir l'Océan; car, si je pouvais m'échapper, ce devait être par cette voie.

Je fis semblant d'être plus malade que je ne l'étais réellement, et je demandai la liberté de prendre l'air de la mer avec un page qui me plaisait beaucoup, et à qui j'avais été confié quelquefois. Je n'oublierai jamais avec quelle répugnance Glumdalclitch y consentit, ni l'ordre sévère qu'elle donna au page d'avoir soin de moi, ni les larmes qu'elle répandit, comme si elle eût eu quelque pressentiment de ce qui devait m'arriver.

Le page me porta donc dans ma boîte, et me mena à environ une demi-lieue du palais, vers les rochers, sur le bord de la mer. Je lui dis alors de me mettre à terre; et, levant le châssis d'une de mes fenêtres, je me mis à regarder la mer d'un œil triste. Je dis ensuite au page que j'avais envie de dormir un peu dans mon hamac, et que cela me soulagerait. Le page ferma bien la fenêtre, de peur que je n'eusse froid; je m'endormis bientôt.

Tout ce que je puis conjecturer, c'est que, pendant que je dormais, ce page, croyant qu'il n'y avait rien à appréhender, grimpa sur les rochers pour chercher des œufs d'oiseaux : je l'avais vu auparavant de ma fenêtre en chercher et en ramasser. Quoi qu'il en soit, je me trouvai soudainement éveillé par une secousse violente donnée à ma boîte, que je sentis tirée en haut, et ensuite portée en avant avec une vitesse prodigieuse. La première secousse m'avait presque jeté hors de mon hamac; mais ensuite le mouvement fut assez doux. Je criais de toute ma force, mais inutilement. Je regardai à travers ma fenêtre, et je ne vis que des nuages.

J'entendais au-dessus de ma tête un bruit horrible, ressemblant à celui d'un battement d'ailes. Alors je commençai à voir le danger de ma situation, et à soupçonner qu'un aigle avait pris le cordon de ma boîte dans son bec, avec le dessein de la laisser tomber sur quelque rocher, comme une tortue dans son écaille, puis d'en tirer mon corps pour le dévorer; car la sagacité et l'odorat de cet oiseau le mettent en état de découvrir sa proie à une grande distance, fût-elle cachée encore mieux que je ne pouvais l'être sous des planches épaisses de deux pouces.

Au bout de quelque temps, je remarquai que le bruit et le battement d'ailes s'augmentaient beaucoup, et que ma boîte était agitée çà et là comme une enseigne de boutique par un

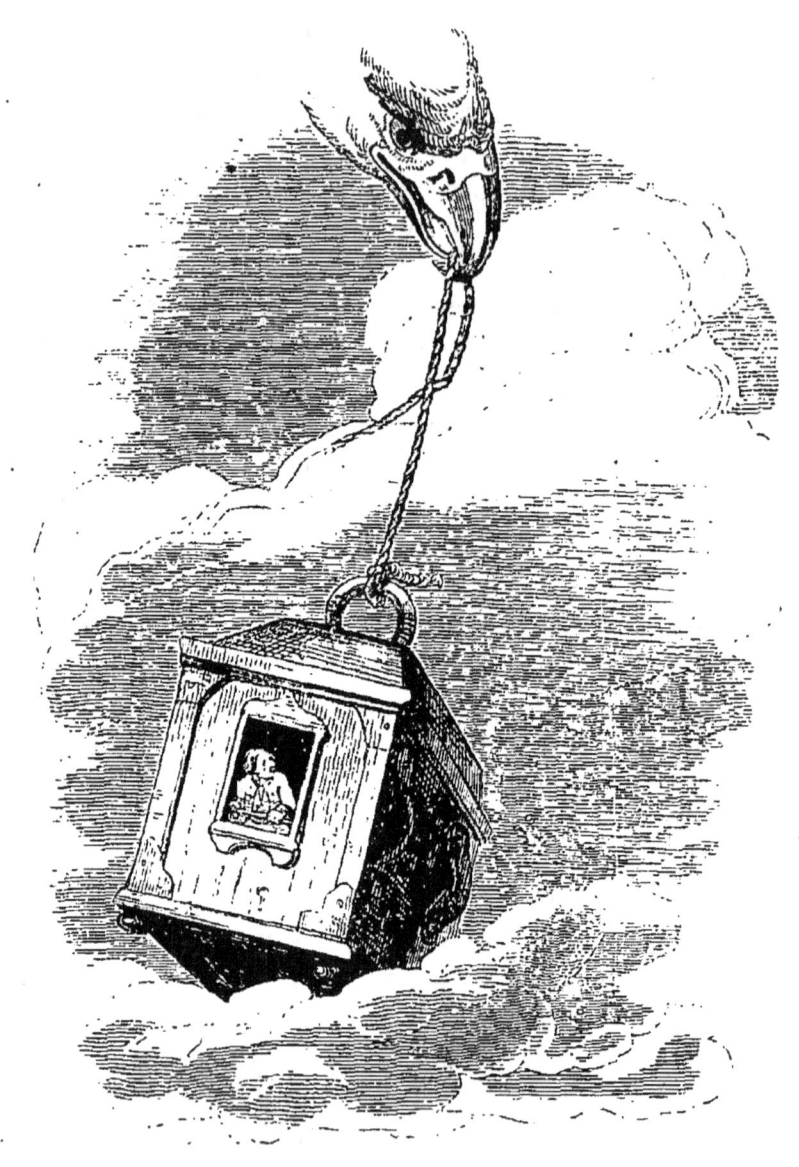

grand vent; j'entendis plusieurs coups violents qu'on donnait à l'aigle (car il est certain que c'était un aigle qui tenait ma boîte); puis tout à coup je me sentis descendre perpendiculairement pendant plus d'une minute, mais avec une vitesse prodigieuse, qui me fit presque perdre la respiration. Ma chute se termina par une secousse terrible, qui retentit à mes oreilles plus haut que la cataracte de Niagara; je me trouvai ensuite dans les ténèbres pendant une autre minute, et enfin ma boîte commença à s'élever de manière que je pus voir le jour par le haut de ma fenêtre.

Je reconnus alors que j'étais tombé dans la mer. Ma boîte, à cause de mon poids, de celui de mes meubles, et des plaques de fer qui renforçaient les coins, enfonçait d'environ cinq pieds dans l'eau. Je crus, et je le crois encore, que l'aigle qui emportait ma boîte avait été poursuivi par deux ou trois autres aigles, et contraint de me laisser tomber pendant qu'il se défendait contre les autres, qui lui disputaient sa proie. Les plaques de fer du fond de la boîte, se trouvant les plus fortes, la tinrent en équilibre dans sa chute, et l'empêchèrent de se briser. Les jointures en étaient si bien faites, qu'il n'y pénétrait pas une grande quantité d'eau. Je sortis du hamac, non sans peine, et je m'aventurai à ouvrir la planche dont j'ai parlé, afin d'avoir de l'air, car j'étais suffoqué.

Oh! que je souhaitais alors d'être secouru par ma chère Glumdalclitch, dont cet accident subit m'avait tant éloigné! Je puis dire en vérité qu'au milieu de mes malheurs je plaignais et regrettais ma chère petite maîtresse; que je pensais au chagrin qu'elle aurait de ma perte, à la disgrâce de la reine qui en serait la suite, et à la ruine de la fortune de cette pauvre enfant.

Je suis sûr qu'il y a très-peu de voyageurs qui se soient rencontrés dans une situation aussi triste que celle où je me trouvais alors, m'attendant à tout moment à voir ma boîte brisée, ou au moins renversée par le premier coup de vent, et submergée par les vagues; un carreau de vitre cassé, et c'était fait de moi. Rien n'avait pu jusque alors garantir ma fenêtre que des fils de fer assez forts dont elle était munie à l'extérieur contre les accidents qui peuvent arriver en voyageant.

Je vis l'eau entrer dans ma boîte par quelques petites fentes que je tâchai de boucher le mieux que je pus. Hélas! je n'avais pas la force de soulever le toit de ma boîte; autrement je me serais assis dessus, plutôt que de rester enfermé et comme relégué à fond de cale. Et si j'échappais à ces dangers pendant un jour ou deux, que pouvait-il m'arriver, sinon de mourir misérablement de froid et de faim? Je fus quatre heures en cet état, croyant que chaque moment allait être le dernier de ma vie.

J'ai déjà parlé de ces boucles de cuir qui servaient à porter ma boîte, et qui étaient placées du côté où il n'y avait pas de fenêtre. Pendant que j'étais dans cette déplorable situation, j'entendis ou je crus entendre une sorte de bruit du côté de ma boîte où les boucles étaient fixées, et bientôt après je commençai à soupçonner qu'elle était tirée, et en quelque façon remorquée, car de temps en temps je sentais comme un effort qui faisait monter les vagues jusqu'au haut de mes fenêtres, me laissant presque dans l'obscurité.

Je conçus alors quelque espérance de secours, quoique je ne pusse me figurer d'où il pourrait me venir. Je me hasardai à dévisser une de mes chaises, j'approchai ma tête d'une petite fente qui était au toit de ma boîte, puis je me mis à crier de toutes mes forces, et à demander du secours dans toutes les langues que je savais. Ensuite j'attachai mon mouchoir à un bâton que j'avais; et, le haussant à travers l'ouverture, je l'agitai plusieurs fois dans l'air, afin que si quelque barque ou vaisseau était à portée, les matelots pussent conjecturer qu'il y avait un malheureux mortel renfermé dans cette boîte.

Cette tentative ne fut pas immédiatement suivie de succès; toutefois je ne tardai pas beaucoup à reconnaître que ma boîte

était tirée en avant, et au bout d'une heure je sentis qu'elle heurtait un corps très-dur. Je craignis d'abord que ce ne fût un rocher, mais je me sentis ensuite ballotté plus que jamais. J'entendis alors distinctement sur le toit de ma boîte un bruit semblable à celui d'un câble, et quelque chose parut frotter contre l'anneau au-dessus de mon toit; peu à peu je me trouvai au moins trois pieds plus haut que je n'étais auparavant; je levai encore mon bâton et mon mouchoir, criant au secours jusqu'à m'enrouer.

Pour réponse, de grandes exclamations se répétèrent à trois reprises; elles me donnèrent des transports de joie qui ne peuvent être compris que par ceux qui les éprouvent. En même temps j'entendis marcher sur le toit, et quelqu'un appeler par l'ouverture et crier en anglais : « Y a-t-il quelqu'un? » Je

répondis : « Hélas! oui; je suis un pauvre Anglais, réduit par la fortune à la plus grande calamité qu'aucune créature humaine ait jamais soufferte; au nom de Dieu! délivrez-moi de ce cachot. » La voix me répondit : « Rassurez-vous, vous n'avez rien à craindre; votre boîte est attachée au vaisseau, et le charpentier va venir pour faire un trou dans le toit et vous tirer dehors. » Je répondis que cela n'était pas nécessaire et demanderait trop de temps; qu'il suffisait que quelqu'un de l'équipage mît son doigt dans le cordon, afin d'emporter la boîte hors de la mer sur le pont du vaisseau, puis dans la chambre du capitaine. Quelques-uns d'entre eux, m'entendant parler ainsi, pensèrent que j'étais un pauvre insensé; d'autres en rirent : je ne pensais pas que j'étais alors parmi des hommes de ma taille et de ma force. Le charpentier vint, et en peu de minutes fit au haut de ma boîte un trou large de trois pieds, et me présenta une petite échelle sur laquelle je montai; et là on me porta sur le vaisseau dans un état de faiblesse excessive.

Les matelots, fort étonnés, me firent mille questions auxquelles je n'eus pas la force de répondre. Je m'imaginais voir autant de pygmées, mes yeux étant accoutumés aux objets monstrueux que je venais de quitter; mais le capitaine, M. Thomas Wilcoks, brave et digne homme, originaire du Shropshire, remarquant que j'étais près de tomber en défaillance, me fit entrer dans sa chambre, me donna un cordial pour me soulager, et me fit coucher sur son lit, m'engageant à prendre un peu de repos, dont j'avais assez besoin.

Avant de m'endormir, je lui fis entendre que j'avais des meubles précieux dans ma boîte, un hamac superbe, un lit de campagne, deux chaises, une table et une armoire; que ma chambre était tapissée, ou, pour mieux dire, matelassée d'étoffes de soie et de coton; que s'il voulait ordonner à quelqu'un de son équipage d'apporter ma chambre dans sa cabine, je l'y ouvrirais en sa présence, et lui montrerais mes meubles. Le capitaine, en entendant ces absurdités, jugea, lui aussi, que j'étais fou : cependant, pour me complaire, il promit d'ordonner ce que je souhaitais; et, montant sur le tillac, il envoya quelques-uns de ses gens visiter la caisse, de laquelle (comme je l'appris ensuite) on tira tous mes effets. Ils enlevèrent mes matelas des parois; mais les meubles vissés furent gâtés par l'ignorance de ces matelots, qui voulurent les arracher de force.

Ils prirent aussi quelques planches pour l'usage de leur bâtiment; et lorsqu'ils eurent ôté tout ce qui leur sembla bon à quelque chose, ils jetèrent la carcasse de la boîte à la mer, où elle enfonça bientôt, grâce aux brèches qu'on y avait faites de tous côtés. Je fus heureux de n'être pas témoin du ravage qu'ils firent dans ma maison; j'en aurais été vivement touché, et cette circonstance m'eût rappelé des choses qu'il valait mieux oublier.

Je dormis pendant quelques heures, mais continuellement troublé par la pensée du pays que j'avais quitté et du péril que j'avais couru. Cependant, quand je m'éveillai, je me trouvai assez bien remis. Il était huit heures du soir, et le capitaine donna l'ordre de me servir à souper sur-le-champ, croyant que j'avais jeûné trop longtemps. Il me régala avec beaucoup d'honnêteté, et il observa que mes yeux n'avaient rien d'égaré, ni mes discours rien d'incohérent.

Quand on nous eut laissés seuls, il me pria de lui faire le récit de mes voyages, et de lui apprendre par quel accident j'avais été abandonné au gré des flots dans cette grande caisse. Il me dit que sur le midi, comme il regardait avec sa lunette, il l'avait découverte de fort loin, l'avait prise pour une petite barque, et qu'il avait voulu la joindre, dans la vue d'acheter du biscuit, le sien commençant à manquer; qu'en approchant il avait reconnu son erreur, et avait envoyé sa chaloupe pour découvrir ce que c'était; que ses gens étaient revenus tout effrayés, jurant qu'ils avaient vu une maison flottante; qu'il avait ri de leur sottise, et s'était lui-même mis dans la chaloupe, ordonnant à ses matelots de prendre avec eux un câble très-fort; que le temps étant calme, après avoir ramé autour de la grande caisse, et en avoir fait le tour plusieurs fois, il avait observé mes fenêtres et les grilles qui les fermaient; qu'il avait remarqué aussi deux grandes boucles du côté où il n'y avait point d'ouverture, et qu'il avait ordonné à ses gens de s'approcher de la boîte et de passer un câble dans ces boucles, afin de l'amener vers le vaisseau. Quand cela eut été fait, il commanda qu'on fît passer un autre câble dans l'anneau fixé au-dessus de mon toit; mais tout l'équipage, à l'aide de poulies, ne put élever le coffre à plus de trois pieds.

Il me dit qu'ils avaient vu mon bâton et mon mouchoir, et qu'ils en avaient conclu que quelque infortuné était renfermé dans cette machine. Je lui demandai si lui ou son équipage n'avait point vu dans l'air des oiseaux monstrueux au moment où il m'avait découvert; à quoi il répondit que, parlant sur ce sujet avec les matelots pendant que je dormais, un d'entre eux lui avait dit qu'il avait observé trois aigles volant vers le nord; mais il n'avait point remarqué qu'ils fussent plus gros qu'à l'ordinaire; ce qu'il faut attribuer, je crois, à la grande hauteur où ils se trouvaient : aussi ne put-il pas deviner pourquoi je faisais cette question. Ensuite je demandai au capitaine de combien il croyait que nous fussions éloignés de la terre. Il me répondit que, par le meilleur calcul qu'il eût pu faire, nous en étions éloignés de cent lieues. Je l'assurai qu'il s'était certainement trompé presque de la moitié, parce que je n'avais pas quitté le pays d'où je venais plus de deux heures avant que je tombasse dans la mer : sur quoi il recommença à croire que mon cerveau était troublé, et me conseilla de me remettre au lit dans une chambre qu'il avait fait préparer pour moi. Je l'assurai que je me sentais parfaitement remis par son bon repas et sa gracieuse compagnie, et que j'avais l'usage de mes sens et de ma raison aussi complétement que je l'avais jamais eu.

Il prit alors son sérieux, et me pria de lui dire franchement si je n'avais point la conscience bourrelée de quelque crime pour lequel j'eusse été puni par l'ordre de quelque prince et exposé dans cette caisse, comme les grands criminels, en certains pays, sont quelquefois abandonnés à la merci des flots dans une barque sans agrès et sans provisions; que, s'il en était ainsi, bien qu'il fût fâché d'avoir reçu un tel scélérat sur son bord, il me donnait sa parole d'honneur de me mettre à terre en sûreté au premier port où nous arriverions : il ajouta que ses soupçons s'étaient beaucoup augmentés par quelques discours très-absurdes que j'avais tenus d'abord aux matelots, et ensuite à lui-même, à l'égard de ma boîte et de ma chambre, aussi bien que par mon air singulier et mon étrange conduite pendant le souper.

Je le priai d'avoir la patience de m'entendre faire le récit de mon histoire : je le fis très-fidèlement, à partir de la dernière fois que j'avais quitté l'Angleterre jusqu'au moment où il m'avait découvert; et, comme la vérité s'ouvre toujours un passage dans les esprits raisonnables, cet honnête homme, qui avait beaucoup de bon sens et n'était pas tout à fait dépourvu d'instruction, fut convaincu de ma candeur et de ma sincérité.

Mais, pour confirmer tout ce que j'avais dit, je le priai de donner ordre de m'apporter mon armoire, dont j'avais la clef; je l'ouvris en sa présence, et lui fis voir toutes les choses curieuses recueillies dans le pays d'où j'avais été tiré d'une manière si étrange. Il y avait, entre autres choses, le peigne que j'avais formé des poils de la barbe du roi, et un autre de la même matière, dont le dos était d'une rognure de l'ongle du pouce de Sa Majesté; il y avait un paquet d'aiguilles et d'épingles longues d'un pied et demi; une bague d'or dont un

jour la reine me fit présent d'une manière très-obligeante, l'ôtant de son petit doigt et me la mettant au cou comme un collier. Je priai le capitaine de vouloir bien accepter cette bague en reconnaissance de ses honnêtetés, ce qu'il refusa absolument. Je lui montrai un cor que j'avais extirpé moi-même de l'orteil de l'une des filles d'honneur, et qui était de la grosseur d'une citrouille. Il devint si dur, qu'à mon arrivée en Angleterre, je le fis tailler en forme de coupe et monter en argent. Enfin je le priai de considérer la culotte que je portais alors, qui était faite de peau de souris.

Je ne pus lui faire accepter que la dent d'un laquais. Il l'avait examinée très-curieusement, et il me sembla qu'il en avait

envie; il m'en remercia plus que cette bagatelle ne le méritait. Elle avait été arrachée par la méprise d'un mauvais dentiste, et elle était parfaitement saine; je l'avais fait nettoyer et ranger dans mon cabinet. Cette dent avait un pied de long et quatre pouces de diamètre.

Le capitaine fut très-satisfait de tout ce que je lui racontai, et me dit qu'il espérait qu'après notre retour en Angleterre, je voudrais bien en écrire la relation et la donner au public. Je répondis que je croyais que nous avions déjà trop de livres de voyages; que maintenant un ouvrage ne pouvait réussir, s'il ne contenait pas quelque chose d'extraordinaire; ce qui me faisait douter de la véracité des auteurs, que la vanité et l'intérêt devaient tenter bien souvent de s'éloigner du vrai pour divertir les lecteurs ignorants. Mon histoire, lui disais-je, ne renfermerait que des événements vulgaires, et serait dépourvue de ces descriptions de plantes et d'animaux singuliers, de mœurs barbares, de cérémonies idolâtres observées parmi des peuples sauvages, et dont la plupart des écrivains ornent leurs relations. Cependant je le remerciai de l'opinion avantageuse qu'il avait de moi, et lui promis de réfléchir à ce qu'il me conseillait.

Il me parut étonné d'une chose, ce fut de m'entendre parler

si haut, et me demanda si le roi et la reine de ce pays étaient sourds. Je lui dis que j'étais accoutumé à crier ainsi depuis plus de deux ans; que de mon côté j'avais été frappé de sa voix et de celle de ses gens, qui me semblaient toujours me parler tout bas à l'oreille, mais que, malgré cela, je les entendais assez bien; que quand je conversais dans ce pays, j'étais comme un homme adressant de la rue la parole à un autre qui est monté au haut d'un clocher, excepté quand j'étais mis sur une table ou tenu dans la main de quelque personne.

Je lui dis que j'avais aussi remarqué une autre chose, c'est que lorsque j'arrivai sur son bord, les matelots qui se tenaient debout autour de moi me paraissaient les créatures les plus chétives que j'eusse jamais vues; et qu'en effet, pendant mon séjour dans le pays d'où je sortais, je ne pouvais plus me regarder dans un miroir, parce que mes yeux étant accoutumés à de grands objets, la comparaison que je faisais d'eux à moi me rendait méprisable à moi-même.

Le capitaine me dit que, pendant que nous soupions, il avait aussi remarqué que je regardais toutes choses avec une espèce

d'étonnement, et que je lui semblais quelquefois avoir de la peine à m'empêcher d'éclater de rire; qu'il ne savait pas bien alors comment il devait prendre cela, mais qu'il l'attribua à quelque dérangement dans mon cerveau. Je répondis que j'étais étonné moi-même d'avoir pu me contenir en voyant ses plats de la grosseur d'une pièce d'argent de trois sous, une éclanche de mouton qui était à peine une bouchée, un gobelet moins grand qu'une coquille de noix, et je continuai ainsi la description du reste de ses meubles et de ses viandes en les comparant avec les choses de même genre que j'avais coutume de voir; car, bien que la reine m'eût donné pour mon usage tout ce qui m'était nécessaire dans une dimension proportionnée à ma taille, cependant, préoccupé de ce que je voyais autour de moi, je faisais comme tous les hommes qui considèrent sans cesse les autres sans se considérer eux-mêmes, et j'oubliais ma petitesse tout en remarquant celle d'autrui.

Le capitaine entendit fort bien raillerie, et repartit gaiement par le vieux proverbe anglais; il me dit que mes yeux étaient sans doute plus grands que mon ventre, puisqu'il n'avait pas remarqué que j'eusse un grand appétit, quoique j'eusse jeûné toute la journée; et, continuant de badiner, il ajouta qu'il aurait donné volontiers cent livres sterling pour avoir le plaisir de voir ma caisse dans le bec de l'aigle, et ensuite tomber d'une si grande hauteur dans la mer; ce qui certainement aurait été une chose prodigieuse et digne d'être transmise aux siècles futurs. La comparaison de Phaéton se présentait si naturellement, qu'il ne manqua point de l'appliquer; mais j'avoue que j'y trouvai peu de sel.

Le capitaine, revenant de Tonquin, faisait route vers l'Angleterre, et avait été poussé vers le nord-est, à quarante degrés de latitude, et à cent quarante-trois de longitude; mais un vent de saison s'élevant deux jours après que je fus à son bord, nous fûmes jetés au nord pendant un long temps; et côtoyant la Nouvelle-Hollande, nous fîmes route vers l'ouest-nord-ouest, et depuis au sud-sud-ouest, jusqu'à ce que nous eûmes doublé le cap de Bonne-Espérance.

Notre voyage fut très-heureux, mais j'en épargnerai au lecteur les détails ennuyeux. Le capitaine mouilla dans un ou deux ports, et y envoya sa chaloupe pour chercher des vivres et faire de l'eau; pour moi, je ne sortis point du vaisseau que nous ne fussions arrivés aux Dunes. Ce fut, je crois, le 3 juin 1706, environ neuf mois après ma délivrance. J'offris de laisser mes meubles pour la sûreté du paiement de mon passage; mais le capitaine protesta qu'il ne voulait rien recevoir. Nous nous dîmes adieu très-affectueusement, et je lui fis promettre de venir me voir à Redriff. Je louai un cheval et un guide pour un écu que me prêta le capitaine.

Pendant le cours de ce voyage, remarquant la petitesse des maisons, des arbres, du bétail et du peuple, je me croyais encore à Lilliput; j'avais peur d'écraser les voyageurs que je rencontrais, et souvent je leur criais gare; mais je courus

risque une ou deux fois d'avoir la tête cassée pour mon impertinence.

Quand je me rendis à ma maison, dont je fus obligé de demander le chemin, un de mes domestiques ouvrant ma porte, je me baissai pour entrer (comme une oie qui passe sous un portail), de crainte de me blesser la tête. Ma femme accourut pour m'embrasser; je me courbai plus bas que ses genoux, songeant qu'elle ne pourrait autrement atteindre ma bouche. Ma fille s'inclina pour me demander ma bénédiction; mais je ne pus la distinguer que lorsqu'elle fut levée, ayant été depuis si longtemps accoutumé à me tenir debout, et les yeux dirigés à la hauteur de soixante pieds; alors même je fus tenté de la relever en la prenant d'une main par la ceinture. Je regardai tous mes domestiques, et un ou deux amis qui se trouvèrent alors dans la maison, comme s'ils avaient été des pygmées et moi un géant.

Je dis à ma femme qu'elle avait été trop frugale, car je trouvais qu'elle et sa fille étaient réduites presque à rien. En un mot, je me conduisis d'une manière si étrange, qu'ils pensèrent tous, comme le capitaine l'avait pensé à mon premier abord, que j'avais perdu l'esprit. Je mentionne ces minuties pour faire connaître toute la puissance de l'habitude et du préjugé.

En peu de temps je m'accoutumai à ma femme, à ma famille et à mes amis. Ma femme protesta que je n'irais jamais sur mer;

mais mon mauvais destin en ordonna autrement, et elle
pas le pouvoir de me retenir, comme le lecteur pourra le
dans la suite. Cependant c'est ici que s'arrête la seconde
de mes malheureux voyages.

CHAPITRE PREMIER

L'auteur entreprend un troisième voyage. — Il est pris par des pirates. — Méchanceté d'un Hollandais. — Il arrive à Laputa.

Il n'y avait guère que deux ans que j'étais de retour chez moi, lorsque le capitaine Guillaume Robinson, de la province de Cornouailles, commandant *la Bonne-Espérance,* navire de trois cents tonneaux, vint me trouver. J'avais été autrefois chirurgien d'un autre bâtiment dont il était capitaine, dans un voyage au Levant; et tant que je fus avec lui il me traita plutôt comme un frère que comme un subalterne. Le capitaine, ayant appris mon arrivée, me rendit une visite, de pure amitié, à ce que je pensai d'abord, car il se contenta de me parler comme à un ami qu'on retrouve après une longue absence. Mais il réitéra sa visite, revenant souvent sur le plaisir qu'il avait de me voir en si bonne santé, et me demandant si j'étais fixé pour la vie. Il m'apprit qu'il avait l'intention de partir deux mois après pour les Indes, et finit par m'engager à accepter l'emploi de chirurgien de son vaisseau; il

me promit que j'aurais un aide sous mes ordres, et une double paie; il ajouta qu'ayant éprouvé que la connaissance que j'avais de la mer était au moins égale à la sienne, il s'engageait à se comporter à mon égard comme avec un capitaine en second. Il me dit enfin tant de choses obligeantes, et je le savais si honnête homme, que je n'eus pas le courage de le refuser. D'ailleurs, en dépit de mes malheurs passés, le désir de voir le monde était encore en moi plus ardent que jamais. La seule difficulté était d'obtenir le consentement de ma femme, et j'y parvins enfin en lui faisant considérer les avantages que ses enfants pourraient tirer de mon voyage.

Nous mîmes à la voile le 5 août 1706, et arrivâmes le

1ᵉʳ avril 1707 au fort Saint-Georges, où nous restâmes trois semaines pour rafraîchir notre équipage, dont la plus grande partie était malade. De là nous allâmes vers le Tunquin, où notre capitaine résolut de s'arrêter quelque temps, parce que la plus grande partie du chargement qu'il avait envie de prendre ne pouvait lui être livrée que dans plusieurs mois. Pour se dédommager un peu des frais de ce retard, il acheta une barque chargée de différentes sortes de marchandises dont les Tunquinois font ordinairement commerce avec les îles voisines; et, mettant sur ce petit navire quarante hommes, parmi lesquels il y en avait trois du pays, il m'en fit capitaine, et m'autorisa à trafiquer pendant qu'il ferait ses affaires au Tunquin.

Il n'y avait pas trois jours que nous étions en mer, lorsque, une grande tempête s'étant élevée, nous fûmes poussés pendant cinq jours vers le nord-nord-est, et ensuite à l'est. Le temps devint un peu plus calme, mais le vent d'ouest soufflait toujours assez fort. Le dixième jour, deux pirates nous donnèrent la chasse, et bientôt nous prirent; car mon navire était si chargé qu'il allait très-lentement, et nous n'étions pas en état de nous défendre.

Les deux pirates vinrent à l'abordage, et entrèrent dans notre navire à la tête de leurs gens; mais nous trouvant tous couchés sur le ventre, comme je l'avais ordonné, ils se contentèrent de nous lier; et nous ayant donné des gardes, ils se mirent à visiter la barque.

Je remarquai parmi eux un Hollandais qui paraissait avoir quelque autorité, quoiqu'il ne commandât ni l'un ni l'autre bâtiment; il reconnut à notre extérieur que nous étions Anglais, et, nous parlant en sa langue, il nous dit qu'on allait nous lier dos à dos, et nous jeter dans la mer. Comme je parlais assez bien hollandais, je lui déclarai qui nous étions, et le conjurai, en considération du nom commun de chrétiens, et de chrétiens réformés, de voisins, d'alliés, d'intercéder pour nous auprès du capitaine. Mes paroles ne firent que l'irriter; il redoubla ses menaces, et, s'étant tourné vers ses compagnons, il leur parla avec beaucoup de véhémence en langue japonaise, répétant souvent le nom de *christianos*.

Le plus fort bâtiment de ces pirates était commandé par un capitaine japonais qui parlait un peu hollandais; il vint à moi, et, après m'avoir fait diverses questions, auxquelles je répondis avec beaucoup d'humilité, il m'assura qu'on ne nous ôterait

point la vie. Je lui fis une très-profonde révérence, et me tournant alors vers le Hollandais, je lui dis que j'étais bien fâché de trouver plus d'humanité dans un idolâtre que dans un chrétien. Mais j'eus bientôt lieu de me repentir de ces paroles inconsidérées; car ce misérable réprouvé, ayant tâché en vain de persuader aux deux capitaines de me jeter dans la mer (ce qu'on ne voulut pas lui accorder à cause de la parole qui m'avait été donnée), obtint que je serais encore plus rigoureusement traité que si l'on m'eût fait mourir.

On avait partagé mes gens dans les deux vaisseaux et dans la barque : pour moi, on résolut de m'abandonner à mon sort dans un petit canot, avec des avirons, une voile et des provisions pour quatre jours. Le capitaine japonais les doubla sur ses propres vivres, et ne voulut pas permettre qu'on me fouillât. Je descendis donc dans le canot pendant que mon Hollandais brutal m'accablait, de dessus le pont, de toutes les injures et de toutes les imprécations que sa langue pouvait lui fournir.

Environ une heure avant que nous eussions vu les deux pirates, j'avais pris hauteur, et avais trouvé que nous étions à 46° de latitude et à 183° de longitude. Lorsque je fus un peu éloigné, je découvris avec ma lunette différentes îles au sud-ouest. Comme le temps était bon, je hissai ma voile, et tâchai d'aborder à la plus voisine de ces îles, ce que j'eus bien de la peine à faire en trois heures. Cette île n'était qu'une roche, où je trouvai et ramassai beaucoup d'œufs d'oiseaux. Alors je mis

le feu à quelques bruyères et à quelques joncs marins pour faire cuire ces œufs, auxquels je bornai ce soir-là toute ma nourriture, étant résolu à épargner mes provisions autant que je le pourrais. Je passai la nuit sous une roche, j'étendis des bruyères sous moi, et je dormis assez bien.

Le jour suivant, je fis voile vers une autre île, et de là vers une troisième et une quatrième, me servant soit de mes rames, soit de ma voile; mais, pour ne point ennuyer le lecteur, je lui dirai seulement qu'au bout de cinq jours j'atteignis la dernière île que j'avais en vue, et qui était au sud-sud-est de la première.

Cette île était plus éloignée que je ne croyais, et je ne pus y arriver qu'en cinq heures. J'en fis presque tout le tour avant de trouver un endroit abordable. Ayant pris terre à une petite baie qui était trois fois large comme mon canot, je reconnus que toute l'île n'était qu'un rocher, avec quelques places où il croissait du gazon et des herbes très-odoriférantes. Je pris mes petites provisions, et, après m'être un peu restauré, je mis le reste dans une des cavernes qui existaient en grand nombre sur cette côte. Je ramassai des œufs sur le rocher, et arrachai des joncs marins et des herbes sèches, afin de les allumer le lendemain pour faire cuire mes œufs, car j'avais sur moi une pierre, un briquet, ma mèche et un verre ardent.

Je passai toute la nuit dans la caverne où j'avais mis mes provisions, et ces mêmes herbes sèches destinées à faire du feu me servirent de lit. Je dormis peu, car l'inquiétude de l'esprit l'emporta chez moi sur la lassitude du corps. Je considérais qu'il était impossible de ne pas mourir dans un lieu si misérable, et qu'il me faudrait bientôt faire une triste fin. Ces réflexions me jetèrent dans un tel abattement, que je n'eus pas le courage de me lever; et, avant que j'eusse assez de force pour sortir de ma caverne, le jour était déjà grand; le temps était beau, et le soleil si ardent, que j'étais obligé de lui tourner le dos.

Mais voilà tout à coup que le temps s'obscurcit, d'une manière pourtant très-différente de ce qui arrive par l'interposition d'un nuage. Je me tournai vers le soleil, et je vis entre lui et moi un grand corps opaque et mobile, qui semblait avancer vers l'île. Ce corps suspendu, qui me paraissait à deux milles de hauteur, me cacha le soleil environ six ou sept minutes; mais je ne remarquai point que l'air fût plus froid ni le ciel plus obscur que si je m'étais trouvé sous l'ombre d'une montagne.

Quand ce corps fut plus rapproché de l'endroit où j'étais, il me parut être d'une substance solide, aplati à la base, uni, et qu'il réfléchissait très-clairement la mer sur laquelle il planait.

Je m'arrêtai sur une hauteur à deux cents pas environ du rivage, et je vis ce même corps s'abaisser presque en ligne parallèle avec moi à un mille de distance. Je pris mon télescope, et je découvris un grand nombre de personnes qui allaient et venaient sur les flancs un peu inclinés de cette masse flottante; mais je ne pus discerner ce qu'elles faisaient.

L'amour naturel de la vie fit naître en moi un sentiment de joie, et j'espérai que cette aventure me donnerait le moyen de sortir de l'état fâcheux où j'étais; mais le lecteur aura peine à se figurer quel fut mon étonnement lorsque je vis en l'air une île habitée par des hommes qui avaient le pouvoir de la hausser, de l'abaisser et de la mouvoir à leur gré; cependant, peu disposé à approfondir cet étrange phénomène, je me contentai d'observer de quel côté l'île tournerait; car elle me parut s'être arrêtée.

Mais bientôt après elle avança de mon côté, et j'y pus découvrir plusieurs grandes galeries, avec des escaliers d'intervalle en intervalle pour communiquer entre elles. Sur la galerie la plus basse, je vis plusieurs hommes qui pêchaient des oiseaux à la ligne, et d'autres qui regardaient. Je leur fis signe avec mon bonnet (depuis longtemps mon chapeau était usé) et avec mon mouchoir; puis, lorsque je fus plus près d'eux, je criai de toutes mes forces; et ayant alors regardé fort attentivement, je vis une foule amassée sur le bord qui était vis-à-vis de moi. Ils ne me répondirent pas; mais je compris par leurs gestes qu'ils me voyaient. J'aperçus cinq ou six hommes montant avec empressement au sommet de l'île, et je m'imaginai qu'ils avaient été envoyés à quelques personnes d'autorité pour en recevoir des ordres sur ce qu'on devait faire en cette occasion.

La foule des insulaires augmenta, et en moins d'une demi-heure l'île s'approcha tellement, qu'il n'y avait plus que cent pas de distance entre elle et moi. Ce fut alors que je pris diverses postures humbles et suppliantes, et que je parlai du ton le plus touchant; mais je ne reçus point de réponse. Ceux qui se trouvaient le plus près de moi me semblaient, à en juger par leurs habits, des personnes de distinction. Ils se consultaient ensemble en regardant souvent de mon côté. A la fin, un d'eux s'adressa à moi dans un langage clair, poli et très-doux, dont le son approchait de l'italien; ce fut aussi en italien que je répondis, m'imaginant que l'accent de cette langue serait plus agréable à leurs oreilles que tout autre langage. Bien que nous ne nous entendissions point les uns les autres, ma détresse fut comprise; et l'on me fit signe de descendre du rocher, et d'aller vers le rivage, ce que je fis. L'île volante s'étant abaissée à un degré convenable, on me jeta de la galerie inférieure une chaîne avec un petit siége qui y était attaché; je m'y assis, et en un moment je fus enlevé par le moyen d'une moufle.

CHAPITRE II

Caractère des Laputiens. — État de leurs connaissances. — Leur roi et sa cour. — Réception qu'on fait à l'auteur. — Craintes et inquiétudes des habitants. — Caractère des femmes.

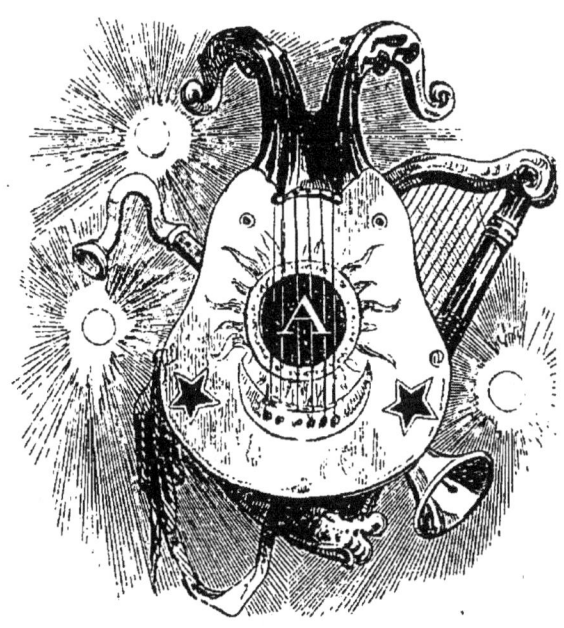

mon arrivée je me vis entouré d'une foule de gens parmi lesquels ceux qui s'approchaient le plus de moi paraissaient les plus considérables. Ils me regardaient tous avec étonnement, et je les regardais de même, n'ayant encore jamais vu une race de mortels si singulière dans sa figure, dans ses habits et dans ses manières : ils avaient la tête penchée les uns à droite, les autres à gauche, un œil tourné en dedans, et l'autre vers le ciel. Leurs habits étaient bigarrés de figures du soleil, de la lune, des étoiles, et entremêlés de celles de divers instruments, violons, flûtes, harpes, trompettes, guitares, clavecins et plusieurs autres inconnus en Europe.

Je vis autour de quelques personnes des hommes vêtus en domestiques, portant chacun une vessie attachée comme un fléau au bout d'un petit bâton, et dans laquelle il y avait, comme je l'appris ensuite, une certaine quantité de pois secs ou de petits cailloux; ils frappaient de temps en temps avec ces vessies, tantôt la bouche, tantôt les oreilles de ceux dont ils étaient proches : je n'en pus d'abord deviner la raison.

Il paraît que ce peuple est tellement adonné aux méditations profondes, qu'il en résulte un état de distraction habituel; en sorte que personne ne pourrait ni parler ni écouter les discours des autres sans le secours de quelque impression extérieure produite sur les organes de la parole et de l'audition. C'est pourquoi les gens riches avaient toujours un domestique frappeur, ou *climenole* dans la langue du pays, qui leur servait de moniteur, et sans lequel ils ne sortaient jamais.

Le devoir du frappeur était, lorsque deux ou trois personnes se trouvaient ensemble, de donner adroitement de la vessie sur la bouche de celle qui devait parler, ensuite sur l'oreille droite de celui ou de ceux à qui le discours s'adressait. Ce moniteur n'était pas moins nécessaire à son maître quand celui-ci sortait, afin de lui donner dans l'occasion de petits coups sur les yeux, s'il était près de tomber dans un précipice, de se heurter la tête contre quelque poteau, de pousser les autres, ou d'être poussé dans un ruisseau.

Cette explication était indispensable afin de ne pas laisser le lecteur dans la perplexité où je me trouvai moi-même pour comprendre les actions de ces gens, tandis qu'ils me conduisaient de là au sommet de l'île et au palais du roi : pendant que nous montions, ils oublièrent plusieurs fois ce qu'ils faisaient, et me laissèrent là jusqu'à ce que leur mémoire fût réveillée par les frappeurs. Ma figure, mes vêtements étrangers comme elle, les clamations qu'ils excitaient parmi le bas peuple, moins ait que le reste de la nation, ne paraissaient nullement mouvoir mes conducteurs.

Enfin nous entrâmes dans le palais, et nous fûmes admis en présence du roi. Sa Majesté était sur un trône environné de personnes de la première distinction. Devant le trône était une grande table couverte de globes, de sphères et d'instruments de mathématiques de toute espèce. Le roi ne prit point garde à moi lorsque j'entrai, quoique la foule qui m'accompagnait fît un très-grand bruit : il était alors appliqué à résoudre un problème, et nous attendîmes au moins une heure entière que Sa Majesté eût fini son opération.

Il avait auprès de lui deux pages qui tenaient des frappoirs à la main; l'un d'eux, lorsque Sa Majesté eut cessé de travailler, le frappa doucement et respectueusement à la bouche, et l'autre à l'oreille droite. Le roi parut alors comme se réveiller en sursaut; et, jetant les yeux sur moi et sur tout le monde qui m'entourait, il se rappela ce qu'on lui avait dit de mon arrivée peu de temps auparavant : il dit quelques mots, et aussitôt un jeune homme armé d'une vessie s'approcha de moi, et m'en donna un léger coup sur l'oreille droite; mais je tâchai de faire entendre par signes que je n'avais nul besoin d'un pareil instrument, ce qui donna au roi et à toute la cour une très-pauvre idée de mon intelligence. Le roi me fit diverses questions, et je lui parlai dans tous les idiomes qui m'étaient connus; lorsqu'on se fut enfin aperçu que je ne pouvais ni entendre ni être entendu, on me conduisit, par son ordre, dans un appartement de son palais, ce prince se faisant remarquer plus qu'aucun de ses prédécesseurs par son hospitalité envers les étrangers.

Deux domestiques furent chargés de me servir; on apporta mon dîner, et quatre personnes de distinction me firent l'honneur de se mettre à table avec moi : nous eûmes deux services, chacun de trois plats. Le premier service était composé d'une épaule de mouton coupée en triangle équilatéral, d'une pièce de bœuf sous la forme d'un rhomboïde, et d'un pouding en cycloïde.

Le second service se composa de deux canards ressemblant à deux violons, de saucisses et d'andouilles taillées en flûtes et en hautbois, et d'une poitrine de veau figurant une harpe. Les domestiques coupaient le pain, qu'ils nous servaient en cônes, en cylindres, en parallélogrammes, et autres figures géométriques.

Pendant le repas, je pris la liberté de demander le nom de plusieurs choses dans la langue du pays, et mes nobles convives, grâce à l'assistance de leurs frappeurs, se firent un plaisir de me répondre, dans l'espoir d'exciter mon admiration pour leurs talents extraordinaires, si je pouvais une fois converser avec eux. Bientôt je pus demander du pain, du vin et de tout ce qui m'était nécessaire.

Après le dîner, la compagnie se retira, et un homme vint à moi de la part du roi, avec une plume, de l'encre et du papier, et suivi d'un frappeur. Il me fit comprendre par signes qu'il avait ordre de m'apprendre la langue du pays. Je fus avec lui environ quatre heures, pendant lesquelles j'écrivis sur deux colonnes un grand nombre de mots, avec la traduction vis-à-vis. Il m'apprit aussi plusieurs phrases courtes, dont il me fit connaître le sens en faisant devant moi ce qu'elles signifiaient. Mon maître me montra ensuite dans un de ses livres la figure du soleil et de la lune, des étoiles, du zodiaque, des tropiques et des cercles polaires, en me disant le nom de chaque chose, ainsi que de toutes sortes d'instruments de musique, avec les termes de cet art applicables à chaque instrument. Quand il eut fini sa leçon, je composai seul un petit dictionnaire des mots que j'avais appris, et en peu de jours, grâce à mon heureuse mémoire, je sus passablement la langue laputienne.

Le mot que je traduis par île volante ou flottante est Laputa ; mais je ne pus savoir exactement sa véritable étymologie. *Lap*, dans un langage vieilli et inusité, signifie haut ; et *untuh*, gouverneur ; et de ces deux mots réunis (Lapuntuh) dérive par corruption Laputa ; dérivation qui me semble un peu forcée. Je m'aventurai à proposer aux savants du pays une conjecture de mon cru, savoir que Laputa vient de *lap*, *outed*, *lap* signifiant le jeu des rayons du soleil dans la mer, et *outed* une aile. Cependant je ne soutiens point cette explication ; je la soumets simplement au jugement du lecteur.

Ceux auxquels le roi m'avait confié, remarquant le désordre de mes vêtements, ordonnèrent à un tailleur de venir le lendemain matin prendre ma mesure. Les tailleurs de ce pays exercent leur métier autrement qu'en Europe. Celui-ci prit d'abord la hauteur de mon corps avec un quart de cercle ; puis avec la règle et le compas ayant mesuré ma grosseur et toute la proportion de mes membres, il fit son calcul sur le papier ; et au bout de six jours il m'apporta un habit très-mal fait : il m'en fit ses excuses, en me disant qu'il avait eu le malheur de se tromper dans ses supputations. Je me consolai en pensant que de tels accidents ne sont pas rares, et j'y fis peu d'attention.

Pendant ma retraite, causée par le manque d'habits et une indisposition de quelques jours, j'augmentai beaucoup mon dictionnaire ; aussi la première fois que je parus à la cour, je compris plusieurs choses que le roi me dit, et je pus lui répondre tant bien que mal.

Sa Majesté avait ordonné qu'on fît avancer son île vers Lagado, qui est la capitale de son royaume de terre-ferme, et ensuite vers quelques villes et villages, pour recevoir les requêtes de ses sujets. On jeta pour cela plusieurs ficelles avec de petits plombs au bout, afin que le peuple attachât ses placets à ces ficelles, qu'on tirait ensuite, et qui semblaient en l'air autant de cerfs-volants. Quelquefois nous recevions du vin et des comestibles qu'on montait par des poulies.

La connaissance que j'avais des mathématiques m'aida beaucoup à comprendre leur façon de parler, et leurs métaphores, tirées la plupart des mathématiques et de la musique, dans laquelle je suis aussi quelque peu versé. Toutes leurs idées s'exprimaient en lignes et en figures. Si, par exemple, ils voulaient louer la beauté d'une femme ou de tout autre individu appartenant au règne animal, ils la décrivaient en termes géométriques ou par des mots techniques de l'art musical, inutiles à répéter ici.

Je remarquai dans les cuisines royales toutes sortes d'instruments de mathématiques ou de musique, d'après lesquels on taillait les viandes qui devaient être servies à Sa Majesté.

Leurs maisons étaient fort mal bâties ; les murs n'étaient pas d'aplomb, les pièces n'avaient pas un seul angle régulier : ce défaut provenait du mépris de ce peuple pour la géométrie pratique, regardée en ce pays comme une chose vulgaire et mécanique. Je n'ai jamais vu de peuple si sot, si niais, si maladroit dans tout ce qui regarde les actions communes de la vie.

Les instructions qu'on donne aux ouvriers étant d'une nature abstraite, ils ne peuvent les comprendre, et il en résulte des erreurs perpétuelles. Ce sont, en outre, les plus pauvres raisonneurs du monde, toujours prêts à contredire, si ce n'est lorsqu'ils pensent juste, ce qui leur arrive rarement ; et, bien qu'ils soient assez habiles à se servir de la plume, du crayon ou du compas, ils conçoivent lentement et imparfaitement tout ce qui ne tient pas aux mathématiques et à la musique. Ils sont totalement étrangers à l'imagination, à l'invention; aucun mot de leur langue n'exprime ces facultés; et leur intelligence est bornée aux deux sciences ci-dessus mentionnées.

Beaucoup d'entre eux, principalement ceux qui s'appliquent à l'astronomie, donnent dans l'astrologie judiciaire, quoiqu'ils n'osent l'avouer publiquement. Mais ce que je trouvai de plus surprenant, ce qui me parut même inexplicable, ce fut l'inclination qu'ils avaient pour la politique, et leur curiosité pour les nouvelles; ils parlaient sans cesse d'affaires d'État, et portaient des jugements sur ces matières, défendant avec acharnement et pied à pied une opinion de parti.

J'ai souvent remarqué la même disposition dans nos mathématiciens d'Europe, sans avoir jamais pu trouver la moindre analogie entre les mathématiques et la politique; à moins qu'on ne suppose que, comme le plus petit cercle a autant de degrés que le plus grand, celui qui sait raisonner sur un cercle tracé sur le papier peut également raisonner sur la sphère du monde; mais j'attribuerais plutôt cette manie à un penchant commun à tous les hommes, celui de se mêler de ce qui les regarde le moins et de ce qui est le plus éloigné de leurs études.

Ce peuple paraît toujours inquiet, et ce qui n'a jamais troublé le repos des autres hommes est le sujet continuel de leurs craintes et de leurs frayeurs: ainsi ils appréhendent l'altération des corps célestes.

Par exemple, ils pensent que la terre, approchant toujours du soleil, sera à la fin dévorée par cet astre. Ils croient que la face du soleil se couvrira peu à peu d'une croûte formée de ses émanations, et qu'elle cessera d'éclairer le monde. Ils prétendent qu'ayant échappé à un coup de queue de la dernière comète, lequel nous aurait anéantis, nous n'échapperons pas à la prochaine, qui, selon leur calcul, paraîtra dans trente et un ans, et recevra du soleil, à son périhélie, une chaleur mille fois plus intense que celle du fer rouge; elle traînera en s'éloignant du soleil une queue flamboyante de cent quatorze milles de long, et si la terre venait à traverser cette queue, elle serait grillée et réduite en cendres, fût-elle à plus de cent mille milles du corps de la comète.

Ils craignent encore que le soleil, à force de répandre des

rayons sans recevoir aucun aliment pour entretenir sa combustion, ne soit entièrement anéanti, ce qui amènerait la destruction de notre planète et de toutes celles qui reçoivent la lumière du soleil.

C'est ainsi qu'ils sont continuellement alarmés en pensant à ces dangers et à d'autres non moins menaçants, et ces craintes les empêchent de dormir tranquilles et de goûter aucune sorte de plaisir. Quand ils se rencontrent le matin, ils se demandent d'abord les uns aux autres des nouvelles du soleil, comment il se porte, et en quel état il s'est couché et levé.

Les femmes de cette île sont très-vives; elles méprisent leurs maris, et ont beaucoup de goût pour les étrangers, dont il y a

toujours un nombre considérable à la suite de la cour, soit pour les affaires des villes et des corporations, soit pour des motifs privés. Ils sont peu estimés, parce qu'ils n'ont point les connaissances particulièrement appréciées par les Laputiens; mais c'est parmi eux que les dames de qualité prennent leurs galants. Ce qu'il y a de fâcheux, c'est qu'ils ont trop de sécurité dans leurs intrigues; car les maris sont si absorbés dans les spéculations géométriques, qu'on débite des galanteries à leurs femmes en leur présence sans qu'ils s'en aperçoivent, pourvu qu'ils aient une plume à la main et que le moniteur avec sa vessie ne soit pas à leur côté.

Les femmes et les filles sont très-fâchées de se voir confinées dans cette île, quoique ce soit l'endroit le plus délicieux de la terre, et qu'elles y vivent dans la richesse et dans la magnificence. Elles peuvent aller où elles veulent dans l'île, et faire tout ce qui leur plaît; mais elles meurent d'envie de courir le monde, et de goûter les plaisirs de la capitale, où il leur est défendu d'aller sans la permission du roi, qu'il ne leur est pas aisé d'obtenir, parce que les maris ont souvent éprouvé qu'il leur était difficile de les faire revenir à Laputa.

On m'a conté qu'une grande dame de la cour, mariée au

premier ministre, l'homme le mieux fait et le plus riche du royaume, qui l'aimait éperdument, vint à Lagado sous le prétexte de sa santé, et y demeura cachée pendant plusieurs mois, jusqu'à ce que le roi envoyât des gens de justice pour la chercher : elle fut trouvée en un pitoyable état, dans une mauvaise auberge, ayant engagé ses habits pour entretenir un laquais vieux et laid qui la battait tous les jours ; on l'arracha de force à cette étrange compagnie ; et, quoique son mari l'eût reçue avec bonté, lui eût prodigué ses tendresses, et ne lui eût adressé nul reproche sur sa conduite, elle s'enfuit encore bientôt après avec tous ses bijoux, pour aller retrouver ce digne galant ; et l'on n'a plus entendu parler d'elle.

Le lecteur prendra peut-être cela pour une histoire européenne, ou même anglaise ; mais je le prie de considérer que les caprices de l'espèce femelle ne sont pas limités à une seule partie du monde ni à un seul climat, et qu'ils sont bien plus généraux qu'on ne pourrait l'imaginer.

En un mois, je fis assez de progrès dans la langue pour être en état de répondre à la plupart des questions du roi, lorsque j'avais l'honneur de lui faire ma cour. Sa Majesté ne montra pas la moindre envie de connaître les lois, l'histoire, le gouvernement, la religion ni les mœurs des pays où j'avais été ; il se borna à s'informer de l'état des mathématiques en chacune de ces contrées, et reçut mes réponses avec dédain ou indifférence, bien qu'il fût souvent réveillé par ses frappeurs.

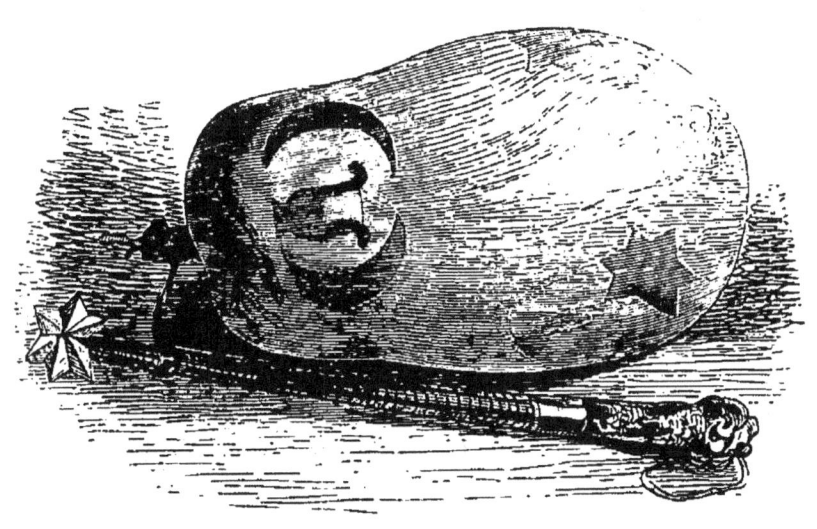

CHAPITRE III

Phénomène expliqué par la physique et l'astronomie modernes. — Grands progrès des Laputiens en astronomie. — Comment le roi apaise les séditions.

Je demandai au roi la permission de voir les curiosités de l'île : il me l'accorda très-gracieusement, et ordonna à mon précepteur de m'accompagner. Je voulais savoir particulièrement quel était le principe, naturel ou artificiel, des mouvements divers de cette île, et je vais en faire un rapport exact et philosophique.

L'île volante est parfaitement ronde; son diamètre est de trois mille neuf cent dix-neuf toises, c'est-à-dire d'environ quatre milles et demi, et par conséquent elle contient à peu près dix mille acres. Le fond de cette île ou la surface inférieure, celle qu'on aperçoit lorsqu'on la regarde d'en bas, est un large plateau de diamant poli, d'environ quatre cents pieds d'épaisseur, au-dessus duquel des couches de divers minéraux se succèdent dans l'ordre accoutumé; et le tout est recouvert d'un lit de terre végétale de dix à douze pieds de profondeur.

Le plan de la surface supérieure étant incliné de la circonférence vers le centre, toutes les pluies et les rosées qui tombent sur l'île sont conduites par de petits ruisseaux vers le milieu, où ils se déchargent dans quatre grands bassins, chacun d'environ un demi-mille de circuit, et situés à deux cents pas de distance du centre de la plaine. L'eau de ces bassins est continuellement pompée par le soleil pendant le jour, ce qui les empêche de déborder. De plus, comme il est au pouvoir du monarque d'élever l'île au-dessus de la région des nuages et des vapeurs terrestres, il peut, quand il lui plaît, empêcher la chute de la pluie et de la rosée; car tous les physiciens reconnaissent que les nuages ne peuvent s'élever à plus de deux milles : du moins on ne les a jamais vus monter plus haut en ce pays.

Au centre de l'île est un trou d'environ vingt-cinq toises de diamètre, par lequel les astronomes descendent dans une grande excavation voûtée qu'on appelle *Flandona Gagnole*, ou la Caverne des Astronomes, située à la profondeur de cinquante toises au-dessous de la surface supérieure du diamant. Dans cette caverne vingt lampes brûlent sans cesse, et, par la réverbération du diamant, elles répandent une grande lumière de tous côtés. Ce lieu est orné de sextants, de cadrans, de télescopes, d'astrolabes et autres instruments astronomiques; mais le plus curieux de tous les objets qui s'y trouvent, celui duquel dépend même la destinée de l'île, est une pierre d'aimant d'une grandeur prodigieuse, taillée en forme de navette de tisserand.

Elle est longue de trois toises, et, dans sa plus grande épaisseur, elle a au moins une toise et demie. Cet aimant est suspendu par un gros essieu de diamant qui passe par le milieu de la pierre, et sur lequel elle joue; il est placé avec tant de justesse, qu'une main très-faible peut le faire tourner. La pierre est entourée d'un cercle de diamant, en forme de cylindre creux, de quatre pieds de profondeur, de plusieurs d'épaisseur, et de six toises de diamètre, placé horizontalement, et soutenu par huit piédestaux, tous de diamant, hauts chacun de trois toises. Du côté concave du cercle, il y a une mortaise profonde de douze pouces, dans laquelle sont placées les extrémités de l'essieu, qu'on peut ainsi faire tourner à volonté.

Aucune force ne peut déplacer la pierre, parce que le cercle et ses pieds ne forment qu'une seule pièce avec le corps du diamant qui fait la base de l'île.

C'est par le moyen de cet aimant que l'île se hausse, se baisse, et change de place; car, par rapport à cet endroit de la terre sur lequel le monarque réside, la pierre est douée sur l'un de ses côtés d'un pouvoir d'attraction, et sur l'autre d'un pouvoir de répulsion. Ainsi, quand on tourne l'aimant de manière qu'il présente à la terre son pôle attractif, l'île descend; mais quand le pôle répulsif est tourné vers la terre, l'île remonte. Lorsque la position de la pierre est oblique, le mouvement de l'île l'est aussi : cet aimant imprime toujours une direction parallèle à la sienne. Par ce mouvement oblique, l'île est conduite aux différentes parties des domaines du monarque.

Pour donner quelque idée de ce procédé, supposons que AB

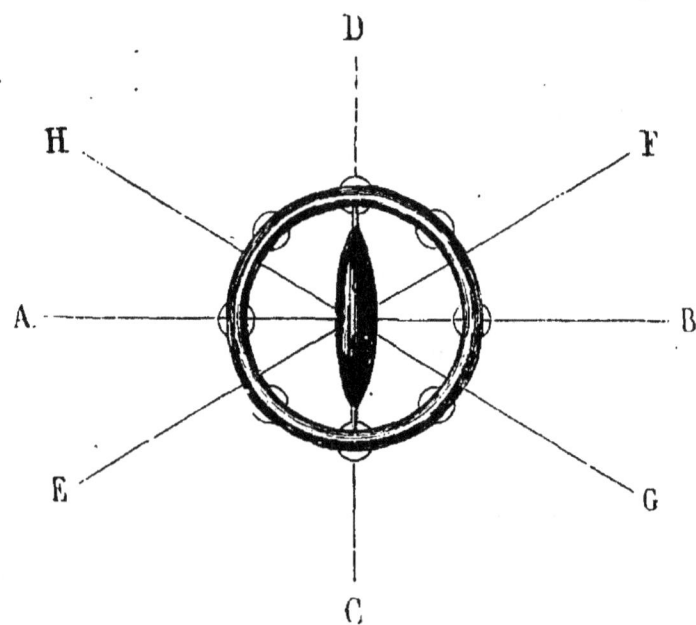

représente une ligne tirée à travers l'État de Balnibarbi, et que la ligne CD représente la pierre d'aimant sur laquelle D est le pôle répulsif et C le pôle attractif, l'île étant sur la ligne C, en plaçant la pierre sur la position CD, avec l'extrémité répulsive tournée en bas, l'île montera obliquement vers D. Arrivée à D, si la pierre est retournée sur son axe jusqu'à ce que son extrémité attractive soit dirigée vers E, l'île est emportée obliquement vers E. Si la pierre est encore tournée de manière à mettre son axe dans la position EF, sa pointe répulsive dirigée en bas, l'île s'élève obliquement vers F, et lorsqu'elle est à ce point, si l'on tourne son extrémité attractive vers G, l'île est portée à G, et de G à H, en tournant la pierre de manière à faire pointer en bas son pôle répulsif. Ainsi, en changeant la position de la pierre, on fait monter et descendre l'île tour à tour dans une direction oblique, et par ces mouvements alternatifs (l'obliquité étant peu considérable) elle est portée de toutes les parties du royaume aux autres.

Il faut observer cependant que cette île ne peut se mouvoir au delà d'une certaine étendue au-dessous d'elle, et qu'elle ne peut s'élever à plus de quatre milles. Les astronomes, qui ont écrit un grand nombre de volumes sur la pierre d'aimant, expliquent ce fait de la manière suivante. La vertu magnétique, disent-ils, ne s'étend pas au delà d'une distance de quatre milles, et le minéral qui agit sur la pierre du sein de la terre et de la mer à environ six lieues du rivage, n'existe point dans toutes les parties du globe, mais seulement dans les États de Balnibarbi. Avec l'immense avantage de cette position, il était facile à un prince de soumettre toute la contrée qui se trouvait sous l'influence de cet aimant. Cette pierre aimantée est confiée aux soins de quelques astronomes, qui lui font prendre les positions ordonnées par le roi. Ils passent la plus grande partie de leur vie à observer les corps célestes avec des lunettes beaucoup meilleures que les nôtres, car les plus grands de leurs télescopes n'ont pas plus de trois pieds, et ils grossissent les objets plus que ceux de cent pieds ne le font chez nous, et montrent les étoiles avec une parfaite netteté. Cet avantage leur a permis de pousser les découvertes bien plus loin que nous, et ils comptent dix mille étoiles fixes, tandis que nos calculs les plus larges ne vont pas au tiers de ce nombre.

De plus, ils ont découvert deux étoiles inférieures ou satellites, qui tournent autour de Mars, et dont la plus proche de la planète supérieure est à une distance du centre de celle-ci équivalente à trois fois son diamètre; et la plus éloignée est à une distance de cinq fois le même diamètre. La révolution de la première s'accomplit en dix heures, et celle de la seconde en vingt et une heures et demie; en sorte que les carrés de leurs époques périodiques sont à peu près dans la proportion des cubes de leur distance du centre de Mars, ce qui prouve qu'elles sont gouvernées par la même loi de gravitation qui agit sur les autres corps célestes. Ils ont observé quatre-vingt-treize comètes

différentes, et établi leurs périodes avec une grande exactitude. Si cela est vrai (et ils l'affirment avec beaucoup de confiance), il est à souhaiter que leurs observations soient publiées; car la théorie des comètes, jusqu'ici réellement défectueuse et incomplète, arriverait par ce moyen à une perfection égale à celle des autres parties de l'astronomie.

Le roi serait le prince le plus absolu de l'univers, s'il pouvait engager ses ministres à suivre ses plans; mais ceux-ci, ayant leurs terres sur le continent, et considérant que la faveur des princes est passagère, n'ont garde de se porter préjudice à eux-mêmes en opprimant la liberté de leurs compatriotes.

Si quelque ville se révolte ou refuse de payer les impôts, le roi a deux façons de la réduire. La première et la plus modérée est de tenir l'île qui forme son domaine au-dessus de la ville rebelle et des terres voisines ; par là il prive le pays et du soleil et de la rosée, et il afflige les habitants de maladies et de sécheresse ; mais si le crime le mérite, on les accable de grosses pierres qu'on leur jette du haut de l'île, et dont ils ne peuvent se garantir qu'en se sauvant dans leurs caves, tandis que les toits de leurs maisons sont mis en pièces.

S'ils persistent dans leur obstination ou s'ils menacent de se révolter, le roi a recours alors au dernier remède, qui est de laisser tomber l'île à plomb sur leurs têtes ; ce qui détruit en même temps les hommes et leurs demeures. Le prince néanmoins se porte rarement à cette terrible extrémité, que les ministres n'osent lui conseiller, vu que ce procédé violent les rendrait odieux au peuple, et leur ferait tort à eux-mêmes par les raisons que nous avons déjà indiquées.

Mais il y a encore une autre raison plus forte par laquelle les rois de ce pays ont été toujours détournés d'infliger ce dernier châtiment, et leurs ministres leur ont rarement conseillé d'y recourir, si ce n'est dans une nécessité absolue ; c'est que, si la ville qu'on veut détruire contenait quelques hautes roches (comme il en existe dans la plupart des grandes villes, qui ont été bâties près de ces roches tout exprès pour se mettre à l'abri d'une pareille catastrophe), une chute rapide pourrait endommager la surface inférieure de l'île, bien qu'elle consiste, comme je l'ai dit, en un seul diamant de quatre cents pieds d'épaisseur ; un choc subit pourrait la faire éclater ; elle pourrait aussi se fendre en approchant de trop près des feux de la ville, comme cela arrive à nos tuyaux de cheminée en pierre ou en fonte ; ou si la ville avait un grand nombre de clochers et de pyramides de pierres, l'île royale, par sa chute, pourrait se briser. Les habitants savent fort bien tout cela ; ils savent aussi jusqu'où ils peuvent pousser l'obstination lorsqu'il s'agit de leur liberté et de leurs propriétés.

Le roi même, quand il est le plus irrité et qu'il est décidé à réduire une ville en poussière, fait descendre son île très-doucement, de peur, dit-il, d'accabler son peuple, mais dans le fond parce qu'il craint de briser son plancher de diamant ; car, dans ce cas, l'opinion de tous les savants est que l'aimant ne pourrait plus soutenir l'île à l'avenir, et qu'elle tomberait sur la terre.

Une loi fondamentale du royaume défend au roi et à ses deux fils aînés de sortir de l'île, ainsi qu'à la reine, tant qu'elle est d'âge à avoir des enfants.

CHAPITRE IV

L'auteur quitte l'île de Laputa, et est conduit à Balnibarbi. —
Son arrivée à la capitale. —
Description de cette ville et de ses environs.
— Il est reçu avec bonté par un grand seigneur. —
Sa conversation avec ce seigneur.

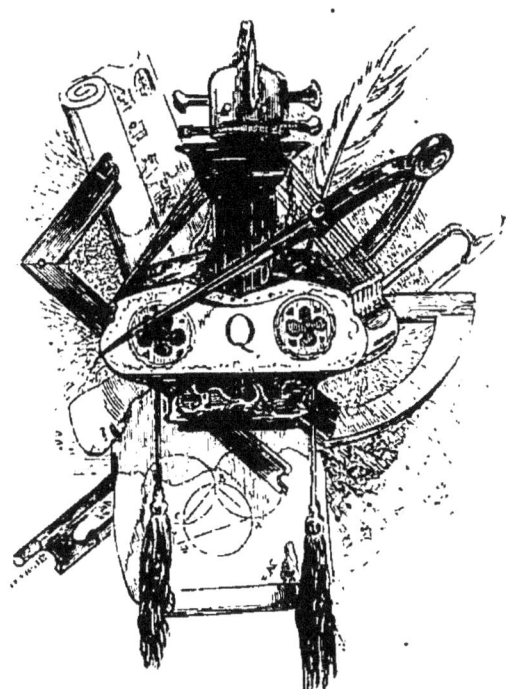

Quoique je ne puisse pas dire que je fusse maltraité dans cette île, j'avoue cependant que je m'y crus négligé et tant soit peu méprisé. Le prince et le peuple n'y étaient curieux que de mathématiques et de musique : j'étais en ce genre fort au-dessous d'eux, et par conséquent ils n'avaient pas une grande estime pour moi.

D'un autre côté, après avoir vu toutes les curiosités de l'île, j'avais grande envie d'en sortir, étant très-las de ces insulaires aériens. Ils excellaient, il est vrai, dans les sciences que j'estime beaucoup, et dont j'ai même quelque teinture; mais ils étaient tellement absorbés dans leurs spéculations, que je ne m'étais jamais trouvé en aussi triste compagnie. Je ne m'entretenais qu'avec les femmes, les artisans, les moniteurs ou frappeurs, et les pages de la cour, pendant les deux mois de mon séjour à Laputa, ce qui augmenta encore le mépris qu'on avait pour moi; cependant je ne pouvais tirer une réponse raisonnable que de ces sortes de gens.

Il y avait à la cour un grand seigneur, favori du roi, et qui, pour cette raison seule, était traité avec respect, car il était d'ailleurs généralement regardé comme le plus ignorant et le plus stupide des Laputiens. Il avait rendu de grands services à l'État; il était doué de beaucoup d'esprit naturel et acquis; et sa probité, sa délicatesse, étaient remarquables; mais il avait l'oreille si mauvaise pour la musique, que ses détracteurs affirmaient qu'il avait plus d'une fois battu la mesure à faux; et ses maîtres de mathématiques avaient eu la plus grande peine à lui apprendre les propositions les plus faciles.

Ce seigneur me donna mille marques de bonté : il me faisait souvent l'honneur de venir me voir, désirant s'informer des affaires de l'Europe, et s'instruire des coutumes, des mœurs, des lois et des sciences des différentes nations parmi lesquelles j'avais demeuré; il m'écoutait toujours avec une grande attention, et faisait de très-judicieuses observations sur tout ce que je lui disais. Deux moniteurs le suivaient pour la forme, mais il ne s'en servait qu'à la cour et dans les visites de cérémonie; quand nous étions ensemble, il leur ordonnait toujours de se retirer.

Je priai ce seigneur d'intercéder pour moi auprès de Sa Majesté pour obtenir mon congé; il m'accorda cette grâce avec regret, comme il eut la bonté de me le dire, et il me fit plusieurs offres avantageuses, que je refusai, non sans lui en marquer ma vive reconnaissance.

Le 16 février, je pris congé de Sa Majesté, qui me fit un présent de la valeur de deux cents guinées, et mon protecteur me fit un don aussi considérable, auquel il joignit une lettre de recommandation pour un de ses amis de Lagado, capitale de Balnibarbi. L'île étant alors au-dessus d'une montagne, on me descendit de la dernière galerie par le même moyen qu'on avait employé pour m'y faire monter.

Le domaine continental du roi de Laputa porte le nom de Balnibarbi, et la capitale, comme je l'ai dit, s'appelle Lagado. Je sentis une sorte de satisfaction en me retrouvant sur la terre ferme. Je marchai vers la ville sans aucune inquiétude, étant vêtu comme les habitants, et sachant assez bien la langue pour leur parler. Je trouvai bientôt la demeure de la personne à qui j'étais recommandé; je lui présentai la lettre de son ami, et j'en fus très-bien reçu. Ce grand seigneur balnibarbe, qui s'appelait Munodi, me donna un bel appartement chez lui, où je logeai pendant tout le temps que je passai en ce pays, et où je fus traité d'une manière très-hospitalière.

Le lendemain matin, après mon arrivée, Munodi me prit dans son carrosse pour me faire voir la ville, qui est grande comme la moitié de Londres : mais les maisons me semblèrent bien étrangement bâties; et la plupart tombaient en ruine. Le

peuple, couvert de haillons, marchait dans les rues d'un pas précipité, avec des regards fixes et une mine farouche. Nous passâmes par une des portes de la ville, et nous avançâmes à environ trois mille pas dans la campagne, où je vis un grand nombre de laboureurs qui travaillaient à la terre avec plusieurs sortes d'instruments; mais je ne pus deviner ce qu'ils faisaient et je ne vis nulle part aucune apparence d'herbe ni de grain, bien que le sol parût excellent. Je priai mon conducteur de vouloir bien m'expliquer à quoi tendaient toutes ces têtes et toutes ces mains si occupées à la ville et à la campagne, puisqu'on ne voyait aucun résultat de leur activité; car je n'avais jamais trouvé de terre aussi mal cultivée, de maisons en si mauvais état et si délabrées, un peuple dont le visage et les habits fussent des indices plus certains d'une profonde misère.

Le seigneur Munodi était un homme du premier rang, et il avait été plusieurs années gouverneur de Lagado; les cabales des ministres l'avaient fait renvoyer pour cause d'incapacité. Cependant le roi le traitait avec bonté, comme un homme dont les intentions étaient droites, mais dont l'intelligence était bornée. A cette critique hardie du pays et de ses habitants, il ne me répondit autre chose, sinon que je n'avais pas été assez longtemps parmi eux pour les juger, et que les différents peuples du monde avaient tous des usages différents. Il me débita plusieurs autres lieux communs; et, quand nous fûmes de retour chez lui, il me demanda ce que je pensais de son palais, quelles absurdités j'y remarquais, et ce que je trouvais à redire dans les habits et dans les manières de ses domestiques. Il pouvait me faire en toute sûreté cette question; car chez lui tout était magnifique, régulier et poli. Je répondis que sa grandeur, sa prudence et ses richesses l'avaient préservé de tous les défauts que la folie et la misère avaient engendrés chez les autres : il me dit que si je voulais aller avec lui à sa maison de campagne, à vingt milles de la ville, il aurait plus de loisir pour causer avec moi sur tout cela. Je répondis à Son Excellence que j'étais à ses ordres; en conséquence, nous partîmes le lendemain matin.

Pendant le chemin, il me fit observer les différentes méthodes employées par les laboureurs pour cultiver leurs terres, et je ne pus en comprendre le mérite; car, excepté en quelques endroits, je n'avais pas découvert dans tout le pays un seul épi de blé, un seul brin d'herbe. Mais, après avoir marché encore trois heures, la scène changea entièrement. Nous nous trouvâmes dans une très-belle campagne. Les maisons des fermiers étaient assez rapprochées les unes des autres et très-bien bâties; les champs étaient clos, et renfermaient des vignes, des pièces de blé, des prairies, et je ne me souviens pas d'avoir jamais vu un plus délicieux aspect. Le seigneur, qui observait mon visage, me dit alors en souriant que là commençait sa terre, et que nous verrions les mêmes apparences jusqu'à sa maison. Mes

compatriotes, dit-il, me raillent et me méprisent parce que je conduis mal mes affaires, et parce que je donne un mauvais exemple, qui n'est cependant suivi que par un petit nombre de vieillards faibles et obstinés comme moi.

Nous arrivâmes enfin à son château, qui me parut un noble édifice, construit dans les règles de la plus ancienne et de la meilleure architecture. Les fontaines, les jardins, les promenades, les avenues, les bosquets, étaient tous disposés avec entente et avec goût. Je donnai à chaque chose des éloges mérités, auxquels Son Excellence ne parut pas faire attention ; mais, après le souper, quand nous restâmes seuls, il me dit d'un air fort triste qu'il ne savait s'il ne lui faudrait pas bientôt abattre ses maisons à la ville et à la campagne, pour les rebâtir à la mode, et détruire toutes ses plantations pour les rendre conformes au style moderne; enfin ordonner à ses tenanciers de suivre les mêmes pratiques. Il ajouta que s'il n'agissait pas ainsi, il passerait pour un homme orgueilleux, bizarre, ignorant et fantasque, et risquerait de mécontenter le roi, déjà mal disposé contre lui.

Il me dit que je cesserais d'être étonné de ce qu'il me confiait, quand je saurais quelques particularités dont je n'avais probablement pas entendu parler à la cour, les gens qui l'habitent étant trop enfoncés dans leurs spéculations pour s'embarrasser de ce qui se passe au-dessous d'eux.

Voici en somme ce qu'il me raconta. Il y avait environ quarante ans que certaines personnes allèrent à Laputa, soit pour leurs affaires, soit pour leur plaisir; et après cinq mois de séjour en cette île, elles redescendirent sur la terre ferme avec une très-légère teinture de mathématiques, et une forte dose d'esprits volatils humés dans cette région aérienne. Ces personnes, à leur retour, avaient commencé à désapprouver ce qui se passait en bas, et avaient formé le projet de mettre les arts et les sciences sur un nouveau pied. A cet effet, elles avaient obtenu des lettres patentes pour ériger une académie d'ingénieurs à Lagado, et bientôt la manie des académies devint si générale, qu'il n'y eut si petite ville dans le royaume qui n'eût la sienne.

Dans ces académies ou colléges, les professeurs avaient trouvé de nouvelles méthodes pour l'agriculture et l'architecture, de nouveaux instruments et de nouveaux outils pour tous les métiers et manufactures, par le moyen desquels un homme seul pouvait travailler autant que dix, et un palais pouvait être bâti en une semaine avec des matériaux si solides, qu'il durerait éternellement sans avoir besoin de réparations. Tous les fruits de la terre devaient naître dans toutes les saisons, plus gros cent fois qu'à présent; enfin ils mirent au jour une infinité d'autres projets admirables. Il n'y avait à tout cela qu'un seul inconvénient, c'est que pas un de ces projets n'a été mené à fin jusqu'ici, et qu'on a vu en peu de temps toute la campagne misérablement dévastée, les maisons ruinées, et le peuple sans pain et sans habits. Néanmoins, loin d'être découragés, ils en sont plus animés à la poursuite de leurs systèmes, poussés tour à tour par l'espérance et par le désespoir.

Il ajouta que, quant à lui, n'étant pas d'un esprit entreprenant, il s'était contenté d'agir selon l'ancienne méthode, de vivre dans les maisons bâties par ses ancêtres, et de faire ce qu'ils avaient fait, sans rien innover; qu'un très-petit nombre de gens de qualité avaient suivi son exemple, mais qu'ils étaient regardés avec mépris et malveillance, comme des ennemis des arts, des ignorants, de mauvais citoyens, préférant leurs commodités et leur molle inaction à l'amélioration générale du pays.

Son Excellence ajouta qu'il ne voulait pas me priver, par un long détail, du plaisir que j'aurais à visiter la grande académie; qu'il souhaitait seulement que j'observasse un bâtiment ruiné

sur le flanc de la montagne, à un demi-mille de son château, et il me fit l'histoire de ce bâtiment. Il s'y trouvait un moulin que le courant d'une grande rivière faisait aller, et qui suffisait pour sa maison et pour un grand nombre de ses vassaux; il y avait environ sept ans qu'une compagnie d'ingénieurs était venue lui proposer d'abattre ce moulin, et d'en bâtir un autre sur le penchant de la montagne, sur le sommet de laquelle serait construit un réservoir d'où l'eau pourrait être conduite aisément par des tuyaux et des machines. Le vent et l'air sur le haut de la montagne agiteraient l'eau et la rendraient plus fluide, et son poids, en descendant, ferait tourner le moulin avec la moitié du volume d'une rivière qui coule de niveau.

Le seigneur Munodi, n'étant pas très-bien en cour, parce qu'il n'avait donné jusque-là dans aucun des nouveaux systèmes, et que d'ailleurs plusieurs de ses amis l'en avaient pressé, avait agréé le projet; mais, après y avoir fait travailler cent ouvriers pendant deux ans, l'ouvrage avait mal réussi, et les entrepreneurs avaient pris la fuite en jetant toute la faute sur lui. Depuis lors ils n'avaient pas cessé de le railler, et beaucoup d'autres personnes, poussées par eux, avaient tenté la même expérience avec une égale confiance dans le succès et un égal désappointement.

Peu de jours après, nous revînmes à la ville; et Son Excellence, considérant qu'il était vu de mauvais œil à l'académie, voulut bien me donner une personne pour m'y accompagner. Il me prenait peut-être pour un grand admirateur d'innovations, pour un esprit curieux et crédule; et cela n'était pas tout à fait dépourvu de vérité, car j'avais été tant soit peu un homme à projets dans mes jeunes années.

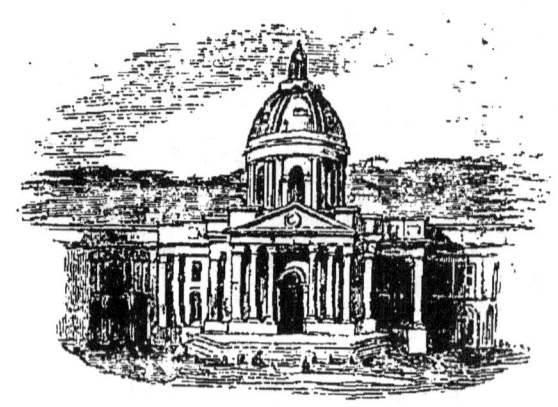

CHAPITRE V

L'auteur obtient la permission de voir la grande académie de Lagado. — Description détaillée de cette académie. — Arts et sciences dans lesquels ses professeurs s'exercent.

ETTE académie n'occupe pas un seul corps de logis, mais une suite de bâtiments des deux côtés d'une rue, lesquels, se trouvant inhabités, furent achetés et appliqués à cet usage.

Je fus reçu très-honnêtement par le concierge, et je retournai plusieurs jours de suite à l'académie. Chaque pièce de ses bâtiments renfermait un homme à projets et quelquefois plusieurs, et il y avait environ cinq cents chambres dans l'établissement.

Le premier académicien que je vis était une maigre et piètre figure usée; il avait un visage et des mains couleur de suie, la barbe et les cheveux longs, un habit et une chemise de même couleur que sa peau. Il avait pâli huit ans sur un projet consistant à extraire les rayons du soleil contenus dans des concombres, afin de les enfermer dans des fioles bouchées hermétiquement, et pour qu'ils pussent servir à échauffer l'air lorsque les étés seraient froids et humides : il me dit que dans huit autres années il pourrait fournir aux jardins du gouverneur des rayons du soleil à un prix raisonnable; mais il se plaignait de la baisse de

ses fonds, et il m'engagea à lui donner quelque chose pour l'encourager dans son travail, les concombres ayant été extrêmement chers cette année. Je lui fis un petit présent, mon hôte ayant eu l'attention de me fournir de la monnaie, parce qu'il connaissait la pratique ordinaire de ces savants, qui demandent à tous ceux qui viennent les voir.

Je passai dans une autre chambre; mais je tournai bien vite le dos, presque suffoqué par une horrible odeur. Mon conducteur me pressa cependant d'entrer, et me pria tout bas de prendre garde d'offenser un homme qui s'en souviendrait: ainsi je n'osai pas même me boucher le nez. L'ingénieur qui logeait dans cette chambre était le plus ancien de l'académie: son visage et sa barbe étaient d'un jaune pâle, et ses mains et ses habits étaient couverts de saleté. Lorsque je lui fus présenté, il m'embrassa très-étroitement, politesse dont je me serais bien

passé. Son occupation, depuis son entrée à l'académie, avait été de tâcher de faire revenir les excréments humains à la nature primitive des aliments dont ils étaient formés, par la séparation des parties diverses, et par la dépuration de la teinture que l'excrément reçoit du fiel, et qui cause sa mauvaise odeur. Il faisait évaporer cette odeur et enlevait l'écume salivaire. On lui donnait toutes les semaines, de la part de la société, un vase rempli de matières, à peu près de la grandeur d'un baril de Bristol.

J'en vis un autre occupé à calciner la glace, pour en extraire, disait-il, de fort bon salpêtre, et en faire de la poudre à canon : il me montra un traité sur la malléabilité du feu, qu'il avait l'intention de publier.

Je vis ensuite un très-ingénieux architecte qui avait trouvé une nouvelle manière de bâtir les maisons en commençant par le faîte et en finissant par les fondations, pratique qui était

justifiée par l'exemple de deux insectes d'une prudence reconnue, l'abeille et l'araignée.

Il se trouvait là aussi un homme aveugle de naissance, qui avait sous lui plusieurs apprentis aveugles comme lui. Leur occupation était de composer des couleurs pour les peintres. Ce maître leur enseignait à les distinguer par le tact et par l'odorat. Je fus assez malheureux pour les trouver alors très-peu avancés dans leur métier; et le maître lui-même se trompait généralement dans ses compositions de couleurs.

Dans une autre chambre, je vis avec plaisir l'inventeur d'un secret pour labourer la terre avec des cochons, épargnant ainsi les frais des chevaux, des bœufs, de la charrue et du laboureur. Voici sa méthode : dans l'espace d'un acre de terre on enfouissait de six en six pouces une quantité de glands, de dattes, de châtaignes, et autres végétaux dont les cochons sont friands; alors on lâchait dans le champ six cents ou plus de ces animaux, et, par le moyen de leurs pieds et de leur museau, ils mettaient en très-peu de temps la terre en état d'être ensemencée, et ils l'engraissaient en même temps avec leur fumier. Par malheur, on en avait fait l'expérience, et l'on avait trouvé les procédés dispendieux et d'une pratique difficile; en outre le champ n'avait presque rien produit. On ne doutait pas néanmoins que cette invention ne fût susceptible de grands perfectionnements.

Je passai dans une autre chambre; elle était toute tapissée de toiles d'araignée, qui laissaient à peine un petit espace libre

pour donner passage à l'habitant de ce réduit. Dès qu'il me vit, il cria : « Prenez garde de troubler mes travailleuses! » Il déplorait l'erreur fatale qui depuis si longtemps avait poussé les hommes à faire usage des vers à soie, tandis qu'ils avaient à leur disposition tant d'insectes domestiques supérieurs aux premiers en ce qu'ils savaient non-seulement filer, mais tisser. Il se proposait encore d'épargner les frais de teinture en employant les toiles d'araignées, et je compris comment cela pouvait se faire lorsqu'il me montra un grand nombre de mouches de couleurs diverses et brillantes, avec lesquelles il nourrissait ses araignées. Il me dit que, comme il en avait de toutes les nuances, il espérait pouvoir satisfaire tous les goûts aussitôt qu'il aurait pu trouver l'espèce d'aliments propre à ses mouches, la gomme, les huiles et le gluten nécessaires pour que les fils de l'araignée prissent une consistance suffisante.

Je me sentais depuis quelques moments une légère douleur d'entrailles, lorsque mon conducteur me fit entrer fort à propos dans la chambre d'un grand médecin, célèbre pour avoir trouvé le secret de guérir la colique par l'emploi d'un mécanisme agissant en sens contraire à l'opération des entrailles. Il avait un grand soufflet, dont le tuyau, très-long et très-mince, était

d'ivoire; il insinuait plusieurs fois ce tuyau à huit pouces dans le corps, et il prétendait, par cette espèce de clystère de vent, chasser tous les vents intérieurs, purger, et rendre ainsi les entrailles aussi plates qu'une vessie vide. Mais quand le mal était violent, il introduisait le tuyau, le soufflet étant plein de vent, et il le déchargeait dans le corps du malade, puis le retirait pour le remplir de nouveau, en appuyant son pouce sur l'orifice du fondement. Après avoir répété l'opération trois ou quatre fois, le vent introduit sortait avec violence, entraînant avec lui les vapeurs nuisibles, de même que l'eau nettoie les conduits d'une pompe, et le malade était guéri. Je vis faire l'expérience des deux opérations sur un chien; mais je ne pus discerner aucun effet produit par la première. Après la seconde, l'animal semblait près de crever, et il fit une décharge si terrible, que nous en fûmes tous très-désagréablement affectés. Le chien mourut sur la place, et nous laissâmes le docteur occupé à le ressusciter par la même opération.

Je vis ensuite un célèbre astronome qui avait entrepris de placer un cadran à la pointe du grand clocher de l'hôtel de ville, ajustant les mouvements diurnes et annuels de la terre et du soleil, de manière qu'ils pussent s'accorder avec les mouvements accidentels de la girouette.

Je visitai encore plusieurs autres chambres; mais je ne fatiguerai point le lecteur du récit des choses curieuses que j'y remarquai, car je me fais un devoir d'être aussi bref, aussi concis que possible.

Je n'avais vu que le côté du bâtiment consacré aux inventions mécaniques; l'autre partie de l'édifice était appropriée à ceux qui cultivent les sciences abstraites, et j'en dirai quelques mots quand j'aurai fait mention d'un illustre personnage appartenant à la première division, et connu sous le nom d'artiste universel. Il nous dit qu'il avait passé trente ans à réfléchir sur les moyens d'améliorer la vie humaine. Il avait deux grandes pièces remplies de curiosités, et cinquante ouvriers travaillaient sous ses ordres. Les uns condensaient l'air jusqu'à le rendre tangible, en extrayant le nitre et en laissant évaporer les particules fluides et aqueuses; les autres amollissaient le marbre, pour en faire des oreillers et des pelotes; d'autres pétrifiaient la corne d'un cheval vivant, afin de le préserver d'enclouures. Le maître était occupé de deux grands desseins : le premier était d'ensemencer les terres avec du chaume, dans lequel, suivant lui, la véritable vertu séminale était contenue, comme il le prouvait par différentes expériences que je n'eus pas l'esprit de comprendre; l'autre était d'empêcher, au moyen de certaine composition de gomme, de minéraux et de végétaux, la croissance de la laine sur deux jeunes agneaux. Il espérait, au bout d'un espace de temps raisonnable, propager dans le pays la race des moutons sans toison.

En traversant un jardin, nous nous trouvâmes de l'autre côté de l'académie, où, comme je l'ai dit, résidaient les savants abstraits.

Le premier professeur que je vis était dans une grande pièce, entouré de quarante élèves. Après les premières salutations, comme il s'aperçut que je regardais attentivement une machine qui tenait presque toute la chambre, il me dit que je serais peut-être surpris d'apprendre qu'il nourrissait en ce moment un projet consistant à perfectionner les sciences spéculatives par des opérations mécaniques. Il se flattait que le monde reconnaîtrait bientôt l'utilité de ce système, et il se glorifiait d'avoir eu la plus noble pensée qui fût jamais entrée dans un cerveau humain. Chacun sait, disait-il, combien les méthodes ordinaires employées pour atteindre aux diverses connaissances sont laborieuses ; et, par ces inventions, la personne la plus ignorante pouvait, à un prix modéré et par un léger exercice corporel, écrire des livres philosophiques, de la poésie, des traités sur la politique, la théologie, les mathématiques, sans le secours du génie ou de l'étude. Alors il me fit approcher du métier autour duquel étaient rangés ses disciples.

Ce métier avait vingt pieds carrés, et sa superficie se composait de petits morceaux de bois à peu près de la grosseur d'un dé, mais dont quelques-uns étaient un peu plus gros. Ils étaient liés ensemble par des fils d'archal très-minces. Sur

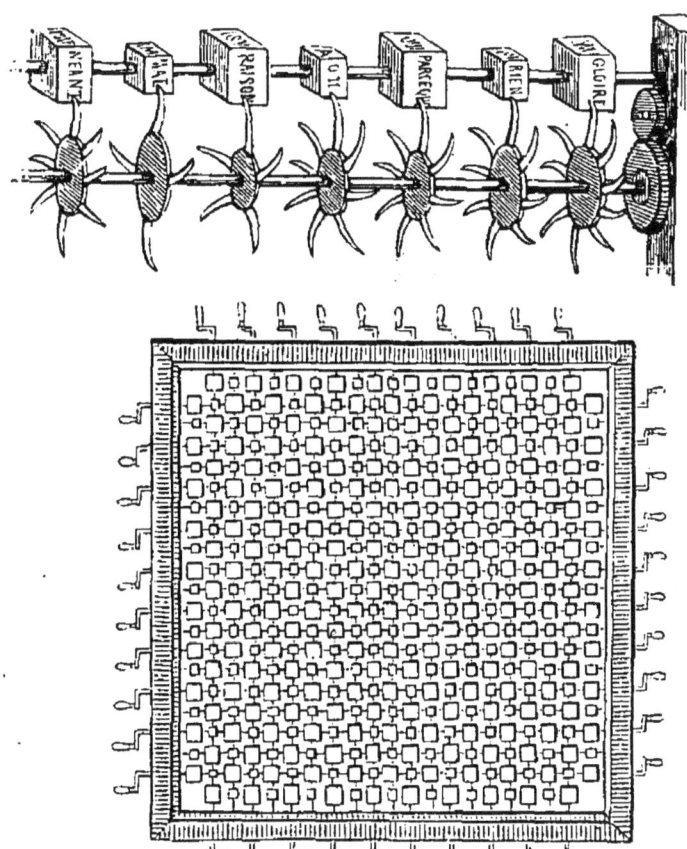

chaque face des dés étaient collés des papiers, et sur ces papiers on avait écrit tous les mots de la langue dans leurs différents modes, temps ou déclinaisons, mais sans ordre. Le maître m'invita à regarder, parce qu'il allait mettre la machine en mouvement. A son commandement, les élèves prirent chacun une des manivelles en fer, au nombre de quarante, qui étaient fixées le long du métier, et, faisant tourner ces manivelles, ils changèrent totalement la disposition des mots. Le professeur commanda alors à trente-six de ses élèves de lire tout bas les lignes à mesure qu'elles paraissaient sur le métier, et quand il se trouvait trois ou quatre mots de suite qui pouvaient faire partie d'une phrase, ils la dictaient aux quatre autres jeunes gens qui servaient de secrétaires. Ce travail fut recommencé trois ou quatre fois, et à chaque tour les mots changeaient de place, les petits cubes étant renversés du haut en bas.

Les élèves étaient occupés six heures par jour à cette besogne, et le professeur me montra plusieurs volumes grand in-folio de

phrases décousues qu'il avait déjà recueillies et qu'il avait l'intention d'assortir, espérant tirer de ces riches matériaux un corps complet d'études sur toutes les sciences et tous les arts. Mais il pensait que cette entreprise serait grandement activée, et arriverait à un très-haut degré de perfection, si le public consentait à fournir les fonds nécessaires pour établir cinq cents machines semblables dans le royaume, et si les directeurs de ces établissements étaient obligés de contribuer en commun aux différentes collections.

Je fis mes très-humbles remerciements à cet illustre personnage pour les communications dont il m'avait gratifié, et je l'assurai que, si j'avais le bonheur de revoir mon pays, je lui rendrais justice en le citant parmi mes compatriotes comme l'unique auteur de cette merveilleuse machine. Je désirai prendre le dessin de sa forme et de ses divers mouvements; on a pu le voir dans les planches ci-dessus. Je dis encore à l'académicien que, nonobstant l'usage établi chez les savants en Europe de se voler mutuellement les inventions, ce qui laisse toujours quelques doutes sur le véritable inventeur, je prendrais de telles précautions, que l'honneur de sa découverte lui resterait tout entier.

De là nous allâmes à l'école des langues, où trois professeurs conféraient ensemble sur le perfectionnement de celle de leur pays.

Leur premier projet était d'abréger les discours en mettant les polysyllabes en une seule syllabe, et en supprimant les verbes et les particules, toutes les choses imaginables n'étant en réalité que des noms.

L'autre projet consistait à se passer de toute espèce de mots; et l'on trouvait à cela de grands avantages et pour la santé et pour l'économie du temps. Il est évident que chaque mot prononcé diminue à certain degré nos poumons par l'action corrosive de la parole, et conséquemment abrége la vie. On proposait donc comme expédient, les mots n'étant que les noms des choses, de porter avec soi tous les objets que l'on aurait besoin de désigner dans les affaires ou dans les discussions. Ce projet aurait probablement été adopté, au grand bénéfice de la santé et de la commodité des sujets, si les femmes, le bas peuple et les ignorants n'avaient menacé de se révolter dans le cas où on ne leur permettrait pas de parler avec leur langue, à la manière de leurs aïeux; tant le vulgaire se montre toujours l'ennemi irréconciliable des lumières. Cependant quelques-uns des plus spirituels et des plus doctes font usage de la nouvelle méthode, qui n'était embarrassante pour eux que lorsqu'ils avaient à traiter différents sujets; car ils étaient obligés de porter sur leur dos des fardeaux énormes, quand ils n'avaient pas le moyen d'entretenir deux valets vigoureux pour s'épargner cette peine. J'ai vu souvent deux de ces savants hommes pliant sous leur charge, qu'ils portaient à la façon de nos colporteurs, s'arrêter dans la rue pour causer ensemble, poser à terre leur paquet, délier leur sac; ensuite, après une heure de conversation, ils s'aidaient réciproquement à se charger, et prenaient congé l'un de l'autre.

Pour les discours communs, on pouvait porter dans ses poches et sous ses bras tout ce qu'il était nécessaire d'exprimer; et chez soi on avait toujours tout ce qu'il fallait. Mais les pièces dans lesquelles devaient se réunir plusieurs personnes parlant ce langage, étaient pourvues de toutes les choses qui pouvaient servir à la conversation artificielle.

Un autre avantage de cette invention, c'est qu'elle établissait une langue universelle, qui serait entendue de toutes les nations civilisées, les ustensiles et instruments d'un usage commun étant les mêmes chez toutes les nations : cela aurait épargné la peine d'étudier les langues étrangères.

De là nous entrâmes dans l'école de mathématiques, dont le maître se servait, pour instruire ses disciples, d'une méthode que les Européens auront de la peine à s'imaginer : chaque démonstration était écrite sur du pain à chanter, avec une certaine encre de teinture céphalique. L'écolier à jeun avalait ce pain à chanter, et pendant trois jours il ne prenait qu'un peu de pain et d'eau. Pendant la digestion du pain à chanter, la teinture céphalique montait au cerveau et y portait la proposition. Cependant cette méthode n'avait pas eu beaucoup de succès jusque-là; mais c'était, disait-on, parce qu'on s'était trompé quelque peu dans le *quantum satis*, c'est-à-dire dans les doses de la composition; ou parce que les écoliers, malins et indociles, au lieu d'avaler le bolus, qui leur semblait nauséabond, le jetaient de côté; ou que, s'ils le prenaient, ils le rendaient avant qu'il eût pu faire son effet; ou bien enfin parce qu'ils ne pouvaient s'astreindre à l'abstinence prescrite.

CHAPITRE VI

Suite de la description de l'Académie.
— L'auteur propose quelques améliorations, qui sont honorablement accueillies.

E ne fus pas fort satisfait de l'école de politique, que je visitai ensuite. Tous les professeurs me semblèrent en démence, et cet état m'a toujours inspiré beaucoup de tristesse. Ces pauvres insensés formaient des plans pour persuader aux rois de choisir leurs favoris parmi les plus sages, les plus capables, les plus vertueux; ils voulaient aussi enseigner aux ministres à considérer seulement le bien public, à récompenser le mérite, le savoir, l'habileté et les services éminents rendus à l'État : ils prétendaient montrer encore aux princes que leur intérêt et celui de leur peuple reposaient sur la même base, et qu'ils ne devaient confier les emplois publics qu'à des personnes douées des qualités convenables pour les remplir; enfin ils rêvaient à beaucoup d'autres chimères impossibles à réaliser, et qui n'étaient jamais venues à l'esprit de personne. Cela me confirma la vérité du vieil adage : Il n'y a rien d'absurde ou d'extravagant qui n'ait été soutenu par quelque philosophe.

Je dois dire cependant, pour rendre justice à cette section de l'Académie, que tous ses membres n'étaient pas visionnaires au même degré. Je remarquai un très-ingénieux médecin, qui me parut profondément versé dans la science du gouvernement; cet illustre docteur avait utilement employé ses études à trouver

des remèdes efficaces pour les différentes maladies auxquelles sont assujetties les diverses branches de l'administration, soit par les vices et les infirmités des gouvernants, soit par la licence de ceux qui doivent obéir. Par exemple, tous les philosophes s'accordant à reconnaître une ressemblance exacte et universelle entre le corps humain et le corps politique, il semble évident que la santé de l'un et de l'autre peut être préservée ou rétablie par les mêmes remèdes. Il est reconnu que les sénats et les grands conseils sont souvent affligés d'humeurs pléthoriques, ébullientes, et autres humeurs peccantes, de plusieurs maladies de la tête, et d'un plus grand nombre de maladies du cœur, qui produisent de fortes convulsions, de pénibles contractions dans les nerfs des mains, surtout de la main droite; des affections splénétiques, des flatuosités, des vertiges, du délire; des tumeurs scrofuleuses pleines de matière purulente et fétide, des aigreurs, une faim canine, des digestions laborieuses et d'autres maux inutiles à énumérer.

Ce docteur proposait donc que, lorsque les grands corps de l'État s'assembleraient, des médecins nommés exprès assistassent à leurs trois premières séances, et à la fin des débats vinssent tâter le pouls à chaque sénateur ou législateur. Ces médecins devaient ensuite consulter ensemble sur la nature des maladies et sur le traitement qu'elles exigeaient, et retourner à la quatrième séance, suivis d'apothicaires portant les drogues nécessaires, afin d'administrer à chaque membre, avant l'ouverture des débats, des remèdes astringents, palliatifs, laxatifs, céphalalgiques, hystériques, apophlegmatiques, acoustiques, etc., selon la nature du mal. On devait, suivant l'effet, réitérer, changer ou cesser les remèdes.

Ce projet ne pouvait entraîner de grands frais; et, selon mon humble avis, il serait très-utile pour accélérer les affaires dans les pays où de grandes assemblées ont part à la législation. Cela produirait l'unanimité, et abrégerait en conséquence les discussions; cela ouvrirait quelques bouches maintenant closes, et d'autres, qui sont trop souvent ouvertes, se fermeraient. La pétulance du jeune homme serait contenue, l'obstination du vieillard serait corrigée, le stupide se réveillerait, l'étourdi se calmerait.

De plus, comme on se plaint ordinairement de la courte mémoire des favoris des princes, le même docteur voulait que quiconque aurait affaire à un ministre, après avoir exposé le cas en très-peu de mots, eût la liberté de donner au susdit ministre une chiquenaude sur le nez, un coup de pied dans le ventre, de lui tirer les oreilles, de marcher sur ses cors, ou de lui ficher une épingle dans sa culotte : tout cela pour l'empêcher d'oublier l'affaire dont il lui aurait parlé; et à chaque audience on pourrait réitérer la même opération, jusqu'à ce que la chose fût accordée ou absolument refusée.

Il voulait aussi que chaque sénateur, dans l'assemblée générale de la nation, après avoir proposé son opinion et dit tout ce qu'il aurait à dire pour la soutenir, fût obligé de conclure dans le sens contraire, parce que, si l'on agissait ainsi, le résultat serait très-certainement favorable au bien public.

Dans le cas où des partis politiques ardents troubleraient la tranquillité, le docteur proposait un singulier moyen de les apaiser. Sa recette était comme il suit : Prenez une centaine de meneurs de chaque parti, rangez-les par couples, en les assortissant d'après la grosseur de leur tête; faites scier par un habile opérateur les deux crânes de chaque couple en même

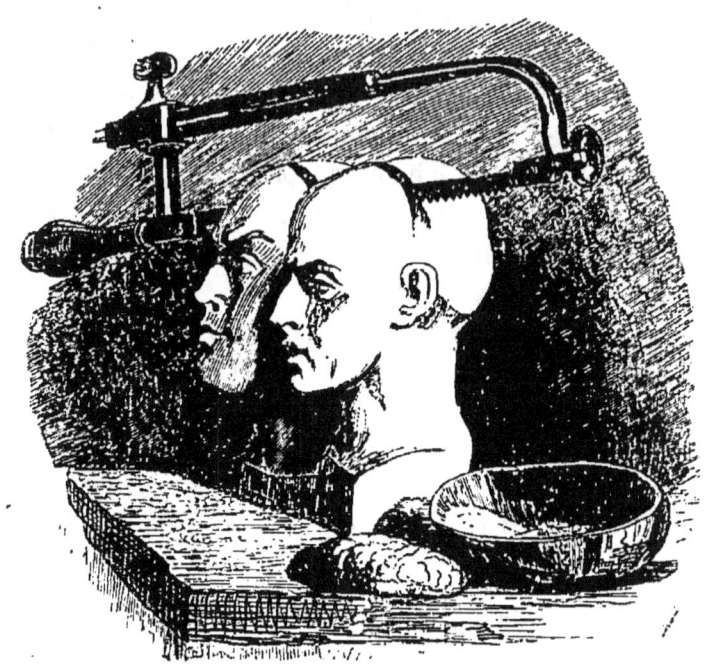

temps, de manière que le cerveau puisse être également divisé; échangez ensemble les occiputs ainsi coupés, en appliquant l'un au crâne de l'autre individu. Les couples se composaient toujours d'hommes de partis différents et de dimensions cérébrales égales. L'opération me semblait délicate; mais le professeur m'assura que, si elle était faite avec adresse, la guérison était infaillible. Il raisonnait ainsi : les deux demi-cerveaux, ayant à débattre l'un avec l'autre la question en litige dans l'espace d'un seul crâne, devaient nécessairement arriver à s'entendre, et cela produisait cette modération, cette régularité, si désirable dans les têtes de ceux qui se croient nés pour surveiller et gouverner tous les mouvements de ce monde. A l'égard des différences de qualité ou de quantité qui pouvaient se trouver dans les cerveaux de ces directeurs de factions, le docteur assura qu'elles étaient tout à fait insignifiantes.

J'entendis deux académiciens discuter avec chaleur sur le moyen de lever des impôts sans grever les peuples. L'un soutenait que la meilleure méthode serait d'établir une taxe sur les vices et les folies des hommes, et que chacun serait taxé suivant le jugement et l'estimation de ses voisins. L'autre académicien était d'un sentiment entièrement opposé, et prétendait qu'il fallait taxer les belles qualités du corps et de l'esprit dont chacun se piquait, et les taxer plus ou moins selon leurs degrés; en sorte que chacun serait son propre juge, et ferait lui-même sa déclaration. La plus forte taxe devait être mise sur les favoris du beau sexe, à proportion du nombre et de l'importance des faveurs qu'ils auraient reçues, et l'on devait s'en rapporter encore sur cet article à leur propre déclaration. On devait aussi taxer fortement l'esprit, la valeur et l'élégance des manières, selon l'aveu que chacun ferait de ces qualités; quant à l'honneur, à la probité, à la sagesse, à la modestie, on exemptait ces vertus de toute taxe, vu qu'étant très-rares, elles ne rendraient presque rien; car personne ne voudrait ni les reconnaître chez son voisin, ni se vanter soi-même de les posséder.

On devait pareillement taxer les dames en raison de leur beauté, de leurs grâces et du bon goût de leur toilette, suivant leur propre estimation, comme on faisait pour les hommes; mais la fidélité, la sincérité, le bon sens et le bon naturel chez les femmes, comme elles ne s'en piquent point, cela ne devait rien payer, parce que le produit qu'on en pourrait retirer ne suffirait pas pour les frais de recouvrement.

Afin que les sénateurs restassent toujours dévoués aux intérêts de la couronne, un autre académicien politique était d'avis qu'il fallait que le prince fît jouer tous les grands emplois à la rafle, de façon cependant que chaque sénateur, avant de jouer, fît serment et donnât caution qu'il opinerait ensuite selon les intentions de la cour, soit qu'il gagnât ou non; les perdants auraient ensuite le droit de jouer dès qu'il y aurait quelque emploi vacant. Ils seraient ainsi toujours pleins d'espérance; ils ne se plaindraient point des fausses promesses qu'on leur aurait données, et ne s'en prendraient qu'à la fortune, dont les épaules sont toujours plus fortes que celles du ministère.

Un autre académicien me fit voir un écrit contenant une méthode curieuse pour découvrir les complots et les cabales contre le gouvernement. Il conseillait d'examiner la nourriture des personnes suspectes, les heures de leurs repas, le côté sur lequel elles se couchent dans leur lit, et la nature de leurs digestions. Le projet était écrit avec beaucoup de talent, et

contenait des observations également utiles et curieuses pour les hommes d'État; cependant il me parut incomplet. Je m'aventurai à le dire à l'auteur, et j'offris d'y faire quelques additions. Il reçut ma proposition avec plus de complaisance que n'ont coutume de le faire les écrivains, surtout ceux qui appartiennent à la classe des théoriciens, et il m'assura qu'il serait charmé de profiter de mes lumières.

Je lui dis que dans le royaume de Tribnia, nommé Laugden par les naturels, où j'avais résidé pendant quelque temps dans le cours de mes voyages, la masse du peuple se composait en grande partie de dénonciateurs, d'espions, d'accusateurs, de témoins, de jureurs et autres instruments utiles et subalternes, à la solde des ministres et dévoués à leur volonté. Dans ce royaume, les intrigues et les complots sont en général fabriqués par ces sortes de gens, qui désirent établir leur réputation de profonds politiques, rendre la vigueur à une administration malade, étouffer ou détourner les mécontentements, remplir leurs coffres par les amendes et les confiscations, enfin élever ou abaisser le crédit public, suivant leurs intérêts privés. Ils conviennent entre eux d'avance des complots dont certaines personnes suspectes doivent être accusées. Ils saisissent les lettres et les papiers de ces personnes, et les font mettre en prison. On remet les papiers à une société d'artistes très-habile à trouver le sens caché des mots, des syllabes, des lettres.

Par exemple, ils découvriront qu'une chaise percée signifie un conseil privé;

Un troupeau d'oies, un sénat;

Un chien boiteux, un envahissement;

La peste, une armée permanente;

Un hanneton, un premier ministre;

La goutte, un grand prêtre;

Un gibet, un secrétaire d'État;

Un pot de chambre, un comité de grands seigneurs;

Un crible, une dame de la cour;

Un balai, une révolution;

Une souricière, un emploi public;

Un puits perdu, le trésor public;

Un égout, une cour;

Un bonnet à sonnettes, un favori;

Un roseau brisé, une cour de justice;

Un tonneau vide, un général;

Une plaie ouverte, les affaires publiques.

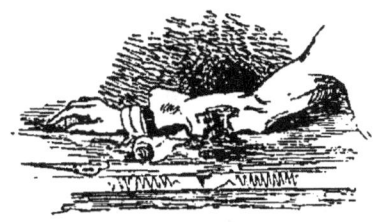

Quand ce moyen ne suffit point, ils en ont de plus efficaces, que leurs savants appellent acrostiches et anagrammes. D'abord ils donnent à toutes les lettres initiales un sens politique.

Ainsi, N pourrait signifier complot; — B, un régiment de cavalerie; — L, une flotte;

ou bien ils transposent les lettres d'un papier suspect de manière à mettre à découvert les desseins les plus cachés d'un parti mécontent : par exemple, vous lisez dans une lettre écrite à un ami : *Votre frère Thomas a les hémorroïdes;* l'habile déchiffreur trouvera dans l'assemblage de ces mots indifférents une phrase qui fera entendre que tout est prêt pour une sédition.

L'académicien me fit de grands remerciements de lui avoir communiqué ces petites observations, et me promit de faire de moi une mention honorable dans le traité qu'il allait mettre au jour très-prochainement sur ce sujet aussi ingénieux que nouveau.

Je ne vis rien dans ce pays qui pût m'engager à y faire un plus long séjour; aussi je commençai à songer à mon retour en Angleterre.

CHAPITRE VII.

L'auteur quitte Lagado, et arrive à Maldonada. — Il fait un petit voyage à Glubbdubdrib. — Comment il est reçu par le gouverneur.

Le continent dont ce royaume fait partie s'étend, autant que j'en puis juger, à l'est vers une contrée inconnue de l'Amérique, à l'ouest vers la Californie, et au nord vers l'océan Pacifique, qui n'est pas à plus de cent cinquante milles de Lagado. Ce pays a un port célèbre et un grand commerce avec l'île de Luggnagg, située au nord-ouest, à environ vingt degrés de latitude septentrionale, et à cent quarante de longitude. L'île de Luggnagg est au sud-ouest du Japon, et en est éloignée d'environ cent lieues. Il y a une étroite alliance entre l'empereur du Japon et le roi de Luggnagg; ce qui fournit de fréquentes occasions d'aller d'une île à l'autre. Je résolus donc de prendre ce chemin pour retourner en Europe. Je louai deux mules pour porter mon bagage, avec un guide pour me montrer le chemin. Je pris congé de mon illustre protecteur, qui m'avait témoigné tant de bonté; et, à mon départ, je reçus de lui un magnifique présent.

Il ne m'arriva pendant mon voyage aucune aventure qui mérite d'être rapportée. Lorsque je fus débarqué à Maldonada (c'est le nom du port de Lagado), il ne s'y trouvait pas de vaisseau prêt à partir pour Luggnagg.

Je fis bientôt quelques connaissances dans la ville, qui était à peu près de la grandeur de Portsmouth, et un gentilhomme de distinction me dit que, puisqu'il ne devait partir aucun navire pour Luggnagg avant un mois, je ferais bien, pour me distraire jusque-là, de faire un petit voyage à l'île de Glubbdubdrib, qui n'était éloignée que de cinq lieues vers le sud-ouest : il s'offrit lui-même à être de la partie avec un de ses amis, et à me fournir une petite barque.

Glubbdubdrib, si j'interprète exactement le mot, signifie l'*Ile des Sorciers* ou *des Magiciens*. Elle a trois fois l'étendue de l'île de Wight, et est très-fertile. Cette île est sous la puissance du chef d'une tribu toute composée de sorciers qui ne s'allient qu'entre eux, et laquelle a toujours pour prince le plus ancien de la tribu. Ce prince ou gouverneur a un palais magnifique, et un parc d'environ trois mille acres, entouré d'un mur en pierres de taille, de vingt pieds de haut. Le parc renferme d'autres petits enclos pour les bestiaux, le blé et les jardins.

Le gouverneur et sa famille sont servis par des domestiques d'une espèce assez extraordinaire. Par la connaissance qu'il a de la nécromancie, il possède le pouvoir d'évoquer les morts, et de les obliger à le servir pendant vingt-quatre heures, jamais plus longtemps; et il ne peut évoquer le même esprit qu'à trois mois d'intervalle, à moins que ce ne soit pour quelque grande occasion.

Lorsque nous abordâmes à l'île, il était environ onze heures du matin. Un des deux gentilhommes qui m'accompagnaient alla trouver le gouverneur, et lui dit qu'un étranger souhaitait d'avoir l'honneur de saluer Son Altesse. Ce compliment fut bien reçu. Nous entrâmes tous les trois dans la cour du palais, et nous passâmes au milieu d'une haie de gardes armés et habillés

d'une manière très-ancienne, et dont la physionomie avait quelque chose qui me causait une horreur indicible. Nous traversâmes les appartements, et rencontrâmes une foule de domestiques de la même sorte avant de parvenir jusqu'à la chambre du gouverneur.

Après que nous eûmes fait trois révérences profondes, il nous fit asseoir sur de petits tabourets au pied de son trône. Comme il entendait la langue des Balnibarbes, il me fit différentes questions au sujet de mes voyages; et, pour me marquer qu'il voulait agir avec moi sans cérémonie, il fit signe avec le doigt à tous ses gens de se retirer; et en un instant (ce qui m'étonna beaucoup) ils disparurent comme les visions d'un rêve.

J'eus de la peine à me rassurer; mais comme le gouverneur me dit que je n'avais rien à craindre, et que d'ailleurs je vis mes deux compagnons parfaitement tranquilles, parce qu'ils étaient faits à ce spectacle, je commençai à prendre courage, et racontai en peu de mots à Son Altesse les différentes aventures de mes voyages, non sans quelque hésitation, ni sans regarder plus d'une fois derrière moi la place où j'avais vu disparaître les fantômes.

J'eus l'honneur de dîner avec le gouverneur, qui nous fit servir par une nouvelle troupe de spectres. Je remarquai que ma

frayeur était moins grande à cette seconde apparition. Nous restâmes à table jusqu'au coucher du soleil; je priai Son Altesse de me permettre de ne pas coucher dans son palais, ainsi qu'il avait la bonté de m'y engager, et mes deux amis et moi nous allâmes chercher un lit dans la ville voisine, capitale de la petite île.

Le lendemain matin, nous revînmes rendre nos devoirs au gouverneur, comme il avait bien voulu nous le permettre; nous passâmes ainsi une dizaine de jours dans cette île, demeurant la plus grande partie de la journée avec le gouverneur, et la nuit à notre auberge. Je parvins à me familiariser tellement avec les esprits, que je n'en eus plus aucune peur; ou du moins, s'il m'en restait encore un peu, elle cédait à ma curiosité.

Son Altesse me dit un jour de lui nommer tels morts qu'il me plairait, qu'il me les ferait venir, et les obligerait de répondre à toutes les questions que je voudrais leur faire, à condition toutefois que je ne les interrogerais que sur ce qui s'était passé de leur temps; je pouvais, ajouta-t-il, être bien assuré qu'ils me diraient toujours la vérité, car le mensonge est un talent inutile dans l'autre monde. J'acceptai avec de très-humbles actions de grâces l'offre de Son Altesse.

Nous étions dans une pièce d'où l'on avait une très-belle vue sur le parc; et comme mon premier souhait fut de voir des scènes pompeuses et magnifiques, je demandai à voir Alexandre le Grand à la tête de son armée, tel qu'il était après la bataille d'Arbelles. Aussitôt, sur un signe du gouverneur, le prince grec parut sur un vaste champ au-dessous de la fenêtre où nous étions. Alexandre fut invité à monter dans la chambre. J'eus beaucoup de peine à entendre son grec, n'étant pas moi-même très-versé dans cette langue. Il m'assura sur son honneur qu'il n'avait pas été empoisonné, mais qu'il était mort d'une fièvre causée par un excès de boisson.

Je vis ensuite Annibal passant les Alpes; il me dit qu'il n'avait pas une seule goutte de vinaigre dans son camp.

Je vis César et Pompée, à la tête de leurs troupes prêtes à se charger; le premier était dans tout l'éclat de son triomphe. Je voulus voir le sénat romain dans une grande salle, avec une assemblée législative moderne rangée de l'autre côté. Le sénat me sembla une réunion de héros et de demi-dieux, auprès de laquelle l'autre assemblée avait l'air d'un ramassis de porte-balles, de filous, de voleurs de grand chemin et de matamores.

Sur ma demande, le gouverneur fit signe à César et à Brutus de s'avancer. Je fus frappé d'admiration et de respect à la vue de Brutus, et je discernai dans chacun de ses traits le courage le plus indomptable, la plus grande fermeté d'âme, le plus sincère amour pour sa patrie, joints à une extrême bienveillance. Je remarquai avec beaucoup de plaisir que ces deux personnes étaient en très-bonne intelligence l'une avec l'autre; et César m'avoua que toutes ses belles actions étaient au-dessous de celle de Brutus lui ôtant la vie.

J'eus l'honneur de causer longuement avec Brutus, et il me dit que son aïeul Junius, Socrate, Épaminondas, Caton le

Censeur, Thomas Morus et lui, étaient perpétuellement ensemble, et formaient un sextumvirat auquel tous les siècles du monde ne pouvaient ajouter un septième.

Je fatiguerais le lecteur si je citais le grand nombre de personnages illustres qui fut évoqué pour satisfaire au désir insatiable que j'avais de voir toutes les périodes de l'antiquité mises sous mes yeux; mais il me serait impossible d'exprimer la satisfaction que j'éprouvai, de manière à la faire partager à ceux qui liront ces pages.

CHAPITRE VIII

Continuation de la description de Glubbdubdrib. — Histoire ancienne et moderne corrigée.

ÉSIRANT voir les anciens les plus renommés pour l'esprit et la science, je voulus leur consacrer un jour. Je demandai qu'on fît apparaître Homère et Aristote à la tête de leurs commentateurs; ceux-ci étaient tellement nombreux, qu'il y en eut plusieurs centaines qui furent obligés d'attendre dans les antichambres et dans les cours du palais. Au premier coup d'œil je reconnus ces deux grands hommes, et les distinguai non-seulement de la foule, mais aussi l'un de l'autre. Homère était le plus grand, et avait une meilleure mine qu'Aristote; il se tenait très-droit pour son âge, et ses yeux étaient les plus vifs, les plus perçants que j'eusse jamais vus. Aristote se courbait beaucoup, et il se servait d'une canne. Son visage était maigre, ses cheveux rares et lisses, sa voix creuse. Je m'aperçus bientôt qu'ils étaient l'un et l'autre parfaitement étrangers au reste de la compagnie, et qu'ils n'en avaient pas entendu parler auparavant.

Un spectre, que je ne nommerai point, me dit à l'oreille que ces commentateurs se tenaient toujours le plus loin qu'ils pouvaient de leurs auteurs dans le monde souterrain, parce qu'ils étaient honteux d'avoir si indignement transmis à la postérité les pensées de ces grands écrivains. Je présentai à Homère Didyme et Eustathius, et je l'engageai à les traiter mieux qu'ils ne le méritaient peut-être; car il reconnut bientôt qu'ils n'avaient pas le génie nécessaire pour comprendre un poëte. Mais Aristote perdit patience lorsque je lui rendis compte des travaux de Scot et de Ramus, en lui présentant ces deux savants; et il leur demanda si tous les individus de leur classe étaient aussi benêts qu'ils paraissaient l'être eux-mêmes.

Alors je priai le gouverneur d'évoquer Descartes et Gassendi, et j'engageai ceux-ci à expliquer leurs systèmes à Aristote. Ce grand philosophe reconnut ses erreurs en physique, lesquelles provenaient de ce qu'il avait raisonné d'après des conjectures, comme tous les hommes doivent le faire; et il nous fit remarquer que Gassendi, qui avait rendu la doctrine d'Épicure aussi intelligible qu'il l'avait pu, et les tourbillons de Descartes, avaient été à leur tour rejetés. Il prédit le même sort à l'attraction, que les savants de nos jours soutiennent avec tant d'ardeur.

Il disait que tout système nouveau sur les choses naturelles n'était qu'une mode nouvelle, et devait varier à chaque siècle; que ceux qui prétendaient les appuyer sur des démonstrations mathématiques auraient de même une vogue momentanée, et tomberaient ensuite dans l'oubli.

Je passai cinq jours à converser avec d'autres savants hommes de l'antiquité. Je vis là plupart des empereurs romains. Le gouverneur eut la complaisance d'évoquer les cuisiniers d'Héliogabale, pour apprêter notre dîner; mais ils ne purent nous montrer toute leur habileté, faute de matériaux. Un ilote d'Agésilas nous fit un plat de brouet noir lacédémonien; nous ne pûmes avaler la seconde cuillerée de ce mets.

Les deux gentilshommes qui m'avaient conduit dans l'île étant obligés de retourner chez eux trois jours après, j'employai ces jours-là à voir quelques-uns des morts illustres des trois

derniers siècles, soit de notre pays, soit des autres contrées de l'Europe; et, comme j'ai toujours été grand admirateur de la noblesse, je priai le gouverneur d'évoquer une ou deux douzaines de rois avec leurs ancêtres par ordre généalogique, en remontant jusqu'à huit ou neuf générations. Mais je fus surpris autant que contristé; car, au lieu de voir une longue suite de diadèmes, je comptai dans une famille deux joueurs de violons, trois courtisans petits-maîtres, et un prélat italien; dans une autre, un barbier, un abbé et deux cardinaux. Ma vénération pour les têtes couronnées m'interdit de m'arrêter longtemps sur un sujet aussi délicat; mais à l'égard des comtes, des marquis, des ducs et autres gens titrés, je ne fus pas si scrupuleux, et je pris plaisir à trouver l'origine des traits distinctifs de certaines maisons.

Je vis clairement pourquoi plusieurs d'entre elles ont le nez long, d'autres le menton pointu, d'autres le visage basané et les traits effroyables, d'autres les yeux beaux et le teint blond et délicat; pourquoi dans telles familles il y a beaucoup de fous et d'étourdis; dans d'autres, beaucoup de fourbes et de fripons. Je compris pourquoi l'on pouvait appliquer à quelques nobles races ce que Polydore Virgile a dit d'une grande maison de son temps : « Elle ne compte pas un homme courageux, pas une femme vertueuse. »

Je sus comment la cruauté, la perfidie, la couardise, étaient devenues les signes caractéristiques de certaines familles, et les faisaient reconnaître aussi bien que leurs armes et leurs livrées. J'appris quel individu avait introduit une honteuse maladie dans une lignée où ce mal s'était perpétué de génération en génération sous la forme de tumeurs scrofuleuses. Rien ne me parut surprenant dans tout cela, lorsque je vis des troncs généalogiques coupés par des pages, des laquais, des cochers, des musiciens, des comédiens, des aventuriers et des escrocs.

Mes découvertes sur l'histoire moderne furent les plus mortifiantes. Je reconnus que les historiens ont transformé des guerriers imbéciles et poltrons en grands capitaines, des insensés et de petits esprits en grands politiques, des flatteurs et des courtisans en gens de bien, des athées en personnages religieux, d'infâmes débauchés en gens chastes, et des délateurs de profession en cœurs vrais et sincères. Je sus de quelle manière des personnes innocentes avaient été condamnées à la mort ou au bannissement par l'intrigue de favoris qui avaient corrompu les juges, et combien de lâches coquins avaient été élevés aux emplois les plus honorables, les plus lucratifs, les plus importants dans l'État. Je vis quelle part immense les prostituées et leurs proxénètes ont eue dans les grands événements, et combien les cours, les conseils, les sénats, ont été influencés par des femmes galantes, des débauchés, des parasites et des bouffons. Oh! que je conçus alors une basse idée de l'humanité! Que la sagesse et la probité des hommes me parurent peu de chose, en voyant la source de toutes les révolutions, le motif honteux des entreprises les plus éclatantes, les ressorts, ou plutôt les accidents imprévus, et les bagatelles qui les avaient fait réussir!

Je découvris l'ignorance et la mauvaise foi de nos historiens, qui prétendent écrire des anecdotes ou des mémoires secrets, et qui ont fait mourir par le poison tant de rois, conté les entretiens particuliers de tel ou tel prince avec son ministre, et qui auraient, si on les en croyait, crocheté les cabinets des souverains, des ministres et des ambassadeurs, et pénétré le fond même de leurs pensées, sur lesquelles ils ont eu le malheur de se tromper presque constamment.

Ce fut là que j'appris les causes secrètes de quelques événements qui ont étonné le monde; je vis comment une coquette avait gouverné le boudoir, le boudoir le conseil, le conseil le sénat.

Un général d'armée m'avoua qu'il avait une fois remporté une victoire par sa poltronnerie et par son imprudence; et un amiral me dit qu'il avait battu malgré lui une flotte ennemie, lorsqu'il avait envie de laisser battre la sienne. Il y eut trois rois qui me déclarèrent qu'ils n'avaient jamais récompensé ni élevé aucun homme de mérite, si ce n'est une fois que leur ministre les trompa, et se trompa lui-même sur ce point; qu'en cela ils étaient convaincus qu'ils avaient eu raison. Ils affirmaient qu'ils agiraient de même s'ils revenaient au monde; car les trônes ne peuvent se soutenir que par la corruption, et le caractère positif, confiant, inflexible, que la vertu donne à un homme, est la chose la plus incommode dans les affaires publiques.

J'eus la curiosité de m'informer par quel moyen beaucoup de gens étaient parvenus à une très-haute fortune. Je me bornai à ces derniers temps, sans néanmoins toucher au temps présent, de peur d'offenser même les étrangers (car il n'est pas nécessaire que j'avertisse que tout ce que j'ai dit jusqu'ici ne regarde point mon cher pays). Un grand nombre de personnes furent appelées, et le plus léger examen me fit découvrir tant d'infamies, que je ne puis y penser sans tristesse. Le parjure, l'oppression, la subornation, la séduction, la fraude, les viles complaisances, et d'autres turpitudes, étaient les moyens les plus excusables qui avaient amené leur élévation. Mais plusieurs confessèrent qu'ils devaient leur grandeur aux plus horribles débauches, à l'inceste, à la prostitution de leurs femmes et de leurs filles; d'autres, qu'ils avaient trahi leur patrie et leur souverain; d'autres, qu'ils avaient employé le poison; enfin le plus grand nombre, qu'ils avaient perverti les lois pour perdre l'innocence. Après ces découvertes, je crois qu'on me pardonnera d'avoir désormais un peu moins d'estime et de vénération pour la grandeur, que j'honore et respecte naturellement, comme tous les inférieurs sont tenus d'honorer et de respecter ceux que la nature ou la fortune ont placés dans un rang supérieur.

J'avais lu dans quelques livres que des sujets avaient rendu de grands services à leur prince et à leur patrie, j'eus envie de les voir; mais on me dit qu'on avait oublié leurs noms, et qu'on se souvenait seulement de quelques-uns, dont les historiens avaient fait mention en les faisant passer pour des traîtres et des fripons. Ces gens de bien dont on avait oublié les noms parurent cependant devant moi, mais avec un air humilié et en mauvais équipage; ils me dirent qu'ils étaient tous morts dans la pauvreté et dans la disgrâce, et quelques-uns même sur un échafaud.

Parmi ceux-ci je vis un homme dont le cas me parut extraordinaire. Il avait à côté de lui un jeune homme de dix-huit ans. Il me dit qu'il avait été capitaine de vaisseau pendant plusieurs années, et que, dans le combat naval d'Actium, il avait enfoncé la première ligne, coulé à fond trois vaisseaux de premier rang, et en avait pris un de la même grandeur, ce qui avait été la seule cause de la fuite d'Antoine et de l'entière défaite de sa flotte; que le jeune homme qui était auprès de lui était son fils unique, qui avait été tué dans le combat. Il ajouta que, la guerre ayant été terminée, il était venu à Rome pour solliciter une récompense et demander le commandement d'un plus gros vaisseau dont le capitaine avait péri dans le combat; mais que, sans qu'on eût égard à sa demande, cette place avait été donnée à un jeune homme qui n'avait encore jamais vu la mer, au fils de Libertina, suivante d'une des maîtresses de l'empereur. Ce brave homme étant retourné à son service, on l'avait accusé d'avoir manqué à son devoir, et le commandement de son vaisseau avait été donné à un page, favori du vice-amiral Publicola; obligé alors de se retirer chez lui, dans une pauvre ferme loin de Rome, il y avait fini ses jours. Désirant savoir si cette histoire était véritable, je demandai à voir Agrippa, qui dans ce combat avait été l'amiral de la flotte victorieuse : il parut, et me confirmant la vérité de ce récit, il y ajouta des circonstances que la modestie du capitaine avait omises.

Je fus surpris de voir combien la corruption s'était étendue rapidement dans cet empire, et cela diminua mon étonnement à l'égard des exemples analogues offerts en d'autres pays où les vices de toutes sortes ont régné si longtemps, où les louanges et le pillage sont monopolisés par les généraux, bien qu'ils y aient souvent moins de titres que le dernier de leurs soldats.

Comme chacun des personnages qu'on évoquait paraissait tel qu'il avait été dans le monde, je vis avec douleur combien, depuis cent ans, le genre humain avait dégénéré; combien la débauche, avec toutes ses conséquences, avait altéré les traits du visage, rapetissé les corps, retiré les nerfs, relâché les muscles, effacé les couleurs, et corrompu la chair des Anglais.

Je voulus voir enfin quelques-uns de nos anciens paysans, dont on vante la simplicité, la sobriété, la justice, le véritable esprit de liberté, le courage, le patriotisme. Je les vis, et ne pus m'empêcher d'être péniblement ému en les comparant avec ceux d'aujourd'hui, qui se sont si tristement éloignés des vertus natives, qui vendent à prix d'argent leurs suffrages dans l'élection des députés au parlement, et ont acquis sur ce point toute la finesse et tout le manége des gens de cour.

CHAPITRE IX.

Retour de l'auteur à Maldonada.
— Il fait voile pour le royaume de Luggnagg.
— A son arrivée il est arrêté, ensuite conduit à la cour. —
Grande indulgence du roi envers ses sujets.

LE jour de notre départ étant arrivé, je pris congé de Son Altesse le gouverneur de Glubbdubdrib, et retournai avec mes deux compagnons à Maldonada, où, après avoir attendu quinze jours, je m'embarquai sur un navire qui partait pour Luggnagg. Les deux gentilshommes et quelques autres personnes encore eurent l'honnêteté de me fournir les provisions nécessaires pour ce voyage, et de me conduire jusqu'à bord.

Je fus un mois en route. Nous essuyâmes une violente tempête, et fûmes contraints de gouverner au nord, pour prendre avantage des vents alizés qui règnent dans un espace de soixante lieues. Le 21 avril 1708, nous entrâmes dans la rivière de Clumegnig, port de mer au sud-est de Luggnagg. Nous jetâmes l'ancre à une lieue de la ville, et donnâmes le signal pour faire venir un pilote. En moins d'une demi-heure il y en eut deux à bord; ils nous guidèrent au milieu d'écueils très-dangereux qui parsèment cette rade.

Quelques-uns de nos matelots, soit par trahison, soit par imprudence, dirent aux pilotes que j'étais un étranger. Ceux-ci en avertirent un commis de la douane, qui m'examina attentivement aussitôt que j'eus pris terre. Cet employé me parla dans la langue balnibarbienne, que comprennent dans cette ville les commerçants, et surtout les gens de mer et les douaniers. Je lui répondis en peu de mots, et lui fis une histoire aussi vraisemblable qu'il me fut possible; mais je crus qu'il était nécessaire

de déguiser mon pays, et de me dire Hollandais, ayant dessein
d'aller au Japon, où je savais que les Hollandais seuls étaient
reçus. Je dis donc au commis qu'ayant fait naufrage sur la côte
des Balnibarbes, j'avais été dans l'île volante de Laputa, dont
j'avais souvent ouï parler, et que maintenant je songeais à me
rendre au Japon, afin de pouvoir retourner de là dans mon pays.
Le commis me dit qu'il était obligé de m'arrêter jusqu'à ce qu'il
eût reçu des ordres de la cour, où il allait écrire, et d'où il
espérait recevoir réponse dans quinze jours. On me donna un
logement convenable, et l'on mit une sentinelle à ma porte.

J'avais un grand jardin pour me promener, et je fus traité avec
assez d'humanité; ma dépense était à la charge du roi. Plusieurs
personnes me rendirent visite, excitées par la curiosité à voir
un homme qui venait d'un pays très-éloigné dont ils n'avaient
jamais entendu parler.

J'engageai un jeune homme de notre vaisseau pour me servir d'interprète. Il était natif de Luggnagg; mais, ayant passé
plusieurs années à Maldonada, il savait parfaitement les deux
langues. Avec son secours, je fus en état d'entretenir tous ceux
qui me faisaient l'honneur de venir me voir.

La réponse de la cour vint au bout de quinze jours, comme on l'attendait: elle portait un ordre de me faire conduire avec ma suite par un détachement de dix chevaux à Traldragdubh ou Trildrogdrib; car on prononce des deux manières. Toute ma suite se composait de ce pauvre garçon qui me servait d'interprète. On expédia un courrier, qui nous devança d'une demi-journée, pour donner avis au roi de mon arrivée prochaine, et pour demander à Sa Majesté le jour et l'heure où je pourrais avoir l'honneur de *lécher la poussière devant les marches de son trône.* Tel est le style de cette cour, et je reconnus que ce n'était pas une simple forme de discours; car, lorsque je fus présenté deux jours après mon arrivée, on me fit coucher

et ramper sur le ventre, et balayer le plancher avec ma langue à mesure que j'avançais vers le trône du roi; mais comme j'étais étranger, on avait eu l'honnêteté de nettoyer le plancher. C'était une grâce particulière qui ne s'accordait pas même aux personnes du premier rang lorsqu'elles avaient l'honneur d'être reçues à l'audience de Sa Majesté; quelquefois même on laissait exprès le plancher très-sale et très-poudreux lorsque ceux qui venaient à l'audience avaient des ennemis à la cour. Je vis une fois un seigneur avoir la bouche tellement remplie de poussière, qu'en arrivant près du trône il lui fut impossible d'articuler un seul mot. A ce malheur il n'y a point de remède; car il est défendu, sous des peines très-graves, de cracher ou de s'essuyer la bouche en présence du roi.

Il y a même en cette cour un autre usage que je ne puis approuver. Lorsque le roi veut faire mourir quelque seigneur ou quelque courtisan d'une manière qui ne le déshonore point, il fait jeter sur le plancher une certaine poudre brune, qui ne manque point de le dépêcher au bout de vingt-quatre heures; mais, pour rendre justice à la grande bonté de ce prince et au soin qu'il a de ménager la vie de ses sujets, il faut dire qu'après de semblables exécutions il a coutume d'ordonner très-expressément de bien balayer le plancher; et si ses domestiques

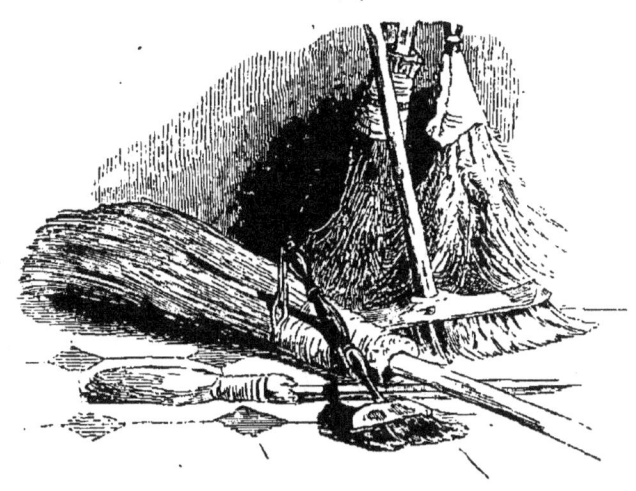

l'oubliaient, ils courraient risque de tomber dans sa disgrâce. Je le vis un jour condamner un petit page à être bien fouetté pour avoir malicieusement négligé d'avertir de balayer dans le cas dont il s'agit; ce qui avait été cause qu'un jeune seigneur de grande espérance avait été empoisonné, bien que le roi n'eût aucun dessein en ce moment contre sa vie. Cependant ce bon prince fut assez miséricordieux pour pardonner au petit page, qui promit de ne plus commettre la même faute à moins d'en avoir reçu l'ordre précis.

Pour revenir à moi, lorsque je fus à quatre pas du trône de Sa Majesté, je me levai sur mes genoux; et, après avoir frappé sept fois la terre de mon front, je prononçai les paroles suivantes, que la veille on m'avait fait apprendre par cœur: *Ickpling gloffthrobb squuserumm blhiop mlashnalt, zwin tnodbalkkuff hslhiophad gurdlubh asht!* Tel est le compliment que doivent prononcer tous ceux qui sont admis à l'audience royale, et qu'on peut traduire ainsi: *Puisse Votre céleste Majesté survivre au soleil pendant onze lunes et demie!* Le roi me fit une réponse que je ne compris point, et à laquelle je fis cette réplique, comme on me l'avait apprise: *Flust drin yalerick dwuldom prastrod mirpush*, c'est-à-dire, *Ma langue est dans la bouche de mon ami.* Par cette phrase je donnais à entendre que je désirais me servir de mon interprète: alors on fit entrer ce jeune garçon dont j'ai parlé; et, avec son secours, je répondis à toutes les questions que Sa Majesté me fit pendant une demi-heure. Je parlais balnibarbien, et mon interprète rendait mes paroles en luggnaggien.

Le roi prit beaucoup de plaisir à mon entretien, et ordonna à son *bilffmarklub* ou chambellan de faire préparer un logement dans son palais pour moi et mon interprète, et de me donner une somme par jour pour ma table, avec une bourse pleine d'or pour mes menus plaisirs. Je demeurai trois mois dans cette cour, pour obéir à Sa Majesté, qui me combla de ses bontés et m'engagea gracieusement à m'établir dans ses États; mais je crus et plus sage et plus juste de retourner dans mon pays, pour y finir mes jours auprès de ma femme et de ma famille.

CHAPITRE X

Éloge des Luggnaggiens. —
Description des *struldbruggs* ou immortels. —
Conversation entre l'auteur et quelques personnages de marque
sur ce sujet.

Es Luggnaggiens sont un peuple très-poli et très-brave; et quoiqu'ils aient un peu de cet orgueil qui caractérise toutes les nations de l'Orient, ils sont néanmoins honnêtes et civils à l'égard des étrangers, et surtout de ceux qui ont été bien reçus à la cour. Je fis connaissance et je me liai avec des personnes du grand monde; et, par le moyen de mon interprète, j'eus souvent avec eux des entretiens agréables et instructifs.

Un d'eux me demanda un jour si j'avais vu quelques-uns de leurs *struldbruggs* ou immortels. Je lui répondis que non, et que j'étais fort curieux de savoir comment on avait pu donner ce nom à des humains; il me dit que quelquefois (rarement à la vérité) il naissait dans une famille un enfant avec une tache rouge et ronde placée directement au-dessus du sourcil gauche, et qu'on reconnaissait à cette marque qu'il ne devait jamais mourir. Cette tache était, suivant sa description, d'abord de la largeur d'une pièce d'argent (que nous appelons en Angleterre un *three pence*), et qu'ensuite elle croissait et changeait de couleur ; qu'à l'âge de douze ans elle était verte, à vingt ans bleue ; à quarante ans elle devenait tout à fait noire, et aussi grande qu'un shilling ; dès lors elle ne changeait plus : il ajouta qu'il

naissait si peu de ces enfants marqués au front, que l'on comptait à peine onze cents immortels de l'un et de l'autre sexe dans tout le royaume ; qu'il y en avait environ cinquante dans la capitale, parmi lesquels se trouvait une petite fille de trois ans. Ces naissances n'étaient point particulières à certaines familles, c'était un pur effet du hasard, et les enfants mêmes des struldbruggs naissaient mortels comme les enfants des autres hommes.

J'avoue que ce récit me causa un intérêt inexprimable ; et comme la personne qui me le faisait, entendait la langue des Balnibarbes, que je parlais fort bien, je lui témoignai mon admiration et ma joie en des termes peut-être un peu exagérés. Je m'écriai dans une espèce de ravissement : « Heureuse nation, dont tous les enfants à naître peuvent prétendre à l'immortalité ! Heureuse contrée, où les exemples de l'ancien temps subsistent toujours, où la vertu des premiers siècles n'a point péri, et où les premiers hommes vivent encore et vivront éternellement, pour donner des leçons de sagesse à tous leurs descendants! Heureux au delà de toute comparaison ces excellents struldbruggs, exempts par leur nature de la grande calamité humaine, et dont l'esprit est dégagé du poids décourageant produit par la crainte continuelle de la mort! »

Je témoignai ensuite que j'étais surpris de n'avoir encore vu aucun de ces immortels à la cour. S'il y en avait, la marque glorieuse empreinte sur leur front aurait sans doute attiré mes regards. « Comment, ajoutai-je, le roi, qui est un prince si judicieux, ne les emploie-t-il point dans le ministère ou dans ses conseils? Mais peut-être que la vertu rigide de ces vieillards vénérables s'accorderait mal avec les mœurs libres et corrompues des courtisans. Quoi qu'il en soit, je suis résolu à en parler à Sa Majesté à la première occasion qui s'offrira; et, soit qu'il défère à mes avis ou non, j'accepterai en tout cas l'établissement qu'il a eu la bonté de m'offrir dans ses États, afin de pouvoir passer le reste de mes jours dans la compagnie de ces hommes immortels, pourvu qu'ils daignent souffrir la mienne. »

Celui à qui j'adressais la parole (parce que, comme je l'ai déjà dit, il parlait la langue de Balnibarbi), me regardant alors avec un sourire qui marquait que mon ignorance lui faisait pitié, me répondit qu'il était ravi que je voulusse bien rester dans le pays, et me demanda la permission d'expliquer à la compagnie ce que je venais de lui dire : il le fit; et pendant quelque temps ils s'entretinrent ensemble dans leur langage, que je n'entendais point; je ne pus même lire dans leurs gestes ni dans leurs yeux l'impression que mon discours avait faite sur leur esprit. Enfin, la même personne qui m'avait parlé jusquelà me dit poliment que ses amis étaient charmés de mes réflexions judicieuses sur le bonheur et les avantages de l'immortalité; mais qu'ils souhaitaient savoir quel système de vie je me ferais, et quelles seraient mes occupations et mes vues si la nature m'avait fait naître struldbrugg.

Je répondis qu'il était facile d'être éloquent sur un sujet aussi riche, aussi entraînant, surtout pour un esprit comme le mien, qui me portait à imaginer ce que j'aurais fait si j'eusse été roi, général d'armée ou ministre d'État; que, par rapport à l'immortalité, j'avais aussi, quelquefois médité sur la conduite que je tiendrais si je devais vivre éternellement: et que, puisqu'on le voulait, j'allais sur cela donner l'essor à mon imagination.

Je dis donc que si j'avais eu l'avantage de naître struldbrugg, aussitôt que j'aurais pu connaître mon bonheur et savoir la différence qu'il y a entre la vie et la mort, j'aurais d'abord mis tout en œuvre pour devenir riche; et qu'à force d'économie et de bonne conduite, j'aurais pu espérer de me voir un peu à mon aise au bout de deux cents ans; qu'en second lieu, je me serais appliqué si sérieusement à l'étude dès mes premières années, que j'aurais pu me flatter de devenir un jour le plus savant homme de l'univers; que j'aurais remarqué avec soin tous les grands événements; que j'aurais observé avec attention tous les princes et tous les ministres d'État qui se succèdent les uns aux autres, et aurais eu le plaisir de comparer tous leurs caractères, et de faire sur ce sujet mes réflexions; que j'aurais tracé un mémorial fidèle et exact de toutes les révolutions de la mode et du langage, et des changements arrivés aux coutumes, aux lois, aux mœurs, aux plaisirs même; que par cette étude et ces observations je serais devenu à la fin un magasin vivant de connaissances et de sagesse, et très-certainement l'oracle de la nation.

Passé soixante ans, je ne songerais pas à me marier, je vivrais honorablement, mais avec économie. Je m'occuperais à former l'esprit de quelques jeunes gens en leur faisant part de mes lumières et de ma longue expérience. Mes vrais amis, mes compagnons, mes confidents, seraient mes illustres confrères les struldbruggs, dont je choisirais une douzaine parmi ceux de tous les siècles jusqu'au mien inclusivement. Si quelques-uns d'eux

manquaient de fortune, je leur offrirais un logement chez moi, et j'en aurais toujours plusieurs à ma table, auxquels je mêlerais quelques mortels de mérite, que je m'accoutumerais à voir mourir sans chagrin et sans regret, leur postérité me consolant de leur mort : ce pourrait même être pour moi un spectacle assez agréable, de même qu'un fleuriste prend plaisir à voir les tulipes et les œillets de son jardin naître, mourir et renaître.

Nous nous communiquerions mutuellement entre nous autres struldbruggs toutes les observations que nous aurions faites dans le cours des siècles; nos remarques et nos souvenirs nous donneraient le moyen de suivre les progrès de la corruption du genre humain, et nous pourrions la combattre pied à pied par nos enseignements et nos conseils, ce qui, joint à l'influence prolongée de notre exemple, empêcherait notre espèce de dégénérer comme elle le fait de jour en jour, et comme on le lui reproche depuis deux mille ans.

Et j'ajouterais à tout cela le plaisir de voir les décadences et les révolutions des empires, les changements dans les classes

supérieures et parmi le peuple, les villes superbes ensevelies sous leurs ruines, les villages obscurs devenus le séjour des rois, les fleuves célèbres changés en petits ruisseaux, l'Océan abandonnant une côte pour aller baigner d'autres rivages, de nouvelles contrées découvertes, la barbarie et l'ignorance répandues sur les nations les plus policées, et les nations les plus barbares éclairées et civilisées à leur tour. Je pourrais voir découvrir la longitude, le mouvement perpétuel, la médecine universelle, et d'autres grands problèmes parfaitement résolus.

Quelles merveilleuses découvertes ne pourrions-nous pas faire en astronomie, ayant l'avantage de survivre aux époques des événements que nous aurions prédits, et de voir confirmer la vérité de nos prédictions! Nous pourrions observer la marche et le retour des comètes, et tous les changements dans les mouvements du soleil, de la lune et des étoiles.

Je m'étendis sur beaucoup d'autres sujets qui m'étaient fournis par le désir naturel d'une vie sans fin et d'une félicité sublunaire. Lorsque j'eus fini mon discours, et que la substance en eut été interprétée, les Luggnaggiens raisonnèrent ensemble pendant quelques moments, non sans rire un peu à mes dépens. A la fin, cette même personne qui avait résumé mon discours fut priée par la compagnie d'avoir la charité de me dessiller les yeux et de me découvrir mes erreurs, qu'ils trouvaient excusables, d'abord parce qu'elles sont inhérentes à notre faible nature, ensuite parce que cette race de struldbruggs, étant particulière à leur pays, devait être mal jugée par un étranger. On ne trouvait cette espèce d'hommes ni chez les Balnibarbes, ni chez les Japonais. Il avait eu, me dit-il, l'honneur de représenter son souverain dans ces royaumes, et le récit qu'il y avait fait de ce phénomène singulier avait été écouté presque avec incrédulité. Il ajouta que mon étonnement, lorsqu'il me parla pour la première fois de ces sortes de gens, montrait que c'était pour moi une chose entièrement nouvelle et qui me semblait peu croyable. Il avait eu l'occasion, pendant son séjour à Balnibarbi et au Japon, de remarquer que le désir de vivre longtemps était général parmi les hommes, et que celui qui a déjà un pied dans la tombe affermit l'autre sur la terre aussi fortement qu'il le peut. Mais dans l'île de Luggnagg on pensait bien autrement; l'exemple familier et la vue continuelle des struldbruggs avaient préservé ses habitants de cet amour insensé de la vie.

« Le système de conduite, continua-t-il, que vous proposez dans la supposition de votre être immortel, et que vous nous avez tracé tout à l'heure, est ridicule et tout à fait contraire à la raison, parce qu'il implique une jeunesse perpétuelle, une vigueur et une santé inaltérables. Mais il ne s'agissait pas de savoir si vous vous estimeriez heureux de conserver éternellement la fraîcheur de la jeunesse accompagnée de la santé; nous vous demandions comment vous passeriez une vie immortelle, sujette à tous les inconvénients de la vieillesse; car si l'on n'avoue pas toujours le désir d'être immortel, même en de dures conditions, j'ai constamment observé, dans les deux royaumes dont je viens de parler, que chacun souhaitait de reculer encore le moment de la mort, alors même qu'il arriverait très-tardivement, et que personne ne mourait de son plein gré, à moins d'être amené à cette nécessité par des tortures ou des douleurs

excessives. Il en appela à l'expérience que j'avais acquise dans mon pays et dans ceux où j'avais voyagé, pour confirmer la vérité de cette remarque.

Après ce préambule il me fit le portrait des struldbruggs, et me dit qu'ils ressemblaient aux mortels, et vivaient comme eux jusqu'à l'âge de trente ans; qu'après cet âge ils tombaient peu à peu dans une mélancolie noire qui augmentait toujours jusqu'à ce qu'ils eussent atteint l'âge de quatre-vingts ans; qu'alors ils n'étaient pas seulement sujets à toutes les infirmités, à toutes les misères et à toutes les faiblesses des vieillards de cet âge, mais que l'idée affligeante de l'éternelle durée de leur misérable caducité les tourmentait à tel point que rien ne pouvait les consoler; qu'ils n'étaient pas seulement entêtés, bourrus, avares, chagrins, rabâcheurs, mais qu'ils étaient de plus incapables d'amitié, morts aux plus tendres affections naturelles, qu'ils ne conservaient jamais au delà de la seconde génération. L'envie et les désirs impuissants les dévoraient sans cesse, et les principaux objets de ces sentiments étaient les vices des jeunes mortels et la mort des vieillards. Ils s'affligeaient, en voyant les premiers, d'être privés de toute possibilité de jouissances ; et quand ils assistaient à des funérailles, ils maudissaient leur sort, et se plaignaient amèrement de la nature, qui leur avait refusé la douceur de mourir, de finir leur course fatigante, et d'entrer dans un repos éternel. Ils perdaient le souvenir de toutes choses, et se rappelaient à peine ce qu'ils avaient vu et appris dans leur jeunesse et dans leur âge moyen ; encore était-ce très-imparfaitement. Quant à l'exactitude ou aux particularités d'un fait, il est toujours plus sûr de s'en rapporter à la tradition commune qu'à leur mémoire. Les moins misérables étaient ceux qui radotaient, qui avaient tout à fait perdu la mémoire, parce qu'ils excitaient la commisération en même temps qu'ils étaient exempts des travers et des vices qui abondaient chez les autres immortels.

« Lorsqu'un struldbrugg, ajouta-t-il, s'est marié à une struldbrugge, le mariage, selon les lois de l'État, est dissous dès que le plus jeune des deux est parvenu à l'âge de quatre-vingts ans. Il est juste, en effet, que de malheureux humains, condamnés malgré eux, et sans l'avoir mérité, à vivre éternellement, ne soient pas encore, pour surcroît de disgrâce, obligés de vivre avec une femme éternelle. Aussitôt qu'ils atteignent cet âge fatal, ils sont regardés comme morts civilement. Leurs héritiers s'emparent de leurs biens, et ils sont réduits à une simple pension alimentaire. Les pauvres sont entretenus aux dépens du public. Passé cette période, ils sont incapables d'occuper aucun emploi de confiance, d'exercer aucun métier lucratif ; ils ne peuvent ni acheter, ni vendre, ni passer des baux, et leur témoignage n'est point reçu en justice.

« Parvenus à quatre-vingt-dix ans, leurs dents et leurs cheveux tombent ; ils perdent le goût des aliments, et ils boivent et mangent sans aucun plaisir. Les maladies et les infirmités auxquels ils étaient sujets continuent sans augmenter ni diminuer. En parlant ils oublient le nom des choses les plus communes et ceux de leurs amis les plus intimes. Il leur est pour cette raison impossible de s'amuser à lire, puisque leur mémoire ne leur permet pas de retenir les premiers mots d'une phrase jusqu'à ce qu'ils arrivent aux derniers; et cette infirmité les prive de la seule distraction qu'ils pourraient avoir. D'ailleurs, comme la langue de ce pays est sujette à de fréquents changements, les struldbruggs nés dans un siècle ont beaucoup de peine à entendre le langage des hommes nés dans un autre siècle, et ils sont toujours comme étrangers dans leur patrie. »

Telle fut la description qu'on me fit des immortels de ce pays, et je crois l'avoir fidèlement rendue. On m'en montra dans la suite cinq ou six de différents siècles, dont les plus

jeunes n'avaient pas plus de deux cents ans; mais on eut beau leur dire que j'étais un grand voyageur, ils ne semblèrent pas tentés de me faire la moindre question; ils me demandèrent seulement un *slumskudask* ou souvenir. C'est une manière modeste de demander l'aumône et d'éluder la loi, qui leur défend de mendier, l'État pourvoyant à leurs besoins, quoique, à vrai dire, fort mesquinement.

Ils sont généralement haïs et méprisés ; la naissance de l'un d'eux est regardée comme un mauvais présage et consignée avec soin, en sorte qu'on peut savoir leur âge en consultant les registres publics, lesquels toutefois ne remontent pas à plus de mille ans, ou ont été détruits avant cette époque, soit par l'effet du temps, soit par des révolutions politiques. Mais, pour reconnaître combien de temps ils ont vécu, on leur demande de quels souverains ou de quels personnages célèbres ils peuvent se ressouvenir, et l'on est sûr que le dernier dont ils ont conservé la mémoire est antérieur à la quatre-vingtième année de l'immortel.

Leur vue était révoltante. Les femmes étaient encore plus horribles que les hommes. Toutes joignaient aux difformités

ordinaires à l'extrême vieillesse un certain air de spectre plus marqué, suivant le nombre de leurs années, et dont l'effet ne peut se décrire. Parmi cinq ou six de ces personnes je distinguai sans peine les plus âgées, bien qu'il n'y eût guère plus d'un siècle de distance de l'une à l'autre.

Le lecteur peut bien croire que je perdis alors tout à fait l'envie de devenir immortel. J'eus bien de la honte de toutes les folles imaginations auxquelles je m'étais abandonné sur le système d'une vie éternelle en ce bas monde, et je pensai que le tyran le plus cruel ne pourrait inventer une mort qui ne fût préférable à une telle vie.

Le roi, ayant appris ce qui s'était passé dans l'entretien que j'avais eu avec ceux dont j'ai parlé, plaisanta à ce sujet, et m'invita à envoyer dans mon pays un ou deux struldbruggs, afin de guérir mes compatriotes de la crainte de la mort. Cela ne pouvait avoir lieu, une loi fondamentale défendant de faire sortir les immortels du royaume de Luggnagg; autrement j'aurais volontiers risqué la peine et les frais de leur déplacement.

Les lois de ce pays relatives aux struldbruggs me semblèrent parfaitement raisonnables et tout à fait nécessaires en pareil cas. Si l'on n'avait pas pris ces précautions, l'avarice augmentant toujours avec l'âge, ces immortels auraient fini par accaparer les propriétés de toute la nation, et se seraient emparés de toute la puissance civile, laquelle, se trouvant en des mains inhabiles, aurait amené la ruine de l'État.

CHAPITRE XI

L'auteur part de l'île de Luggnagg pour se rendre au Japon.
où il s'embarque sur un vaisseau hollandais;
il arrive à Amsterdam, et de là passe en Angleterre.

Je m'imagine que tout ce que je viens de raconter des struldbruggs n'aura pas ennuyé le lecteur. Ce ne sont point là, je crois, des choses communes; au moins je puis assurer que je n'ai rien trouvé de pareil dans aucun livre de voyage. En tout cas, si ce sont des redites et des choses déjà connues, je prie de considérer que des voyageurs, sans se copier les uns les autres, peuvent fort bien raconter les mêmes choses lorsqu'ils ont visité les mêmes pays.

Comme il y a un très-grand commerce entre le royaume de Luggnagg et l'empire du Japon, il est à croire que les auteurs japonais n'ont pas oublié dans leurs livres de faire mention de ces struldbruggs : le séjour que j'ai fait au Japon ayant été très-court, et mon ignorance de la langue japonaise étant complète, je n'ai pu savoir si cette matière a été traitée dans leurs livres. Mais j'espère que les Hollandais, informés de ce fait, seront assez curieux et assez persévérants dans leurs recherches pour suppléer à ce que je n'ai pu faire à cet égard.

Le roi de Luggnagg m'ayant souvent et inutilement pressé de prendre une charge à sa cour, et me voyant déterminé à retourner dans mon pays, eut enfin la bonté de m'accorder mon congé; il me fit même l'honneur de me donner une lettre de recommandation, écrite de sa propre main, pour Sa Majesté l'empereur du Japon. En même temps il me gratifia de quatre cent quarante-quatre pièces d'or (cette nation affectionne spécialement les chiffres pairs), et d'un gros rubis que je vendis en Angleterre onze cents guinées.

Le 6 mai 1709, je pris congé en cérémonie de Sa Majesté, et dis adieu à tous les amis que j'avais à sa cour. Ce prince me fit conduire par un détachement de ses gardes jusqu'au port du Glanguenstala, situé au sud-ouest de l'île. Au bout de six jours, je trouvai un vaisseau prêt à me transporter au Japon : je montai sur ce vaisseau, et notre voyage ayant duré cinquante jours, nous débarquâmes à un petit port nommé Xamoschi, au sud-ouest du Japon.

La ville est située à l'extrémité occidentale de l'île, sur un détroit qui conduit du côté du nord dans un bras de mer, au nord-ouest duquel on trouve Yedo, capitale de l'empire. En débarquant, je fis voir aux officiers de la douane la lettre dont j'avais l'honneur d'être chargé de la part du roi de Luggnagg pour Sa Majesté japonaise.

Les magistrats de la ville, ayant eu connaissance de cette lettre, me traitèrent en ministre, me fournirent une voiture pour me transporter à Yedo, et se chargèrent des dépenses de mon voyage. Là, j'eus audience de Sa Majesté Impériale, et l'honneur de lui présenter ma lettre, revêtue du sceau de Sa Majesté luggnaggienne, dont l'empreinte représentait un roi relevant de terre un pauvre mendiant boiteux. On l'ouvrit publiquement avec de grandes cérémonies, et l'empereur se la fit aussitôt expliquer par son interprète. Alors Sa Majesté me fit dire par ce même interprète que j'eusse à lui demander quelque grâce, et qu'en considération de son très-cher frère le roi de Luggnagg, il me l'accorderait aussitôt.

Cet interprète, qui était ordinairement employé dans les affaires du commerce avec les Hollandais, reconnut aisément à ma physionomie que j'étais Européen, et, pour cette raison, me traduisit en langue hollandaise les paroles de Sa Majesté.

Je répondis que j'étais un marchand de Hollande qui avait fait naufrage dans une mer éloignée; que depuis j'avais fait beaucoup de chemin par terre et par mer pour me rendre à Luggnagg, et de là dans l'empire du Japon, où je savais que mes compatriotes les Hollandais faisaient commerce, ce qui pourrait me procurer l'occasion de retourner en Europe; que je suppliais donc Sa Majesté de me faire conduire en sûreté à Nangasak. Je pris en même temps la liberté de lui demander une autre grâce : ce fut qu'en considération du roi de Luggnagg, qui me faisait l'honneur de me protéger, on voulût bien me dispenser de la cérémonie qu'on faisait pratiquer à ceux de mon pays,

et ne point me contraindre à *fouler aux pieds le crucifix*, n'étant venu au Japon que pour passer en Europe, et non pour y trafiquer.

Lorsque l'interprète eut exposé à Sa Majesté japonaise cette dernière grâce que je demandais, elle parut surprise de ma proposition, et répondit que j'étais le premier homme de mon pays chez qui un pareil scrupule fût venu à l'esprit; il doutait donc un peu que je fusse véritablement Hollandais, comme je l'avais assuré, et me soupçonnait plutôt d'être chrétien. Cependant l'empereur, ayant principalement égard à la recommandation du roi de Luggnagg, voulut bien, par bonté, compatir à ma faiblesse et à ma singularité, pourvu que je gardasse des mesures pour sauver les apparences : il me dit qu'il donnerait ordre aux officiers préposés pour faire observer cet usage, de me laisser passer, et de faire semblant de m'avoir oublié. Il ajouta qu'il était de mon intérêt de tenir la chose secrète, parce qu'infailliblement les Hollandais mes compatriotes me poignarderaient dans le voyage, s'ils venaient à savoir la dispense que j'avais obtenue, et le scrupule injurieux que j'avais eu de les imiter.

Je rendis de très-humbles actions de grâces à Sa Majesté de cette faveur particulière, et quelques troupes étant alors en marche pour se rendre à Nangasak, l'officier commandant eut ordre de me conduire en cette ville, avec une instruction secrète sur l'affaire du crucifix.

Le neuvième jour de juin 1709, après un voyage long et pénible, j'arrivai à Nangasak, où je rencontrai une compagnie de Hollandais qui étaient partis d'Amsterdam sur *l'Amboine*, vaisseau de quatre cent cinquante tonneaux, et qui étaient prêts à s'embarquer pour le retour. J'avais passé un temps considérable en Hollande, ayant fait mes études à Leyde, et je parlais fort bien la langue de ce pays. Les gens du navire reconnurent bientôt d'où je venais, et désirèrent être instruits de mes voyages et de mes aventures. Je leur fis une histoire aussi brève et aussi vraisemblable que je pus; mais je leur cachai la plus grande partie des choses qui m'étaient arrivées. Je connaissais plusieurs personnes en Hollande, et je pus inventer des noms pour mes parents, que je prétendis être des gens obscurs de la province de Gueldre.

J'étais disposé à donner au capitaine du vaisseau, un certain Théodore Vangrult, tout ce qu'il lui aurait plu de me demander pour mon passage; mais, ayant su que j'étais chirurgien, il se contenta de la moitié du prix ordinaire, à condition que j'exercerais ma profession dans le vaisseau.

Avant de nous embarquer, quelques-uns de la troupe m'avaient souvent demandé si j'avais pratiqué la cérémonie, et j'avais toujours répondu en général que j'avais fait tout ce qui était nécessaire. Cependant un malicieux coquin de l'équipage s'avisa de me montrer à un officier japonais, et de dire : « Il n'a point foulé aux pieds le crucifix. » Mais l'officier, qui avait un ordre secret de ne point exiger de moi cette formalité, lui répliqua par vingt coups de canne qu'il déchargea sur ses épaules; en sorte que personne ne fut d'humeur après cela de me faire des questions sur la cérémonie.

Il ne se passa rien dans notre voyage qui mérite d'être rapporté. Nous fîmes voile avec un vent favorable, et mouillâmes au cap de Bonne-Espérance pour y faire de l'eau. Le 10 avril 1710, nous débarquâmes à Amsterdam, ayant perdu seulement trois hommes dans la traversée par des maladies, et un quatrième qui tomba du grand mât près des côtes de Guinée. D'Amsterdam je fis bientôt voile pour l'Angleterre, sur un petit bâtiment appartenant à la ville.

Le 16 avril, nous arrivâmes aux Dunes. Je débarquai le lendemain, et je revis encore une fois ma patrie après cinq ans et demi d'absence. Je me rendis directement à Redriff, où j'arrivai le même jour à deux heures après midi, et où je trouvai ma femme et mes enfants en bonne santé.

CHAPITRE PREMIER

L'auteur entreprend un voyage en qualité de capitaine de vaisseau.
— Son équipage se révolte, l'enferme, l'enchaîne,
puis le met à terre sur un rivage inconnu.
— Il parcourt le pays. —
Description d'une singulière espèce d'animal nommé le Yahou.
— Il rencontre deux Houyhnhnms.

Je passai cinq mois avec ma femme et mes enfants, et je puis dire qu'alors j'aurais été heureux, si j'avais su apprécier la douce vie que je pouvais mener chez moi. Je laissai ma pauvre femme enceinte, et j'acceptai l'offre qu'on me fit de commander *l'Aventure*, bon navire marchand de trois cent cinquante tonneaux. J'entendais parfaitement la navigation, et d'ailleurs j'étais las de l'emploi de chirurgien de vaisseau, que je pouvais cependant exercer dans l'occasion ; je pris avec moi un jeune homme très-habile dans cette profession, nommé Robert Purefoy. Nous fîmes voile de Portsmouth le 7 septembre 1710, et le 14 nous rencontrâmes à Ténériffe le capitaine Pocock de Bristol, qui se rendait dans la baie de Campêche pour couper du bois. Le 16, nous fûmes séparés par une tempête, et j'ai entendu dire depuis mon retour que son bâtiment avait sombré, et que tous les hommes avaient péri, à l'exception d'un mousse. Ce capitaine était un galant homme et un bon marin, mais un peu entêté lorsqu'il avait adopté une opinion, et ce défaut causa sa perte, comme il a causé celle de beaucoup d'autres. S'il avait suivi mes conseils, il aurait pu, ainsi que moi et dans le même temps, se trouver sain et sauf dans son pays et au milieu des siens.

Les maladies m'enlevèrent pendant la route une partie de mon équipage, en sorte que je fus obligé de faire une recrue aux Barbades et aux îles de Leeward, où mes armateurs m'avaient donné ordre de mouiller; mais j'eus bientôt lieu de me repentir d'avoir fait cette maudite recrue, dont la plus grande partie était composée d'anciens boucaniers. J'avais cinquante hommes à bord, et j'avais ordre de commercer avec les sauvages de la mer du Sud, et de faire toutes les découvertes que je pourrais. Ces coquins débauchèrent le reste de mon équipage, et tous ensemble complotèrent de se saisir de ma personne et de mon vaisseau. Un matin donc ils entrèrent dans ma chambre, fondirent sur moi, me lièrent, et me menacèrent de me jeter à la mer si j'osais faire la moindre résistance. Je leur dis que j'étais leur prisonnier, et que je me soumettais à mon sort. Ils m'obligèrent d'en faire serment, et puis me délièrent, se contentant de m'enchaîner un pied au bois de mon lit, et de poster à la porte de ma chambre une sentinelle qui avait ordre de me casser la tête si je faisais quelque tentative pour me mettre en liberté. Ils m'envoyèrent de la nourriture et du vin, et prirent la conduite du bâtiment. Leur projet était d'exercer la piraterie avec mon vaisseau, et de piller les Espagnols; mais pour cela ils n'étaient pas assez nombreux : ils résolurent donc de vendre d'abord la cargaison du vaisseau, et d'aller à Madagascar pour augmenter leur troupe, plusieurs d'entre eux étant morts depuis ma captivité. Ils naviguèrent pendant plusieurs semaines, et firent le commerce avec les Indiens; mais je ne puis dire quelle direction ils suivirent, car j'étais étroitement renfermé dans ma cabine, et je m'attendais à tous moments à être assassiné, comme ils m'en avaient souvent menacé.

Le 9 mai 1711, un certain Jacques Welch descendit à ma cabine, et me dit qu'il avait reçu ordre du capitaine de me mettre à terre. Je voulus, mais inutilement, lui faire des remontrances, obtenir de lui des explications : il me refusa même de me dire le nom de leur nouveau capitaine. On me fit descendre dans la chaloupe, après m'avoir permis de mettre ceux de mes habits qui étaient neufs et bons, et de prendre un petit paquet de linge; mais aucune arme, excepté mon sabre; et ils eurent la politesse de ne point visiter mes poches, où il y avait quelque argent et divers petits objets usuels. Après avoir fait environ une lieue dans la chaloupe, on me déposa sur la côte. Je demandai à ceux qui m'accompagnaient quel pays c'était. Ils jurèrent tous qu'ils ne le savaient pas plus que moi, et que le capitaine (comme il leur plaisait de l'appeler) avait résolu, aussitôt après la vente de ma cargaison, de se débarrasser de moi dès qu'il verrait terre. Ils s'éloignèrent à l'instant, me conseillant de ne pas me laisser surprendre par la marée et de me hâter de quitter le rivage; puis ils me dirent adieu.

Dans cette position désolante, je marchai en avant et me trouvai bientôt au delà de la plage. Je m'assis sur un tertre pour me reposer et réfléchir sur le parti que j'avais à prendre. Quand je me sentis un peu rafraîchi, j'avançai dans les terres, résolu à me livrer au premier sauvage que je rencontrerais, et à racheter ma vie, si je pouvais, par quelques petites bagues, quelques bracelets, et autres bagatelles dont les voyageurs ont soin de se pourvoir, et dont j'avais une certaine quantité dans mes poches.

De longues lignes d'arbres, irrégulièrement plantés, et tels que la nature les avait fait croître, coupaient la campagne. Il y avait de vastes pâturages, et des champs d'avoine. Je marchais avec précaution, de peur d'être surpris ou de recevoir quelque coup de flèche par derrière ou de côté. Je me trouvai bientôt sur un chemin battu, où je remarquai plusieurs pas d'hommes, quelques-uns de vaches, et un bien plus grand nombre de pas de chevaux, enfin j'aperçus quelques animaux dans un champ, et un ou deux de la même espèce perchés sur un arbre. Leur figure me parut singulière, difforme, et me causa une certaine crainte; en sorte que je me cachai derrière un fourré, afin de les observer plus à mon aise. Quelques-uns s'étant un peu approchés de la place où j'étais, je pus les examiner à loisir.

De longs cheveux leur tombaient sur le visage et sur le cou; ces cheveux étaient frisés chez les uns, et plats chez les autres; leur poitrine, leur dos et leurs pattes de devant, étaient couverts d'un poil épais : ils avaient de la barbe au menton comme des boucs; mais le reste de leur corps était sans poil, et laissait voir une peau d'un brun fauve, et une longue raie de poil descendait sur leur dos. Ils n'avaient point de queue; ils restaient souvent assis, ou bien ils se couchaient ou se tenaient debout sur leurs pattes de derrière : ils sautaient, bondissaient et grimpaient aux arbres avec l'agilité des écureuils, ayant des griffes très-longues et crochues aux pattes de devant et de derrière. Les femelles étaient un peu plus petites que les mâles; elles avaient de fort longs cheveux lisses, le visage sans poil, et seulement un peu de duvet en plusieurs endroits de leur corps. Leurs mamelles pendaient entre leurs deux pattes de devant, et quelquefois touchaient la terre lorsqu'elles marchaient. Le poil des uns et des autres était de diverses couleurs, brun, rouge, noir, et blond. En somme, ces animaux me semblèrent les plus laids et les plus dégoûtants que j'eusse jamais vus, et aucune autre espèce ne m'avait fait éprouver une antipathie aussi prononcée.

Je pensai donc que j'en avais assez de leur vue; je me levai plein de dégoût et d'aversion pour eux, et je suivis le grand chemin, dans l'espérance qu'il me conduirait à quelque hutte d'Indien. Je ne tardai pas à me trouver face à face avec une de ces créatures : le monstre, à mon aspect, s'arrêta, décomposa ses traits par une infinité de grimaces, et parut me regarder avec étonnement comme une espèce d'animal qui lui était inconnue; ensuite il s'approcha et leva sur moi sa patte de devant, soit par curiosité, soit par malice. Je tirai mon sabre et le frappai du plat, ne voulant pas le blesser, de peur d'offenser ceux à qui ces animaux pouvaient appartenir. La bête, se sentant frappée, se mit à fuir et à crier si haut, qu'elle attira une quarantaine d'animaux de sa sorte, lesquels accoururent vers moi en hurlant

et en me faisant des grimaces horribles. Je courus m'appuyer contre un arbre, et je les écartai avec mon sabre. Plusieurs de ces maudites bêtes sautèrent aux branches de l'arbre, et commencèrent à me couvrir de leurs ordures; cependant je m'en garantis assez bien en me tenant très-serré contre l'arbre, mais je fus presque suffoqué par l'odeur de ce fumier qui tombait autour de moi.

Dans cet instant de détresse, je les vis tout à coup s'enfuir le plus vite qu'ils pouvaient; je m'aventurai à quitter l'arbre, et poursuivis mon chemin, ne pouvant deviner quelle terreur soudaine leur avait ainsi fait prendre la fuite; mais, regardant à gauche, je vis un cheval marchant gravement au milieu d'un champ : c'était la vue de cet animal qui avait fait décamper si précipitamment la troupe qui m'assiégeait. Le cheval, s'étant approché de moi, s'arrêta, recula, et ensuite me regarda fixement, paraissant un peu étonné : il me considéra de tous côtés, tournant plusieurs fois autour de moi. Je voulus avancer; mais il se mit vis-à-vis de moi sur le chemin, me regardant d'un œil doux, et sans essayer la moindre violence. Nous nous regardâmes l'un l'autre pendant un peu de temps; enfin j'eus la hardiesse de lui mettre la main sur le cou pour le flatter, sifflant et

parlant à la façon des palefreniers lorsqu'ils veulent amadouer un cheval étranger; mais cet animal sembla recevoir mes civilités avec dédain; il secoua la tête, fronça les sourcils, et leva fièrement un de ses pieds de devant pour m'obliger à retirer ma main. En même temps il se mit à hennir trois ou quatre fois, mais avec des accents si variés, que je commençai à croire qu'il parlait un langage qui lui était propre, et qu'il y avait une espèce de sens attaché à ses divers hennissements.

Sur ces entrefaites arriva un autre cheval, qui se présenta d'un air de grave politesse; ensuite tous les deux se touchèrent doucement le sabot droit de devant, et se mirent à hennir tour à tour de cent façons différentes, qui semblaient former des sons articulés : ils firent ensuite quelques pas ensemble, comme s'ils eussent voulu conférer sur quelque chose; ils allaient et venaient en marchant côte à côte avec dignité, semblables à des personnes qui tiennent conseil sur des affaires importantes; mais ils avaient toujours l'œil sur moi, comme s'ils eussent pris garde que je ne leur échappasse.

Surpris de voir des bêtes se comporter ainsi, je me dis à moi-même : puisqu'en ce pays les bêtes ont tant de raison, il faut que les hommes soient les plus sages de la terre.

Cette réflexion me donna tant de courage, que je résolus d'avancer dans le pays jusqu'à ce que j'eusse découvert quelque village ou quelque maison, et que j'eusse rencontré quelque habitant, et de laisser là les deux chevaux discourir ensemble tant qu'il leur plairait ; mais l'un des deux, qui était gris-pommelé, voyant que je m'en allais, se mit à hennir après moi d'une façon si expressive, que je crus entendre ce qu'il voulait : je me retournai et m'approchai de lui, dissimulant mon embarras et mon trouble autant qu'il m'était possible ; car, dans le fond, je ne savais ce que tout cela deviendrait ; et le lecteur peut aisément imaginer que ma situation n'était pas très-agréable.

Les deux chevaux me serrèrent de près, et se mirent à considérer très-attentivement mon visage et mes mains. Le gris-pommelé passa son pied de devant tout autour de mon chapeau, et le dérangea si fort, que je fus obligé de l'ôter pour le remettre en ordre. Cette action parut surprendre à l'excès le cheval et son compagnon, qui était un bai-brun : celui-ci toucha le pan de mon habit, et, voyant qu'il ne tenait pas à mon corps, ils se regardèrent avec de nouvelles marques de surprise. Il passa son pied sur ma main droite, dont il parut admirer la douceur et la couleur ; mais il la serra si fort entre son sabot et son paturon, que je ne pus m'empêcher de crier de toute ma force ; ce qui m'attira mille autres caresses pleines d'amitié. Mes souliers et mes bas leur donnaient de grandes inquiétudes ; ils les flairèrent et les tâtèrent plusieurs fois, et firent à ce sujet plusieurs gestes semblables à ceux d'un savant qui veut expliquer un phénomène.

Enfin, la contenance et les manières de ces deux animaux me parurent si raisonnables, si sages, si judicieuses, que je conclus en moi-même qu'il fallait que ce fussent des enchanteurs qui s'étaient ainsi transformés en chevaux pour accomplir quelque dessein, et qui, trouvant un étranger sur leur chemin, avaient voulu se divertir un peu à ses dépens, ou avaient peut-être été frappés de sa figure, de ses habits et de ses manières, qui pouvaient différer de ce qu'on voyait dans le pays. C'est ce qui me fit prendre la liberté de leur parler en ces termes : « Messieurs, si vous êtes des enchanteurs, comme j'ai lieu de le croire, vous entendez toutes les langues : ainsi j'ai l'honneur de vous dire dans la mienne que je suis un pauvre Anglais, échoué pour son malheur sur ces côtes, et qui vous prie l'un ou l'autre de vouloir souffrir qu'il monte sur vous, comme si vous étiez de véritables chevaux, pour chercher quelque village ou quelque maison où il puisse se retirer. En reconnaissance il vous offre ce petit couteau et ce bracelet. » Et je tirai en même temps ces objets de ma poche.

Les deux animaux parurent écouter mon discours avec attention ; et, quand j'eus fini, ils se mirent à hennir tour à tour, tournés l'un vers l'autre. Je compris alors clairement que leurs hennissements étaient significatifs, et renfermaient des mots dont on pourrait peut-être former un alphabet plus facilement que des mots chinois.

Je les entendis souvent répéter le mot *yahou*, dont je distinguai le son sans en pénétrer le sens, quoique, pendant l'entretien des deux chevaux, j'eusse cherché plusieurs fois à en trouver la signification ; mais j'avais essayé de le prononcer, et, lorsqu'ils eurent cessé de parler, je me mis à crier de toute ma force, *yahou, yahou*, en imitant de mon mieux le hennissement d'un cheval. Cela parut les surprendre extrêmement ; et alors le gris-pommelé, répétant deux fois ce même mot, sembla vouloir m'apprendre comment il fallait le prononcer. Je le répétai après lui du mieux qu'il me fut possible, et il me sembla que, quoique je fusse très-éloigné de la perfection de l'accent et de la prononciation, j'avais pourtant fait quelques progrès. Le cheval bai tâcha de m'apprendre un autre mot beaucoup plus difficile à prononcer, et qui, suivant l'orthographe anglaise, peut ainsi s'écrire, *Houyhnhnm*. Je ne réussis pas aussi bien d'abord dans la prononciation de ce mot que dans celle du premier ; mais, après quelques essais, je m'en tirai mieux, et les deux chevaux semblèrent étonnés de mon intelligence.

Lorsqu'ils se furent encore un peu entretenus (sans doute à mon sujet), les deux amis prirent congé l'un de l'autre avec la même cérémonie, consistant à se toucher mutuellement le sabot, que je les avais vus exécuter en s'abordant ; et le gris me fit signe de marcher devant lui. Je jugeai que je n'avais rien de mieux à faire que d'obéir à cette invitation jusqu'à ce que j'eusse trouvé un meilleur guide. Quand il m'arrivait de ralentir mon pas, il criait *hhuun, hhuun*. Je compris sa pensée, et lui donnai à entendre, comme je le pus, que j'étais bien las et ne pouvais aller plus loin : sur quoi il s'arrêta charitablement pour me laisser reposer.

CHAPITRE II

L'auteur est conduit au logis d'un Houyhnhnm.
— Description de ce logis; comment il y est reçu. —
Quelle était la nourriture des Houyhnhnms.
— L'auteur ne sait d'abord comment il pourra se nourrir;
il est enfin tiré de cette inquiétude. — Il rend compte de sa manière
de vivre en ce pays.

Près avoir marché environ trois milles, nous arrivâmes à une grande maison basse construite en bois et couverte de paille. Je commençai à me sentir plus à mon aise, et je tirai de ma poche quelques-unes de ces babioles que les voyageurs ont coutume d'offrir aux sauvages, espérant par ce moyen être favorablement accueilli des gens de cette maison. Le cheval me fit poliment entrer le premier dans une grande salle, dont le sol était de la terre bien unie, et dans laquelle s'étendaient tout le long de l'un des côtés un râtelier et une auge. J'y vis trois chevaux avec deux cavales : ils ne mangeaient point; les uns étaient assis sur leurs jarrets, ce qui m'étonna beaucoup; et je fus encore plus surpris de voir les autres occupés de soins domestiques. Ils me paraissaient de véritables chevaux, et leurs manières me confirmèrent dans la pensée que le peuple qui avait pu civiliser des brutes à ce degré devait être le peuple le plus sage de la terre.

Le cheval gris entra tout de suite après moi, et empêcha que je ne fusse maltraité par les autres. Il hennit plusieurs fois d'un ton de maître, et on lui répondit.

Je traversai avec lui deux autres salles de plain-pied ; dans la dernière, mon conducteur me fit signe d'attendre, et passa dans une troisième pièce. Je préparai mes présents pour le maître et la maîtresse de la maison : c'étaient deux couteaux, trois bracelets de perles fausses, un petit miroir et un collier

de verroterie. Le cheval hennit trois ou quatre fois, et je prêtai l'oreille pour entendre quelques réponses d'une voix humaine; mais celles que j'entendis étaient dans le même langage; seulement une ou deux furent prononcées par des voix un peu plus claires que celle de mon guide. Je m'imaginai alors qu'il fallait que le maître de cette maison fût une personne de qualité, puisqu'on me faisait ainsi attendre en cérémonie dans l'antichambre; mais en même temps je ne pouvais concevoir qu'un homme de qualité fût servi par des chevaux.

Je craignis alors que mes malheurs ne m'eussent fait entièrement perdre l'esprit. Je regardai attentivement autour de moi, et me mis à considérer la chambre où je me trouvais; elle était à peu près meublée comme la première salle, quoique avec un peu plus d'élégance. Je me frottai les yeux, mais je voyais toujours les mêmes objets. Je me pinçai les bras et les côtes pour m'éveiller, pensant que je rêvais. Enfin, je conclus qu'il y avait là de la diablerie et de la haute magie.

Mais je n'eus pas le temps de suivre ces réflexions; le gris-pommelé parut, et me fit signe d'entrer avec lui dans la troisième chambre, où je vis sur une natte très-propre et très-fine une belle cavale avec un beau poulain et une belle petite pouliche, tous assis sur leurs jambes de derrière repliées. La cavale

se leva à mon arrivée, s'approcha de moi, et, après avoir considéré attentivement mon visage et mes mains, me jeta des regards méprisants, puis, se tournant vers le cheval, se mit à hennir. Ils prononcèrent souvent le mot *yahou*, dont je ne comprenais pas encore le sens, bien que ce fût le premier que j'eusse appris à prononcer; mais je connus bientôt, à ma grande mortification, le sens funeste de ce mot; car le cheval qui m'avait introduit me faisait signe de la tête, et me répétant souvent le mot *hhuun*, *hhuun*, comme il avait fait sur le chemin, je compris que je devais le suivre, et il me conduisit dans une espèce de basse-cour, où il y avait un autre bâtiment à quelque distance de la maison. Nous y entrâmes, et je trouvai là trois de ces détestables créatures que j'avais vues d'abord dans un champ, et dont j'ai fait plus haut la description : elles étaient attachées par le cou; elles mangeaient des racines, et de la chair d'âne, de chien et de vache (comme je l'ai appris depuis), qu'elles tenaient entre leurs griffes, et qu'elles déchiraient avec leurs dents.

Le maître cheval commanda alors à un petit bidet alezan, qui était un de ses laquais, de délier le plus grand de ces animaux et de l'amener. On nous mit tous deux côte à côte ; le

maître et le valet examinèrent très-attentivement nos deux visages, ensuite ils répétèrent le mot *yahou* plusieurs fois. Il est impossible de décrire l'étonnement et l'horreur dont je fus saisi quand je remarquai dans cette abominable bête toutes les formes humaines : elle avait, il est vrai, le visage large et plat, le nez écrasé, les lèvres épaisses, et la bouche très-grande ; mais ces différences se trouvent chez toutes les nations sauvages, parce que les mères couchent leurs enfants le visage tourné contre terre, les portent sur le dos, et leur écrasent le nez avec leurs épaules. Ce yahou avait les pattes de devant semblables à mes mains, si ce n'est qu'elles étaient armées d'ongles fort grands, et que la peau en était brune, rude et couverte de poil. Ses jambes ressemblaient aussi aux miennes, avec les mêmes différences, ce que je savais fort bien; mais les chevaux ne s'en étaient pas aperçus à cause de mes bas et de mes souliers. Quant au reste du corps, c'était en vérité la même chose, à l'exception de la couleur et du poil.

Ce qui paraissait embarrasser les deux chevaux, c'était de voir la grande disparité qui existait entre certaines parties de mon corps et les mêmes parties chez le yahou ; et je devais cela à mes habits, dont ils n'avaient point la moindre idée. Le bidet m'offrit une racine, qu'il tenait à sa manière entre son sabot et son paturon. Je la pris, et, l'ayant flairée, je la lui rendis sur-le-champ avec le plus de politesse qu'il me fut possible. Aussitôt il alla chercher dans la loge des yahous un morceau de chair d'âne, et me le présenta ; mais son odeur me fit détourner la tête avec dégoût. Alors le bidet jeta le morceau au yahou, qui sur-le-champ le dévora avec avidité. Il me montra ensuite un tas de foin et une mesure pleine d'avoine ; mais je secouai la tête, et lui fis entendre que je ne pouvais manger ni de l'un ni de l'autre. Je commençais à craindre en effet de mourir bientôt de faim, si je ne trouvais aucun individu de mon espèce ; car, pour ces vilains yahous, bien que je fusse en ce temps-là un des plus grands amis des hommes, ils me semblaient les êtres animés les plus détestables sous tous les rapports, et plus je les vis de près pendant mon séjour dans ce pays, plus je les trouvai haïssables. Le maître cheval s'aperçut de mon aversion, et fit remmener le yahou à son toit. Alors, portant un de ses pieds de devant à sa bouche d'une façon qui me surprit, bien que son mouvement fût exécuté avec aisance et parfaitement naturel, il me demanda ce que je voulais manger ; mais je ne pus le lui faire entendre par signes ; et, quand je l'aurais pu, je ne voyais pas qu'il fût en état de me satisfaire.

Sur ces entrefaites, une vache passa : je la montrai du doigt, et fis entendre, par un signe expressif, que j'avais envie de la traire. On me comprit, et aussitôt on me fit entrer dans la maison, où l'on ordonna à une servante, c'est-à-dire à une jument, de m'ouvrir une salle, où je trouvai une grande quantité de terrines et de vases de bois remplis de lait, rangés très-proprement. Elle me donna un grand bol tout plein ; je bus avec délice, et je me sentis restauré.

Vers midi, je vis arriver à la maison une espèce de chariot ou de carrosse tiré par quatre yahous. Il y avait dans ce carrosse un vieux cheval qui paraissait un personnage de distinction; il descendit par ses pieds de derrière, parce qu'il s'était blessé

au pied gauche de devant. Il venait dîner avec mon hôte, qui le reçut avec beaucoup de civilité. Ils mangèrent dans la plus belle salle; et ils eurent pour le second service de l'avoine bouillie dans du lait, que le vieux cheval mangea chaude, et les autres froide. Leur auge, placée au milieu de la salle, était disposée circulairement, et divisée en plusieurs compartiments, autour desquels ils étaient rangés, assis sur des bottes de paille. Un grand râtelier était au milieu, et une division du râtelier répondait à chaque division de l'auge; en sorte que chaque cheval et chaque cavale mangeait séparément sa portion de foin et d'avoine au lait, avec beaucoup de décence et de régularité. La conduite des poulains me parut très-convenable à leur âge, et celle des maîtres du logis tout à fait gracieuse et prévenante pour leur hôte. Le gris-pommelé m'ordonna de venir auprès de lui; il me sembla s'entretenir longtemps à mon sujet avec son ami, qui me regardait de temps en temps, et je les entendis répéter souvent le mot *yahou*.

Depuis quelques moments j'avais mis mes gants : le maître gris-pommelé s'en étant aperçu, et ne voyant plus mes mains telles qu'il les avait vues d'abord, fit plusieurs signes qui marquaient son étonnement : il me les toucha deux ou trois fois avec son pied, et me donna à entendre qu'il souhaitait qu'elles reprissent leur première figure. Je fis ce qu'il demandait, en ôtant mes gants et les remettant dans ma poche. Cette action fit beaucoup parler toute la compagnie, et je vis qu'elle l'avait bien disposée en ma faveur; car on m'ordonna de prononcer les mots que j'entendais, et pendant le dîner le maître du logis m'apprit les noms de l'avoine, du lait, du feu, de l'eau, et de plusieurs autres choses. Je redisais ces noms après lui tout de suite, grâce à la singulière facilité que j'ai toujours eue pour apprendre les langues.

Lorsque le dîner fut fini, le maître cheval me prit en particulier, et, par des signes joints à quelques mots, me fit entendre la peine qu'il ressentait de voir que je n'avais rien à manger. *Hlunnh*, dans leur langue, signifie de l'avoine. Je prononçai ce mot deux ou trois fois; car, quoique j'eusse d'abord refusé l'avoine qui m'avait été offerte, je jugeai, après y avoir réfléchi, que je pouvais m'en faire une sorte de nourriture en la mêlant avec du lait, et que cela me soutiendrait jusqu'à ce que je trouvasse l'occasion de m'échapper, et de me retrouver avec des créatures de mon espèce. Aussitôt le cheval donna ordre à une servante de la maison, une jolie jument blanche, de m'apporter une bonne quantité d'avoine dans un plat de bois. Je fis rôtir cette avoine au foyer comme je pus; ensuite je la frottai jusqu'à ce que j'en eusse détaché la balle; puis j'écrasai le grain entre deux pierres; je pris de l'eau, et composai avec ma farine une espèce de gâteau que je fis cuire et que je mangeai tout chaud en le trempant dans du lait.

Ce fut d'abord pour moi un mets très-insipide (quoique ce soit la nourriture ordinaire de plusieurs pays de l'Europe); mais je m'y accoutumai avec le temps; et m'étant trouvé souvent dans ma vie réduit à des situations fâcheuses, ce n'était pas la première fois que j'avais éprouvé qu'il faut peu de chose pour satisfaire les besoins de la nature. Je remarquai même que, tant que je fus dans cette île, je n'eus pas la moindre indisposition. Quelquefois, il est vrai, j'attrapais soit un lapin, soit un oiseau, que je prenais avec des piéges faits de cheveux d'yahou; quelquefois je cueillais des herbes, que je faisais bouillir ou que je mangeais en salade, et de temps en temps je me régalais en faisant un peu de beurre. Ce qui me causa beaucoup de peine d'abord fut de manquer de sel; mais je m'accoutumai à m'en passer : d'où je conclus que l'usage du sel est l'effet de notre intempérance, et n'a été introduit que pour exciter à boire; car il est à remarquer que l'homme est le seul animal qui mêle cet ingrédient à ce qu'il mange. Pour moi, quand j'eus quitté ce pays, j'eus beaucoup de peine à en reprendre le goût.

C'est assez parler, je crois, de ma nourriture, bien que les autres voyageurs remplissent volontiers leurs livres de ce sujet, comme s'il était fort intéressant pour le lecteur de savoir s'ils ont fait bonne chère ou non. Toutefois, ce détail succinct était nécessaire pour ôter aux autres l'idée qu'il m'avait été impossible de subsister pendant trois ans dans un tel pays, et parmi de tels habitants.

Sur le soir, le maître cheval me fit donner une chambre à six pas de la maison, et séparée du quartier des yahous. J'y étendis quelques bottes de paille, je me couvris de mes habits, et je dormis fort tranquillement. Mais je fus bien mieux dans la suite, comme le lecteur le verra ci-après, lorsque je parlerai de ma manière de vivre en ce pays-là.

CHAPITRE III

L'auteur étudie la langue du pays ;
Le Houyhnhnm, son maître, s'applique à la lui enseigner.
— Description de cette langue.
— Plusieurs Houyhnhnms de qualité viennent voir l'auteur par curiosité. —
Il fait à son maître un récit succinct de ses voyages.

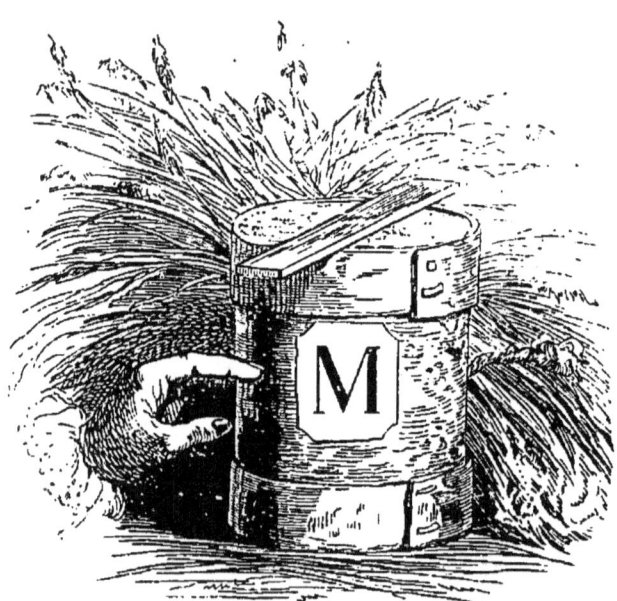

A principale affaire était d'étudier la langue que le Houyhnhnm mon maître (c'est ainsi que je l'appellerai maintenant), ses enfants et tous ses domestiques étaient très-empressés de me montrer ; car ils regardaient comme un prodige qu'une brute donnât tant de signes de raison. J'indiquais du doigt chaque chose, et j'en demandais le nom, que je retenais dans ma mémoire, et que j'écrivais, quand j'étais seul, sur mon journal de voyage ; et je tâchais de prendre l'accent, en priant quelqu'un de la maison de prononcer les mots plusieurs fois devant moi : pour ce service, un bidet alezan, l'un des domestiques inférieurs du logis, était toujours prêt à m'aider.

Les Houyhnhnms parlent en même temps du nez et de la gorge ; et leur langue ressemble plus au hollandais ou à l'allemand qu'à aucun autre idiome de l'Europe ; mais elle est beaucoup plus gracieuse et plus expressive. L'empereur Charles-Quint avait fait la même observation, lorsqu'il dit que s'il avait à parler à son cheval, il lui parlerait allemand.

Mon maître avait tant d'impatience de me voir parler sa langue pour pouvoir s'entretenir avec moi et satisfaire sa curiosité, qu'il employait toutes ses heures de loisir à m'instruire. Il était convaincu, comme il me l'a avoué depuis, que j'étais un yahou; mais ma propreté, ma politesse, ma docilité, ma disposition à apprendre, l'étonnaient : ces qualités étaient tout à fait opposées à la nature connue de ces animaux. Mes habits lui causaient aussi beaucoup d'embarras, et il se demandait à lui-même s'ils faisaient ou non partie de mon corps; car je ne me déshabillais le soir, pour me coucher, que lorsque toute la maison était endormie, et je me levais le matin et m'habillais avant qu'aucun fût éveillé. Mon maître avait grande envie de savoir de quel pays je venais, où et comment j'avais acquis ces apparences de raison qui perçaient dans toutes mes actions; il désirait connaître enfin mon histoire de ma propre bouche, et il se flattait que ce serait bientôt, en voyant les progrès que je faisais chaque jour dans l'intelligence et la prononciation de la langue. Pour aider un peu ma mémoire, je formai un alphabet avec les mots que j'avais appris, et j'écrivis ces termes avec l'anglais au-dessous. Dans la suite, je m'aventurai à écrire en présence de mon maître; cela me causa beaucoup d'ennui; il fallait que j'expliquasse ce que je faisais, parce que les Houyhnhnms n'ont aucune idée de ce qui concerne les livres et la littérature.

Enfin, au bout de dix semaines, je me vis en état d'entendre la plupart des questions de mon maître, et trois mois après je fus assez habile pour lui répondre passablement. Il était extrêmement curieux d'apprendre de quel pays je venais, et comment j'avais appris à contrefaire l'animal raisonnable, n'étant qu'un yahou. Car ces yahous, auxquels il trouvait que je ressemblais par le visage et par les pattes de devant (les seules parties de ma personne visibles pour lui), avaient bien, disait-il, une espèce de ruse et une grande disposition à la malice; mais c'étaient les plus indociles de toutes les brutes. Je lui répondis que je venais de fort loin, et que j'avais traversé les mers avec plusieurs autres de mon espèce, porté dans un grand bâtiment de bois fait avec des troncs d'arbre; que mes compagnons m'avaient mis à terre et abandonné sur cette côte. Ce fut avec de grandes difficultés, et en recourant à des signes, que je parvins à me faire entendre. Mon maître me répliqua qu'il fallait que je me trompasse; sinon, que j'avais dit la chose qui n'était pas : les Houyhnhnms dans leur langue n'ont point de mot pour exprimer le mensonge ou la fausseté. Il regardait comme impossible qu'il y eût des terres au delà de la mer, et qu'un vil troupeau de brutes pût faire flotter sur cet élément un grand bâtiment de bois, et le conduire à son gré. A peine, disait-il, un Houyhnhnm en pourrait-il faire autant.

Ce mot Houyhnhnm, dans leur langue, signifie cheval, et veut dire la perfection de la nature. Je répondis à mon maître que les expressions me manquaient, mais que dans quelque temps je serais en état de lui dire des choses qui le surprendraient beaucoup. Il enjoignit à sa cavale, à son poulin, à sa pouliche et à tous ses domestiques, de ne laisser échapper aucune occasion de me perfectionner dans la langue, et tous les jours il consacrait lui-même deux ou trois heures à mon instruction.

Quelques chevaux et cavales de distinction vinrent souvent à la maison, attirés par le rapport qu'on leur avait fait du yahou merveilleux qui parlait comme un Houyhnhnm, et montrait dans ses paroles et ses actions certaines lueurs de raison. Ils prenaient plaisir à causer avec moi, et me faisaient des questions auxquelles je répondais de mon mieux. Tout cela contribuait à me fortifier dans l'usage de la langue; en sorte qu'au bout de cinq mois j'entendais tout ce qu'on me disait, et m'exprimais assez bien sur la plupart des choses.

Les Houyhnhnms, qui venaient rendre visite à mon maître dans l'intention de me voir et de me parler, avaient de la peine à croire que je fusse un véritable yahou, parce que, disaient-ils, j'avais une peau fort différente de ces animaux, excepté sur le visage et sur les pattes de devant. Mais je découvris mon secret à mon maître, forcé à cet aveu par un accident qui m'arriva.

J'ai dit au lecteur que chaque soir, quand toute la maison était couchée, ma coutume était de me déshabiller et de me couvrir de mes habits. Un jour mon maître m'envoya de grand matin son laquais le bidet alezan. Lorsqu'il entra dans ma chambre, je dormais profondément; mes habits étaient tombés,

et ma chemise était retroussée : je me réveillai au bruit qu'il fit, et je remarquai qu'il s'acquittait de sa commission d'un air inquiet et embarrassé. Il s'en retourna aussitôt vers son maître, et lui raconta confusément ce qu'il avait vu. Je devinai bientôt l'aventure; car, lorsque j'allai rendre mes devoirs à Son Honneur, il me demanda d'abord ce que voulait dire le conte que son laquais avait fait le matin; qu'il lui avait dit que je n'étais pas en dormant le même qu'en veillant, et qu'il avait vu des parties de ma peau blanches, d'autres jaunes ou moins blanches, et quelques-unes très-brunes.

J'avais jusque-là caché ce secret, afin de n'être point confondu avec la maudite et infâme race des yahous; mais, hélas! il fallut alors me découvrir malgré moi. D'ailleurs, mes habits et mes souliers commençaient à s'user; et comme il m'aurait fallu bientôt les remplacer par la peau d'un yahou ou de quelque autre animal, je prévoyais que mon secret ne serait pas longtemps caché. Je dis donc à mon maître que dans le pays d'où je venais, ceux de mon espèce avaient coutume de se couvrir le corps du poil de certains animaux, préparé avec art, soit pour l'honnêteté et la bienséance, soit pour se défendre contre la rigueur des saisons; que j'étais prêt à lui fournir la preuve de ce que je venais de lui dire, s'il lui plaisait de me le commander, et que je lui cacherais seulement ce que la nature nous défend de montrer. Mon discours parut l'étonner; il ne pouvait surtout concevoir que la nature nous obligeât à cacher ce qu'elle nous avait donné. « Pour nous, ajouta-t-il, nous ne rougissons d'aucune partie de notre corps. Cependant vous ferez à cet égard ce qu'il vous plaira. » Alors je déboutonnai d'abord mon habit, et je le quittai; j'ôtai de même ma veste, mes souliers, mes bas et mes culottes; puis je laissai tomber ma chemise jusqu'à ma ceinture, et par décence je la roulai autour de ma taille.

Mon maître regardait toutes mes opérations avec curiosité et surprise. Il leva tous mes vêtements les uns après les autres, les prenant entre son sabot et son paturon, et les examina attentivement; alors il toucha doucement mon corps, et tourna plusieurs fois autour de moi; après quoi il me dit gravement qu'il était clair que j'étais un vrai yahou, et que je ne différais de tous ceux de mon espèce qu'en ce que je n'avais point de poil sur la plus grande partie de mon corps, que j'avais les griffes plus courtes et un peu autrement conformées, et que j'affectais de ne marcher que sur mes pieds de derrière. Il n'en voulut pas voir davantage, et me permit de reprendre mes habits, parce qu'il me vit grelotter de froid.

Je témoignai à Son Honneur combien il me mortifiait de me donner sérieusement le nom d'un animal infâme. Je le conjurai de vouloir bien m'épargner une dénomination si ignominieuse, et de recommander la même chose à sa famille, à ses domestiques et à tous ses amis. Je le priai en même temps de vouloir

bien ne faire part à personne du secret que je lui avais découvert touchant mon vêtement, au moins tant que je n'aurais pas besoin d'en changer; et quant à ce que son laquais avait pu voir, Son Honneur voudrait bien lui ordonner de n'en point parler.

Mon maître consentit gracieusement à tout cela; aussi le secret fut-il gardé sur mes habits jusqu'au moment où ils furent tout à fait usés, ce qui m'obligea à les remplacer par divers moyens dont je parlerai ensuite. Il m'exhorta en même temps à me perfectionner encore dans la langue, parce qu'il était beaucoup plus frappé de me voir parler et raisonner, que de me voir blanc et sans poil, et qu'il avait une envie extrême d'apprendre de moi ces choses admirables que je lui avais promis de lui expliquer. Depuis ce temps-là il prit encore plus de peine pour m'instruire. Il me menait avec lui dans toutes les compagnies, et me faisait partout traiter honnêtement et avec beaucoup d'égards, afin de me mettre de bonne humeur (comme il le disait aux gens à part), et de me rendre plus agréable et plus divertissant.

Tous les jours, lorsque j'étais avec lui, outre le soin qu'il prenait de m'enseigner la langue, il me faisait mille questions sur moi-même, auxquelles je répondais de mon mieux ; ce qui lui avait déjà donné quelques idées générales et imparfaites de ce que je devais lui dire en détail dans la suite. Il serait inutile d'expliquer ici comment je parvins enfin à pouvoir lier avec lui une conversation longue et sérieuse : je dirai seulement que la première fois que je lui rendis compte de ce qu'il me demandait d'une manière régulière et complète, je commençai ainsi :

« Je suis venu d'un pays très-éloigné, comme j'ai déjà essayé de le faire entendre à Votre Honneur, accompagné d'environ cinquante de mes semblables, et dans un bâtiment formé avec des planches ; et nous avions ainsi traversé les mers. » Là je décrivis la forme du vaisseau le mieux qu'il me fut possible ; et ayant déployé mon mouchoir, je lui montrai comment le vent

qui enflait les voiles nous faisait avancer. Je lui dis qu'à l'occasion d'une querelle qui s'était élevée parmi nous, j'avais été exposé sur cette côte, et que j'y marchais au hasard jusqu'au moment où il me délivra de la persécution de ces exécrables yahous. Il me demanda alors qui avait formé ce vaisseau, et comment il se pouvait que les Houyhnhnms de mon pays en eussent donné la conduite à des bêtes. Je lui dis qu'il m'était impossible de répondre à sa question, s'il ne me donnait sa parole, et s'il ne me promettait sur son honneur de ne point s'offenser de tout ce que je lui dirais; qu'à cette condition seule je poursuivrais mon récit, et lui exposerais avec sincérité les choses merveilleuses que je lui avais promis de lui raconter.

Il m'assura positivement qu'il ne s'offenserait de rien. Alors je lui dis que le vaisseau avait été construit par des créatures semblables à moi, et qui, dans mon pays et dans toutes les parties du monde où j'avais voyagé, étaient les seuls animaux dominants et raisonnables; qu'à mon arrivée en ce pays j'avais été extrêmement surpris de voir les Houyhnhnms agir comme des créatures douées de raison, de même que lui et tous ses amis pouvaient l'être de trouver des signes de cette raison dans une créature qu'il leur avait plu d'appeler un yahou, et qui ressemblait, à la vérité, à ces vils animaux, dont la dégénération me semblait inexplicable. J'ajoutai que si jamais le ciel permettait que je retournasse dans mon pays, et que j'y publiasse la relation de mes voyages, comme j'avais l'intention de le faire, tout le monde croirait que je dirais la chose qui n'est point, et que ce serait une histoire fabuleuse et impertinente que j'aurais inventée; et, sauf le respect que j'avais pour lui, pour toute son honorable famille et pour tous ses amis, j'osai l'assurer qu'on ne croirait jamais dans mon pays qu'un Houyhnhnm fût l'animal raisonnable et supérieur d'une contrée, et qu'un yahou n'y fût qu'une bête.

CHAPITRE IV

Idées des Houyhnhnms sur la vérité et sur le mensonge.
— Les discours de l'auteur sont désapprouvés par son maître. —
L'auteur donne de plus amples détails sur lui-même
et sur les accidents de son voyage.

ON maître en m'écoutant paraissait extrêmement embarrassé, parce que douter de ce qu'on entend ou ne point y ajouter foi sont des opérations de l'esprit auxquelles les Houyhnhnms sont si peu accoutumés, qu'ils ne savent comment se conduire lorsque les circonstances les obligent à cet exercice mental. Je me souviens même qu'en m'entretenant quelquefois avec mon maître au sujet des qualités de l'espèce humaine dans les autres parties du monde, quand j'avais l'occasion de lui parler du mensonge et de la tromperie, il avait beaucoup de peine à concevoir ce que je voulais lui dire, bien qu'il eût sur tout autre point beaucoup de pénétration; il raisonnait ainsi : « L'usage de la parole nous a été donné pour nous communiquer les uns aux autres ce que nous pensons, et pour être instruits de ce que nous ignorons. Or, si quelqu'un dit la chose qui n'est pas, il n'agit point selon l'intention de la nature, parce qu'on ne peut pas dire que celui à qui il parle l'ait réellement entendu; loin de lui procurer de l'instruction, il le laisse dans un état pire que l'ignorance, puisqu'il l'a induit à croire qu'une chose blanche est noire, qu'une chose courte est longue. » Telle est l'idée que les Houyhnhnms ont de la faculté de mentir, si parfaitement comprise et si universellement pratiquée par nous autres humains.

Pour revenir à l'entretien particulier dont il s'agit, lorsque j'eus asssuré à Son Honneur que les yahous étaient dans mon pays les animaux seuls dominants (ce qui, me dit-il, passait son intelligence), il me demanda si nous avions des Houyhnhnms, et quels étaient parmi nous leur état et leur emploi. Je lui répondis que nous en avions en très-grand nombre; que pendant l'été ils paissaient dans les prairies, et que pendant l'hiver ils

restaient dans leurs maisons, où ils avaient des yahous pour les servir, pour peigner leurs crins, pour nettoyer et frotter

leur peau, pour laver leurs pieds, pour leur donner à manger, et pour faire leurs lits. « Je vous entends, reprit-il; c'est-à-dire que, quoique vos yahous se flattent d'avoir un certain degré de raison, les Houyhnhnms sont toujours vos maîtres. Plût au ciel seulement que nos yahous fussent aussi dociles que ceux de votre pays ! »

Je conjurai Son Honneur de vouloir bien me dispenser d'en dire davantage sur ce sujet, parce que j'étais sûr que l'explication qu'il me demandait lui serait très-désagréable. « Je veux savoir tout, me répliqua-t-il ; continuez, et ne craignez point de me faire de la peine. — Eh bien ! lui dis-je, puisque vous le voulez absolument, je vais vous obéir. Les Houyhnhnms, que nous appelons chevaux, sont regardés parmi nous comme les animaux les plus beaux et les plus nobles; ils sont estimés pour leur vigueur et leur vitesse, et lorsqu'ils appartiennent à des personnes de qualité, on leur fait passer le temps à voyager, à courir, à tirer des chars, et l'on a pour eux toutes sortes d'atten-

tions et de soins, tant qu'ils sont jeunes et qu'ils se portent bien; mais, dès qu'ils commencent à vieillir ou à prendre quelques maux de jambes, on s'en défait aussitôt, et on les vend à des yahous, qui les occupent à des travaux durs, pénibles, bas et honteux, jusqu'à ce qu'ils meurent. Alors on les écorche, on

vend leur peau, et l'on abandonne leurs cadavres aux oiseaux de proie et aux chiens. Mais les chevaux de race commune ne sont pas aussi bien lotis. Leurs maîtres sont en général des fermiers, des voituriers et autres gens du bas peuple, qui leur imposent un plus rude travail, et les nourrissent plus mal.

Je lui décrivis de mon mieux notre manière de monter à cheval,

la forme et l'usage de la bride,

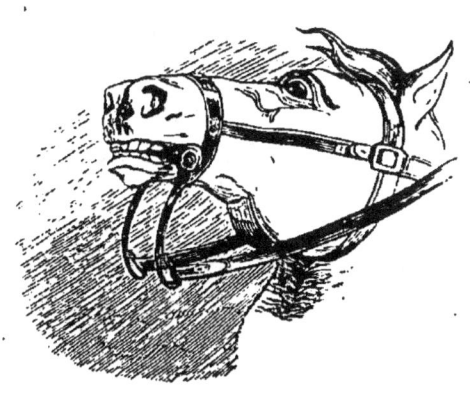

de la selle,

de l'éperon,

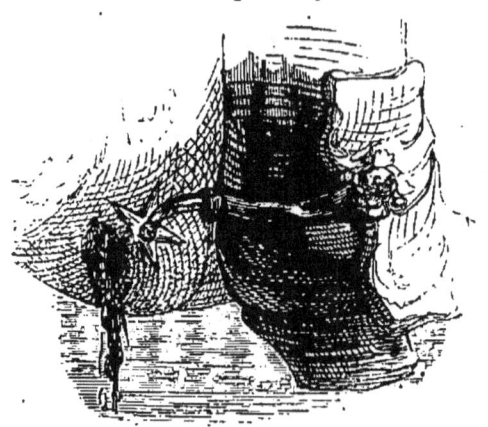

du fouet, enfin des harnais et des roues.

J'ajoutai qu'on attachait sous les pieds de tous nos Houyhnhnms une plaque d'une certaine substance très-dure, appelée fer, pour conserver leur sabot et l'empêcher de se briser dans les chemins pierreux sur lesquels nous voyageons le plus souvent.

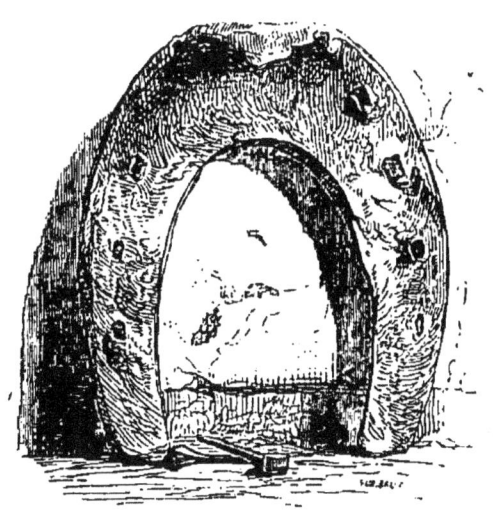

Mon maître, après avoir proféré quelques expressions de vive indignation, s'étonna que nous eussions la hardiesse de monter sur le dos d'un Houyhnhnm; car il était sûr que le plus faible des Houyhnhnms de sa maison serait assez fort pour jeter à terre le plus vigoureux des yahous, et s'il ne s'en débarrassait pas ainsi, il pourrait, en se roulant sur le dos, écraser la bête. Je lui répondis que nos Houyhnhnms étaient ordinairement domptés et dressés à l'âge de trois ou quatre ans pour les différentes fins auxquelles nous les destinions, et que si quelqu'un d'eux était par trop indolent ou vicieux, on l'occupait à tirer des charrettes; qu'en général on les accablait de coups pendant leur jeunesse, lorsqu'ils commettaient la moindre incartade; que les mâles, destinés à porter la selle ou à traîner des voitures, subissaient ordinairement, deux ans après leur naissance, une opération qui avait pour effet de les rendre plus doux et plus dociles; qu'ils étaient sensibles aux récompenses et aux châtiments; mais je priai Son Honneur de remarquer qu'ils n'avaient pas la plus légère dose de raison, qu'ils n'en avaient pas plus que les yahous de son pays.

J'eus beaucoup de peine à faire entendre tout cela à mon

maître, et il me fallut user de beaucoup de circonlocutions pour exprimer mes idées; car la langue des Houyhnhnms n'est pas riche, attendu que leurs besoins et leurs passions sont moins nombreux que les nôtres.

Mais il est impossible de peindre le noble courroux de mon maître lorsque je lui eus exposé les traitements barbares que nous faisions subir aux Houyhnhnms. Il convint que s'il y avait un pays où les yahous fussent les seuls animaux raisonnables, il était juste qu'ils y fussent les maîtres, et que tous les autres animaux se soumissent à leurs lois, parce que la raison doit toujours l'emporter tôt ou tard sur la force brute. Mais en considérant la structure de notre corps, et particulièrement du mien, il pensait qu'aucune créature de cette grosseur n'était moins apte à appliquer sa raison aux besoins ordinaires de la vie. Il me demanda en même temps si les yahous de mon pays me ressemblaient, ou bien s'ils ressemblaient à ceux de son pays. Je lui dis que j'étais aussi bien fait que la plupart de ceux de mon âge; mais que les jeunes mâles et les femelles avaient la peau plus fine et plus délicate, et que celle des femelles était ordinairement blanche comme du lait. Il me répliqua qu'il y avait à la vérité quelque différence entre les yahous de sa basse-cour et moi; que j'étais plus propre qu'eux, et n'étais pas tout à fait aussi laid; mais que, par rapport aux avantages solides, il croyait qu'ils l'emportaient sur moi; que mes ongles ne pouvaient être d'aucun usage; que mes pieds de devant ne pouvaient être proprement nommés ainsi, car il ne m'avait jamais vu marcher avec ces pieds; qu'ils étaient trop tendres pour supporter le contact de la terre; que je les laissais le plus souvent découverts, et que le vêtement que je leur appliquais parfois n'était pas de même forme ni aussi fort que celui de mes pieds de derrière. Il me dit que je ne pouvais marcher avec sûreté; car si un de mes pieds de derrière venait à glisser, il fallait nécessairement que je tombasse. Il se mit alors à critiquer toute la configuration de mon corps, la forme aplatie de mon visage, la proéminence de mon nez, la situation de mes yeux, placés directement en face, de sorte que je ne pouvais regarder ni à ma droite ni à ma gauche sans tourner la tête. Il dit que je ne pouvais manger sans le secours de mes pieds de devant, que je portais à ma bouche, et que c'était apparemment pour cela que la nature y avait mis autant de jointures. Il ne voyait pas de

quel usage me pouvaient être tous ces petits membres séparés qui étaient au bout de mes pieds de derrière; qu'ils étaient trop faibles ou trop tendres pour n'être pas coupés et brisés par les pierres et par les broussailles, s'ils n'étaient couverts de la peau de quelque autre bête; que mon corps n'avait aucune défense contre la chaleur et le froid, sinon le vêtement que j'avais l'ennui et la peine de mettre et de quitter tous les jours; qu'enfin il avait remarqué que tous les animaux de son pays avaient une horreur naturelle des yahous, que les plus faibles les fuyaient, et que les plus forts les évitaient. Il inférait de là qu'en supposant que nous fussions doués de raison, il ne concevait pas comment nous pourrions guérir cette antipathie naturelle que tous les animaux ont pour ceux de notre espèce, et par conséquent comment nous pourrions en tirer aucun service. « Cependant, ajouta-t-il, nous laisserons ce sujet pour le moment. » Et il me marqua le désir de connaître ce qui me concernait personnellement, le lieu de ma naissance, et mes actions ou les événements de ma vie avant mon arrivée dans la contrée.

Je répondis que j'avais le plus grand désir de lui donner satisfaction sur tous les points qui pouvaient exciter sa curiosité, mais que je doutais fort qu'il me fût possible de m'expliquer assez clairement sur des matières dont Son Honneur ne pouvait avoir aucune idée, car je n'avais rien remarqué de semblable dans son pays; que néanmoins je ferais mon possible, et que je tâcherais de m'exprimer par des similitudes et des images, le priant de vouloir bien m'aider lorsque les termes me manqueraient, ce qu'il me promit très-obligeamment.

Je lui dis donc que j'étais né d'honnêtes parents, dans une île qu'on appelle l'Angleterre, qui était si éloignée, que le plus vigoureux de ses domestiques pourrait à peine faire ce voyage pendant la course annuelle du soleil; que j'avais d'abord exercé la chirurgie, c'est-à-dire l'art de guérir les blessures et les lésions du corps provenant d'accidents ou de violences; que mon pays était gouverné par une femelle de notre espèce que nous appelions la reine; que j'avais quitté ce pays pour tâcher de m'enrichir, et de me mettre en état de me soutenir, moi et ma famille; que dans le dernier de mes voyages j'avais été capitaine de vaisseau, ayant environ cinquante yahous sous moi, dont la plupart étaient morts en chemin, en sorte que j'avais été obligé de les remplacer par d'autres tirés de diverses nations; que notre vaisseau avait été deux fois en danger de faire naufrage : la première fois par une violente tempête, et la seconde pour avoir heurté contre un rocher.

Ici mon maître m'interrompit pour me demander comment j'avais pu engager des étrangers de différentes contrées à se hasarder à venir avec moi, après les périls que j'avais courus et les pertes que j'avais faites. Je lui répondis que c'étaient des malheureux qui n'avaient ni feu ni lieu, et qui avaient été obligés de quitter leur pays, soit à cause du mauvais état de leurs affaires, soit pour des crimes qu'ils avaient commis; que quelques-uns avaient été ruinés par les procès, d'autres par la débauche, d'autres par le jeu; que la plupart étaient poursuivis comme assassins, voleurs, empoisonneurs, parjures, faussaires, faux monnayeurs, ravisseurs, suborneurs, ou bien pour avoir déserté ou passé à l'ennemi; enfin presque tous étaient des échappés de prison; et aucun de ceux-là n'osait retourner dans son pays, de peur d'y être pendu ou d'y mourir dans un cachot; ils étaient donc forcés de chercher à gagner leur vie en d'autres lieux.

Pendant ce discours, il plut à mon maître de m'interrompre plusieurs fois. J'usais de beaucoup de circonlocutions pour lui donner l'idée de tous ces crimes qui avaient obligé la plupart des hommes de mon équipage à quitter leur pays. Ce travail exigea plusieurs conversations. Il ne pouvait concevoir à quelle intention ces gens-là avaient commis ces forfaits, et ce qui avait pu les y porter. Pour éclaircir quelque peu ce sujet, je tâchai de lui donner une idée du désir insatiable que nous avions tous d'acquérir du pouvoir et de la richesse, et des funestes effets du luxe, de l'intempérance, de la méchanceté et de l'envie; mais je ne pus lui faire entendre tout cela que par des exemples et des comparaisons, car il ne pouvait comprendre que tous ces vices existassent réellement. Après ces explications, il leva les yeux au ciel avec étonnement et indignation, comme une personne dont l'imagination est frappée du récit d'une chose qu'elle n'a jamais vue, et dont elle n'a jamais ouï parler.

Ces idées : POUVOIR, — GOUVERNEMENT, — GUERRE, — LOI, — PUNITION, et mille autres, ne peuvent être exprimées par aucun mot de la langue des Houyhnhnms, ce qui me rendait presque impossible la tâche que j'avais entreprise. Mais, comme mon maître avait un esprit supérieur, extrêmement perfectionné par la méditation et la conversation, il parvint à connaître suffisamment ce que la nature humaine en nos pays est capable de faire, et il désira que je lui donnasse une relation de l'Europe, et particulièrement de l'Angleterre, ma patrie.

CHAPITRE V

L'auteur, par l'ordre de son maître,
lui rend compte de l'état de l'Angleterre;
des causes ordinaires des guerres entre les princes d'Europe.
— L'auteur commence l'explication de la constitution
anglaise.

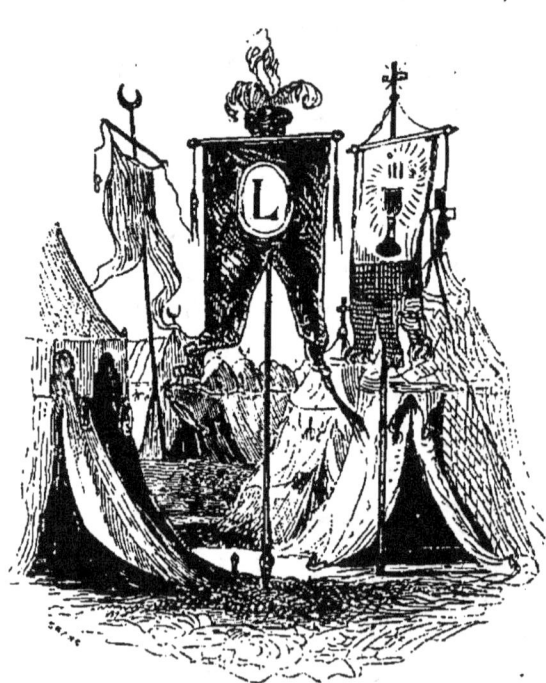

E lecteur voudra bien observer que ce qu'il va lire est l'extrait de plusieurs conversations que j'ai eues en différentes fois, pendant deux années, avec le Houyhnhnm mon maître. Son Honneur exigeait de moi de plus amples détails à mesure que j'avançais dans la connaissance et dans l'usage de la langue.

Je lui exposai le mieux qu'il me fut possible l'état de toute l'Europe; je discourus sur les arts, sur les manufactures, sur le commerce, sur les sciences; et les réponses que je faisais à toutes ses demandes fournissaient un fonds de conversation inépuisable; mais je ne rapporterai ici que la substance des entretiens que nous eûmes au sujet de ma patrie, en les présentant dans le meilleur ordre possible, et je m'attacherai moins aux temps et aux circonstances secondaires qu'à l'exacte vérité. Tout ce qui m'inquiète est la peine que j'aurai à rendre les raisonnements et les expressions de mon maître, qui perdront sans doute beaucoup par mon défaut de capacité et par leur traduction dans une langue barbare.

Pour obéir aux ordres de mon maître, je lui racontai donc la dernière révolution arrivée en Angleterre par l'invasion du prince d'Orange, et la guerre que ce prince fit ensuite au roi de France. J'ajoutai que la reine Anne, qui avait succédé au

prince d'Orange, avait continué cette guerre, où toutes les puissances de la chrétienté étaient engagées. Sur sa demande, je calculai le nombre de yahous qui pouvaient avoir péri dans le cours de cette guerre funeste; j'établis ce nombre à un million, celui des villes assiégées et prises à cent, celui des vaisseaux brûlés ou coulés à fond à plus de cinq cents, tant sous le prince d'Orange que sous la reine Anne.

Il me demanda alors quelles étaient les causes et les occasions les plus ordinaires de nos querelles, et de ce que j'appelais la guerre entre les nations. Je lui répondis que ces causes étaient innombrables, et que je lui en dirais seulement les principales. « Souvent, lui dis-je, c'est l'ambition de certains princes qui ne croient jamais posséder assez de terres, ni gouverner assez de peuples. Quelquefois c'est la politique égoïste et perverse des ministres, qui engagent leur maître dans une guerre afin de détourner ou d'étouffer les clameurs des sujets contre leur mauvaise administration. Des différences d'opinions ont, en bien des cas, privé de la vie des millions d'individus. Par exemple, l'un croit que la chair est du pain, l'autre croit que le pain est de la chair; l'un soutient que le jus d'une certaine baie est du sang, l'autre soutient que c'est du vin (1); l'un dit qu'il faut porter des

habits blancs, l'autre qu'il faut s'habiller de noir, de rouge, de gris; porter des vêtements courts, étroits, larges, longs, sales ou propres; siffler est un vice suivant ceux-ci, c'est une vertu suivant ceux-là; les uns veulent baiser un morceau de bois, les

---

(1) Le lecteur a déjà pu remarquer en plus d'une occasion que la profession de l'auteur, dignitaire de l'Église anglicane, le rend peu tolérant à l'égard des croyances catholiques.

(*Note des éditeurs.*)

autres disent qu'il est bon à mettre au feu, etc. etc. » J'ajoutai que nos guerres n'étaient jamais plus longues et plus sanglantes que lorsqu'elles étaient causées par ces opinions diverses, surtout si leurs objets étaient en eux-mêmes insignifiants.

« Quelquefois, dis-je, deux princes se sont fait la guerre parce que tous les deux voulaient dépouiller un troisième de ses États, sans y avoir aucun droit ni l'un ni l'autre. Quelquefois un souverain en a attaqué un autre de peur d'en être attaqué. On déclare la guerre à son voisin, tantôt parce qu'il est trop fort, tantôt parce qu'il est trop faible. Souvent ce voisin a des choses qui nous manquent, ou bien nous avons des choses qu'il n'a pas; alors on se bat pour avoir tout ou rien. Un autre motif très-excusable de porter la guerre dans un pays est lorsqu'on le voit désolé par la famine, ravagé par la peste, déchiré par les factions. Un prince peut faire la guerre à son allié le plus voisin, si l'une des villes ou des provinces de ce dernier convient au premier pour arrondir ses domaines. S'il arrive qu'un monarque fasse entrer des forces considérables dans un pays dont la population est pauvre et ignorante, il peut également massacrer la moitié de ce peuple, et réduire l'autre à l'esclavage, afin de le civiliser, de le tirer de son état de barbarie. Une pratique très-ordinaire et considérée comme tout à fait honorable et digne d'un roi, est celle de porter secours à un prince envahi, de chasser l'ennemi de ses États, ensuite de s'en emparer soi-même après avoir tué ou chassé le souverain auquel on était venu en aide. La proximité du sang, les alliances, les mariages, fournissent encore de fréquents sujets de guerre parmi les princes : plus ils sont proches parents, plus ils sont près d'être ennemis. Les nations pauvres sont affamées, les nations riches sont ambitieuses; or l'indigence et l'ambition sont toujours en guerre l'une avec l'autre. Par toutes ces raisons, le métier de soldat est, parmi nous, le plus honorable; car le soldat est un yahou payé pour tuer de sang-froid ses semblables qui ne lui ont fait aucun mal. Nous avons aussi dans le nord de l'Europe certains princes gueux, incapables de faire la guerre pour leur compte, qui louent des troupes aux nations riches à tant par homme, et gardent pour eux les trois quarts de cette solde, de laquelle se compose le plus clair de leur revenu.

— Ce que vous venez de me dire des causes ordinaires de vos

guerres, me dit mon maître, me donne une haute idée de votre prétendue raison. Quoi qu'il en soit, il est heureux pour vous qu'étant si méchants vous soyez hors d'état de vous faire beaucoup de mal; car, quelque chose que vous m'ayez dite des effets terribles de vos guerres cruelles où il périt tant de monde, je

crois en vérité que vous m'avez dit la chose qui n'est point. La nature vous a donné une bouche plate sur un visage plat : ainsi je ne vois pas comment vous pouvez vous mordre, sinon de gré à gré. A l'égard des griffes que vous avez aux pieds de devant et de derrière, elles sont si faibles et si courtes, qu'en vérité un seul de nos yahous en déchirerait une douzaine comme vous. »

Je ne pus m'empêcher de secouer la tête, et de sourire de l'ignorance de mon maître. Comme je n'étais pas tout à fait étranger à l'art de la guerre, je lui fis une ample description de nos canons, de nos coulevrines, de nos mousquets, de nos carabines, de nos pistolets, de nos boulets, de notre poudre, de nos sabres, de nos baïonnettes : je lui peignis les siéges de places, les tranchées, les attaques, les sorties, les mines et les contre-mines, les assauts, les garnisons passées au fil de l'épée,

les gros vaisseaux coulant à fond avec tout leur équipage de mille hommes, d'autres criblés de coups de canon, fracassés et brûlés au milieu des eaux; vingt mille morts de chaque côté: la fumée, le feu, les éclairs, le bruit, les gémissements des blessés, les cris des combattants, les membres sautant en l'air, la mer ensanglantée et couverte de cadavres; sur terre, les corps foulés sous les pieds des chevaux, la fuite, la poursuite, la victoire, les victimes abandonnées sur le champ de bataille pour servir de pâture aux loups et aux oiseaux de proie, ensuite le pillage, les violences, l'incendie, la destruction ; et, pour faire valoir un peu le courage et la bravoure de mes chers compatriotes, je lui dis que je les avais une fois vus dans un siége faire heureusement sauter en l'air une centaine d'ennemis, et que j'en avais vu sauter encore davantage dans un combat sur mer, en sorte que les membres épars de tous ces yahous semblaient tomber des nues, au grand amusement des spectateurs.

J'allais continuer, lorsque Son Honneur m'ordonna de me taire. « Le naturel du yahou, me dit-il, est si mauvais, que je n'ai point de peine à le croire capable de tout ce que vous venez de raconter, dès que vous lui supposez une force et une adresse égales à sa méchanceté. Cependant, quelque mauvaise idée que j'eusse de cet animal, elle n'approchait point de celle que vous venez de m'en donner. »

Mes discours avaient augmenté son aversion pour l'espèce entière, et ils avaient excité dans son esprit un trouble qu'il n'avait jamais éprouvé. Il craignait, en s'accoutumant à entendre ces mots abominables, d'arriver par degrés à les écouter avec moins d'horreur. Il détestait les yahous de son pays ; cependant il ne les croyait pas plus blâmables pour leurs qualités odieuses que le *ynnayh* (oiseau de proie) ne l'est pour sa cruauté, ou le caillou pointu pour la propriété qu'il a de nous couper les pieds. Mais, en voyant une créature qui se flatte d'avoir la raison en partage commettre de telles énormités, il pensait que la raison corrompue était pire que l'état de brute complet. Il parut enclin, d'après cela, à supposer qu'au lieu de raison nous avions seulement quelques facultés propres à augmenter nos vices naturels, de même qu'une eau agitée et troublée réfléchit l'image d'un objet difforme en plus grand et en plus hideux.

« Mais, ajouta-t-il, vous ne m'en avez que trop dit au sujet de ce que vous appelez la guerre, et dans cet entretien et dans nos précédentes conversations. Il est un autre point qui intéresse ma curiosité. Vous m'avez dit, ce me semble, qu'il y avait, dans cette troupe de yahous qui vous accompagnait sur votre vaisseau, des misérables que les procès avaient ruinés, et que c'était la loi qui les avait mis en ce triste état. Vous m'avez expliqué la signification de ce mot, et je ne comprends pas comment la loi, dont la destination est la défense de tous, peut causer la ruine de quelques uns. » Il désira de plus amples informations sur ce que j'entendais par le mot loi, et sur ses dispensateurs, suivant l'usage actuellement établi dans mon pays; quant à lui, il pensait que la nature et la réflexion étaient des guides suffisants pour montrer à des animaux raisonnables ce qu'ils doivent faire ou éviter.

Je répondis à Son Honneur que le peu de connaissances que j'avais acquises dans la jurisprudence, ou science des lois, me venait des communications que j'avais eues avec des avocats pour certaines injustices qu'on m'avait faites, et dont ces messieurs ne m'avaient pas fait obtenir réparation. Cependant je dis à mon maître que je le satisferais autant qu'il me serait possible.

« Nous avons, lui dis-je, une société d'hommes qu'on instruit dès leur jeunesse dans l'art de prouver, par des mots multipliés à dessein, suivant le prix qu'on y met, que le blanc

est noir et que le noir est blanc. Par exemple, mon voisin a envie d'avoir ma vache; il est sûr de trouver un homme de loi qui prouvera qu'il a le droit de me prendre ma vache. Alors je suis obligé de payer un autre légiste pour défendre mon droit; car la loi ne permet à personne de se défendre soi-même. Or, pour moi, qui suis en ce cas le véritable propriétaire, la position est désavantageuse par deux raisons : d'abord mon avocat, ayant été accoutumé presque dès le berceau à soutenir le faux, se trouve comme hors de son élément lorsqu'il doit plaider pour la justice, ce qu'il fait avec embarras, sinon avec mauvaise grâce; ensuite mon avocat doit prendre de grandes précautions; autrement il risquerait d'être réprimandé par les juges, et d'exciter la haine de ses confrères comme un gâte-métier.

« Il ne me reste que deux moyens pour conserver ma vache. Le premier est de gagner l'avocat ou le procureur de ma partie, en lui offrant de doubler ses honoraires; et alors il trahira son client, en insinuant que la justice est de son côté. Le second doit être mis en usage par mon avocat, et consiste à faire paraître ma cause aussi mauvaise que possible, en avouant que la vache appartient à mon adversaire; ce qui, adroitement ménagé, est fait pour nous concilier la faveur de la cour. Votre Honneur doit savoir que la cour, c'est-à-dire les juges, sont des personnes investies du pouvoir de décider de toutes les discussions entre particuliers à l'égard des propriétés, et ils décident aussi des affaires criminelles. Ils sont pris parmi les plus adroits légistes devenus vieux ou fatigués de leur métier; ainsi, ayant passé leur vie à lutter contre la vérité et l'équité, ils sont tellement entraînés par une nécessité fatale à favoriser la fraude, le parjure et l'oppression, que j'en ai vu refuser des présents considérables de la partie qui avait la justice de son côté, plutôt que de manquer à l'honneur du corps en s'éloignant de l'esprit de leur office.

« C'est une maxime parmi les juges, que tout ce qui a été jugé précédemment a été bien jugé. Aussi ont-ils grand soin de conserver dans un greffe tous les arrêts antérieurs, même ceux que l'ignorance a dictés, et qui sont le plus manifestement opposés à l'équité et à la droite raison. Ces arrêts antérieurs forment ce qu'on appelle la jurisprudence : on les produit comme des autorités, et les juges ne manquent jamais de conformer leurs résumés et sentences à ces exemples; il n'y a rien qu'on ne prouve et qu'on ne justifie en les citant. Dans les plaidoyers, on évite avec soin de toucher au fond de la cause; mais les avocats appuient sur toutes les circonstances avec une violence, des cris, une lourdeur, parfois insupportables. Par exemple, dans le cas ci-dessus mentionné, ils ne chercheront pas à découvrir quel titre ma partie peut avoir sur ma vache; mais ils voudront savoir si elle est rouge ou noire, si elle a de longues cornes, si le champ dans lequel on la mène paître est rond ou carré, si l'on a coutume de la traire à la maison ou au dehors, à quelles maladies elle est sujette, et ainsi du reste; après quoi ils se mettent à consulter les anciens arrêts. On ajourne la cause

d'une époque à une autre, et au bout de dix, de vingt, de trente ans peut-être, elle est enfin jugée.

« Il faut observer encore que les gens de loi ont une langue à part, un jargon qui leur est propre, que les autres n'entendent point, et dans lequel toutes les lois sont écrites. Ils prennent un soin particulier de multiplier ces lois; et par ce moyen ils ont entièrement confondu les caractères essentiels du vrai et du faux, du juste et de l'injuste; à tel point qu'il faudrait trente ans pour décider si la terre que mes ancêtres m'ont laissée depuis six générations m'appartient à moi plutôt qu'à un étranger né à cent lieues du domaine.

« Dans les procès des personnes accusées de crimes contre

l'État, la méthode employée est beaucoup plus expéditive. Le juge fait sonder les dispositions des gouvernants, et lorsqu'il les connaît, il peut facilement faire pendre ou acquitter un criminel, en observant strictement toutes les formes légales.

— C'est dommage, interrompit mon maître, que des gens qui ont autant de génie et de talents que vos légistes paraissent en avoir d'après votre description, ne soient pas portés à employer leurs facultés à un meilleur usage, tel que celui de donner aux autres yahous des leçons de sagesse et de vertu. »

A cela je répondis que les gens de loi, à l'égard de tout ce qui n'était pas de leur métier, étaient les plus grands ignorants du monde, les plus stupides dans leur conversation ordinaire, et en général ennemis déclarés de la belle littérature et de toutes les sciences, et tout aussi enclins à égarer la raison humaine sur les sujets généraux que sur ceux qui concernent leur profession.

CHAPITRE VI

Continuation de la situation de l'Angleterre sous la reine Anne. — Caractère d'un premier ministre dans les États de l'Europe.

Mon maître ne pouvait comprendre quels motifs excitaient toute cette race de légistes à se fatiguer et à se tourmenter eux-mêmes, à former une ligue d'injustice, dans le seul but de nuire à leurs semblables; il ne comprenait pas non plus ce que je voulais dire par les honoraires ou le paiement qui leur étaient donnés. Je fus obligé, pour lui répondre, de lui expliquer l'usage de la monnaie, les métaux qui la composent, et leur valeur comparative. Je lui dis que lorsqu'un yahou avait amassé une grande quantité de la substance précieuse nommée argent, il pouvait se procurer tout ce qu'il souhaitait, de beaux habits, de belles maisons, de belles terres, des mets dispendieux, des vins rares, et qu'il pouvait choisir les plus belles femelles. L'argent étant seul capable de nous donner toutes ces choses, il était naturel que nos yahous ne crussent jamais en avoir assez à dépenser ou à amasser; car ils sont également enclins à la prodigalité et à l'avarice. Le riche, lui dis-je encore, jouit des fruits du travail du pauvre; et ce dernier est au premier dans la proportion d'un à mille. La masse du peuple est forcée de gagner une misérable subsistance en travaillant tous les jours pour un mince salaire, afin qu'un petit nombre puisse vivre dans l'abondance.

Je m'étendis longuement sur les autres circonstances liées à ce sujet; mais je ne réussis point à me faire comprendre.

« Hé quoi! interrompit Son Honneur, toute la terre n'appartient-elle pas à tous les animaux? et n'ont-ils pas tous un droit égal aux fruits qu'elle produit pour leur nourriture, surtout ceux qui prédominent sur le reste de la création?

« Mais, me dit-il encore, qu'avez-vous entendu par ces mets et ces vins dispendieux dont vous m'avez parlé? et comment sont-ils devenus nécessaires à plusieurs d'entre vous? »

Alors je lui fis l'énumération des mets les plus délicats dont je pus me ressouvenir, et des diverses manières de les apprêter; et j'ajoutai à cela que, pour assaisonner les viandes et pour avoir d'excellentes liqueurs, nous équipions des vaisseaux et entreprenions de longs et dangereux voyages sur la mer. Je l'assurai qu'il fallait faire le tour du globe terrestre au moins trois fois pour qu'une de nos femelles de distinction pût avoir son déjeuner ou la tasse dans laquelle il doit être servi.

« Votre pays, repartit-il, est donc bien misérable, puisqu'il ne fournit pas de quoi nourrir ses habitants? »

Mais ce qui l'étonnait le plus, c'était de voir que d'aussi grands espaces de terre fussent complétement dépourvus d'eau fraîche, et que nous fussions obligés de traverser les mers pour chercher de quoi boire. Je lui répliquai que l'Angleterre, ma chère patrie, produisait trois fois plus de nourriture que ses habitants n'en pouvaient consommer, et qu'à l'égard de la boisson, nous composions d'excellentes liqueurs avec le suc de

certains fruits ou avec l'extrait de quelques grains; enfin que nous avions dans la même proportion toutes les choses nécessaires à la vie; mais que, pour nourrir le luxe et l'intempérance des mâles et la vanité des femelles, nous envoyions dans les pays étrangers une grande partie de nos produits, et que nous en rapportions en échange les matériaux de nos vices et de nos maladies.

J'ajoutai que la peine que nous prenions d'aller chercher du vin dans les pays étrangers n'était pas faute d'eau ou d'autre liqueur bonne à boire; mais parce que le vin était une boisson qui nous rendait gais en nous mettant hors de sens, qui chassait de notre esprit toutes les idées sérieuses, et les remplaçait par toutes sortes d'imaginations folles; qui relevait le courage, bannissait la crainte, suspendait pour un temps tout exercice de la raison, et nous privait de l'usage de nos membres jusqu'à

ce que nous tombassions dans un profond sommeil. « Il est vrai, dis-je, que toujours on se réveille triste et malade de cette sorte de sommeil, et que l'usage de cette liqueur engendre plusieurs incommodités qui rendent la vie pénible et l'abrégent.

« De là il s'ensuit nécessairement, ajoutai-je, qu'un grand nombre de gens parmi nous sont forcés de gagner leur vie en se faisant mendiants, filous, pipeurs, parjures, flatteurs, suborneurs, faussaires, faux témoins, menteurs, fanfarons, mauvais auteurs, empoisonneurs, astrologues, tartufes, folliculaires, libres penseurs, et autres professions semblables. On s'imaginera combien je dus être embarrassé pour faire comprendre tous ces métiers à mon maître.

« C'est, continuai-je, en fournissant aux riches toutes les choses dont ils ont besoin que la grande masse de notre peuple subsiste. Par exemple, lorsque je suis chez moi, et que je suis habillé comme je dois l'être, je porte sur mon corps l'ouvrage de cent ouvriers. Un millier de mains ont contribué à bâtir et à meubler ma maison, et il en a fallu encore cinq ou six fois plus pour la parure de ma femme. »

J'étais sur le point de lui dépeindre une autre espèce de gens qui gagnent leur vie en soignant les malades; j'avais déjà dit à Son Honneur que la plupart de mes compagnons de voyage étaient morts de maladie; néanmoins ce fut avec beaucoup de peine que je lui fis entendre ce que je voulais dire. Il concevait aisément qu'un Houyhnhnm se sentît faible et pesant quelques jours avant sa mort, ou qu'il reçût quelque blessure par accident; mais que la nature, dont les ouvrages sont toujours parfaits, ait permis à nos corps de nourrir des maladies, il jugea cela impossible, et il me pria de lui expliquer le motif d'une aussi singulière calamité.

Je lui dis que nous mangions mille choses différentes qui,

souvent opéraient en sens inverse l'une de l'autre; que parfois nous mangions sans avoir faim, que nous buvions sans avoir soif, que nous passions les nuits à avaler des liqueurs brûlantes sans manger un seul morceau; ce qui enflammait nos entrailles, ruinait notre estomac, précipitait ou arrêtait notre digestion; que des maladies funestes naissaient quelquefois avec nous et nous étaient transmises avec le sang; que je ne finirais point si je voulais lui exposer toutes les maladies auxquelles nous étions sujets; qu'il y en avait au moins cinq à six cents par rapport à chaque membre, et que chaque partie, soit interne, soit externe, en avait une infinité qui lui étaient propres.

« Afin de remédier à tous ces maux, ajoutai-je, nous avons une sorte de gens qu'on élève pour guérir ou pour prétendre guérir les malades. » Comme j'étais du métier, je me fis un plaisir de dévoiler à Son Honneur, afin de lui montrer ma reconnaissance, tous les mystères et toutes les méthodes employés par les médecins. « Il faut supposer d'abord, lui dis-je, que toutes nos maladies viennent de réplétion; d'où nos médecins concluent sensément que l'évacuation est nécessaire, soit par en haut, soit par en bas. Pour obtenir cet effet, ils prennent des herbes, des minéraux, des gommes, des huiles, des coquillages, des sels, des plantes marines, des excréments, des écorces

d'arbres, des serpents, des crapauds, des grenouilles, des araignées, des poissons, des oiseaux, des os et de la chair des hommes morts; et de tout cela ils composent une liqueur d'une odeur et d'un goût abominable, que l'estomac rejette avec dégoût; et c'est ce qu'ils appellent un vomitif.

D'autres fois ils tirent des mêmes matériaux, en y ajoutant quelques autres poisons, une médecine qu'ils nous font prendre,

soit par l'orifice d'en haut,

soit par l'orifice d'en bas,

selon leur fantaisie; et cette médecine, qui relâche les entrailles, entraîne avec elle tout ce qu'elles contiennent, et prend le nom de purgation ou de clystère. La nature, disent-ils fort ingénieusement, nous a donné l'orifice supérieur et visible pour l'introduction des aliments, et l'orifice inférieur pour la déjection de leur superflu : or la maladie change la disposition natu-

relle du corps; il faut donc que le remède agisse de même et combatte la nature; et pour cela il est nécessaire de changer l'usage des orifices, c'est-à-dire d'avaler par celui d'en bas, et d'évacuer par celui d'en haut.

Mais, outre les maladies réelles, nous sommes sujets à des maladies imaginaires pour lesquelles les médecins ont inventé des remèdes imaginaires. Ces maladies ont des noms connus, ainsi que les drogues qui leur sont applicables; et nos yahous femelles sont presque toujours atteintes de ces sortes d'indispositions.

Un des principaux mérites des médecins consiste dans l'art des pronostics; il est rare qu'ils en donnent de trompeurs; car s'il s'agit de maladie réelle d'un certain degré de malignité, ils prédisent en général la mort, qu'ils ont toujours le pouvoir de

faire arriver, s'ils n'ont pas celui de l'empêcher. Ainsi donc, si quelque symptôme d'amélioration inattendu paraissait après qu'ils auraient prononcé la sentence fatale, ils seraient en mesure à la fois d'éviter de passer pour faux prophètes, et de prouver au monde leur sagacité par une dose administrée à propos. Ils sont principalement utiles aux maris et aux femmes lorsque les uns ou les autres sont las de leur chaîne matrimoniale, aux héritiers, aux ministres d'État, et souvent aux monarques.

J'avais, en plus d'une occasion, causé avec mon maître sur la nature du gouvernement en général, et spécialement sur notre excellente constitution, bien digne d'exciter l'envie et l'admiration du monde entier. Mais lorsque je parlai accidentellement d'un ministre d'État, Son Honneur me demanda quelle espèce particulière de yahous cette appellation désignait.

Je répondis qu'un premier ou principal ministre d'État, dont j'avais à lui faire le portrait, était un individu totalement exempt de joie et de chagrin, d'amour et de haine, de pitié et de colère; du moins qu'il ne manifestait aucune passion, sauf le désir ardent d'acquérir des richesses, du pouvoir et des titres; qu'il employait ses paroles à toute espèce d'usage, hors à celui d'exprimer ses pensées; qu'il ne disait jamais la vérité, sinon avec l'intention de la faire prendre pour un mensonge; que ceux dont il disait le plus de mal en arrière étaient sûrs d'être en bon chemin pour leur avancement; et que lorsqu'il se mettait à louer quelqu'un, soit en face, soit indirectement, on pouvait juger de

ce moment-là que c'était un homme perdu; une promesse d'un ministre, surtout si elle était affirmée par serment, était, disais-je, l'augure le plus défavorable, et toute personne sage se retirait après cela et abandonnait ses espérances.

Il est trois méthodes par lesquelles on peut s'élever au rang de premier ministre : la première est de savoir disposer avec prudence d'une femme, d'une fille ou d'une sœur; la seconde est de trahir ou de détruire sourdement son prédécesseur; la troisième est de montrer un zèle furieux dans les assemblées publiques contre la corruption de la cour. Mais un prince avisé doit employer de préférence ceux qui pratiquent la dernière de ces méthodes, parce que les fanatiques d'opposition deviennent toujours les ministres les plus servilement dévoués aux volontés et aux passions de leur maître. Une fois en possession de leur place, les ministres s'y maintiennent en s'assurant la majorité d'un sénat ou grand conseil législatif par la distribution des emplois dont ils disposent, eux ministres; enfin, par un expédient appelé acte d'indemnité (dont j'expliquai la signification), ils se mettent à l'abri de toute responsabilité, et se retirent des affaires chargés des dépouilles de la nation.

Le palais d'un premier ministre est une école où se forment des sujets pour sa profession; les pages, les laquais, le portier, en imitant le maître, deviennent dans leur sphère autant de ministres, et apprennent à exceller dans trois principales branches de l'art, savoir : l'insolence, le mensonge et la vénalité. En conséquence, ils ont chacun une cour subalterne composée de personnes du premier rang; et quelquefois, à force d'adresse et d'impudence, ils parviennent par différents degrés à succéder à leur maître. Cette cour est ordinairement gouvernée, soit par une maîtresse surannée, soit par un laquais favori, qui sont les canaux par lesquels les faveurs se répandent, et qui peuvent être nommés les gouvernants du royaume en dernier ressort.

Un jour mon maître, m'ayant entendu parler de la noblesse de mon pays, voulut bien me faire un compliment que je n'ai aucunement la prétention de mériter. Il était sûr, me dit-il, que j'appartenais à quelque grande famille, parce que je surpassais, sous le rapport de la beauté, des formes, de la couleur, de la propreté, tous les yahous de son pays, bien que ceux-ci fussent mes supérieurs pour la force et pour l'agilité; que cela venait sans doute d'une manière de vivre différente de celle des autres brutes; et de plus, de la faculté de la parole, dont j'étais doué, et de ce degré de raison qui me faisait passer pour un prodige parmi ses connaissances.

Il me fit observer en même temps que parmi les Houyhnhnms les blancs et les alezans n'étaient pas aussi bien faits que les bais et les gris-de-fer, les gris-pommelés et les noirs ; que ceux-là ne naissaient pas avec les mêmes talents et les mêmes dispositions que ceux-ci ; que pour cela ils restaient toute leur vie dans l'état de servitude qui leur convenait, et qu'aucun d'eux ne songeait à sortir de ce rang pour s'élever à celui de maître, ce qui paraîtrait dans le pays une chose monstrueuse.

Je rendis à Son Honneur de très-humbles actions de grâces pour la bonne opinion qu'il avait de moi ; mais je l'assurai en même temps que ma naissance était très-basse, étant né seulement d'honnêtes parents, qui m'avaient donné une assez bonne éducation. Je lui dis que la noblesse parmi nous n'avait rien de commun avec l'idée qu'il en avait conçue : que nos jeunes nobles étaient nourris dès leur enfance dans l'oisiveté et dans le luxe ; que, dès que l'âge le leur permettait, ils s'épuisaient dans la débauche ; que lorsqu'ils avaient dépensé tout leur bien et qu'ils se voyaient entièrement ruinés, ils se mariaient à une femelle de basse naissance, laide, mal faite, malsaine, mais riche ; qu'un pareil couple ne manquait point d'engendrer des enfants

mal constitués, noués, scrofuleux, rachitiques ou difformes ; ce qui continuait quelquefois jusqu'à la troisième génération. J'ajoutai que parmi nous un corps sec, maigre, décharné, faible, infirme, était devenu une marque infaillible de noblesse; que même une complexion robuste et un air de santé allaient si mal à un homme de qualité, qu'on le prenait aussitôt pour le fils d'un cocher ou d'un palefrenier. Les imperfections de l'esprit vont de pair avec celles du corps, et le caractère commun à cette classe est un mélange de spleen, de stupidité, d'ignorance, de caprice, de sensualité et d'orgueil.

Sans le consentement de cet illustre corps, aucune loi ne peut cependant être promulguée, abrogée ou modifiée; et il décide de même sans appel de toutes nos possessions.

CHAPITRE VII

Profond attachement de l'auteur pour sa patrie. — Observations de son maître sur la constitution et l'administration de l'Angleterre. — Remarques du maître de l'auteur sur la nature humaine.

E lecteur s'étonnera peut-être que j'aie pu me résoudre à représenter mon espèce sous un jour aussi fidèle devant une race de mortels déjà prévenus défavorablement à l'égard du genre humain, par la complète ressemblance de ce genre avec les yahous du pays. Mais j'avoue que les nombreuses vertus de ces excellents quadrupèdes, placées dans un contact immédiat avec les corruptions humaines, avaient si bien éclairci ma vue et agrandi la sphère de mon intelligence, que je commençai à juger différemment des actions et des passions des hommes, et à penser que l'honneur de mon espèce ne valait pas la peine d'être ménagé, ce qui d'ailleurs était impossible avec une personne aussi sensée et aussi pénétrante que mon maître, qui me prouvait journellement que des actes commis par moi, et qu'on eût à peine comptés parmi nous pour de légères faiblesses, étaient des fautes graves. J'avais également appris par son exemple à détester le mensonge et la dissimulation, et j'en vins à trouver la vérité tellement aimable, que je me déterminai à lui sacrifier toutes choses.

Enfin, pour être tout à fait sincère, il faut dire qu'un motif plus fort me portait à représenter l'état de mon pays avec aussi peu de ménagement. J'avais à peine habité pendant une année en cette contrée, que je pris la ferme résolution de passer le reste de mes jours avec ces admirables Houyhnhnms, dans la contemplation et la pratique de toutes les vertus et l'absence de toute tentation, de tout exemple vicieux. Mais la fortune, mon ennemie perpétuelle, avait décidé qu'une telle félicité ne serait pas mon partage. Cependant il m'est doux de penser que, dans ce que j'ai dit de mes compatriotes, j'ai atténué leurs torts autant que je pouvais risquer de le faire devant un examinateur aussi sévère, et qu'à chaque point j'ai donné le tour le plus favorable possible. Pouvais-je faire autrement? toute créature vivante n'est-elle pas influencée par son penchant, sa partialité pour le lieu de sa naissance?

J'ai fait le résumé des conversations que j'eus avec mon maître pendant la plus grande partie du temps que je passai à son service; mais la crainte de devenir prolixe m'a porté à omettre beaucoup plus de matières que je n'en ai cité.

Quand j'eus répondu à toutes ses questions, et que sa curiosité parut pleinement satisfaite, il m'envoya chercher un matin de très-bonne heure, et m'ordonna de m'asseoir à quelque distance, honneur qu'il m'accordait pour la première fois. Il me dit qu'il avait mûrement réfléchi sur mon histoire et sur tout ce que je lui avais dit de moi et de mon pays, et qu'il en avait conclu que nous étions des animaux qui avions été doués, par un accident inconcevable pour lui, d'une légère parcelle de raison, dont nous n'avions fait usage que pour aggraver nos défauts et en contracter de nouveaux que la nature ne nous avait pas donnés, tandis que nous avions perdu le peu de qualités qu'elle nous avait accordées; que nous avions été merveilleusement habiles à multiplier nos besoins primitifs, et que nous paraissions consumer vainement notre vie en efforts et en inventions pour les satisfaire. Quant à moi, il était évident que je n'avais ni la force, ni l'agilité d'un yahou ordinaire, que je marchais gauchement sur mes pieds de derrière, que j'avais trouvé moyen de rendre mes griffes nulles, soit pour la défense, soit pour tout autre usage, et de dépouiller mon menton du poil destiné à le garantir du soleil et des intempéries de l'air; enfin que je ne pouvais ni courir avec rapidité, ni grimper aux arbres comme mes frères (il voulait toujours les nommer ainsi) les yahous du pays.

Il ajouta que nos institutions de gouvernement et nos lois ne provenaient évidemment que de notre manque de raison, et par conséquent de vertu, parce que la raison suffit pour gouverner une créature raisonnable, caractère auquel nous ne devions point prétendre, même d'après le récit que j'avais fait, et malgré le soin que j'avais pris de taire beaucoup de particularités, et souvent de dire la chose qui n'est pas, afin de donner meilleure idée de mes compatriotes.

Ce qui le confirmait dans cette opinion, c'est qu'il avait remarqué que, de même que je ressemblais aux autres yahous dans toutes les parties de mon corps, à quelques exceptions près, lesquelles étaient toutes à mon désavantage, comme la différence de force, d'activité, de vitesse, mes griffes plus courtes, et autres étrangères à la nature, de même aussi nos mœurs et nos actions, d'après ce que j'en avais raconté, montraient une ressemblance aussi exacte dans les dispositions de notre esprit. Les yahous, disait-il, sont connus pour se haïr entre eux plus qu'ils ne haïssent aucune autre espèce d'animal; et l'on expliquait ordinairement ce fait par la laideur de leurs formes, qu'ils voient dans le reste de leur race, mais non dans eux-mêmes. Il avait donc pensé que nous avions peut-être fait sagement de couvrir nos corps, et par ce moyen de cacher le plus possible nos difformités, dont la vue était difficilement supportable. Mais il reconnaissait maintenant qu'il s'était mépris, et que les causes de dissensions parmi ces brutes, dans son pays et dans le mien, étaient les mêmes. Si vous jetez, par exemple, au milieu de cinq yahous autant de nourriture qu'il en faudrait pour en nourrir cinquante, au lieu de manger paisiblement, ils se prennent aux cheveux et aux oreilles, et chacun d'eux s'efforce d'avoir le tout à lui seul. On est donc obligé d'aposter un domestique près d'eux tandis qu'ils mangent dehors; et ceux qui restent au logis sont attachés à une certaine distance l'un de l'autre. S'il arrivait qu'une vache mourût de vieillesse ou par accident avant qu'un Houyhnhnm eût eu le temps de la prendre pour ses yahous, ceux du voisinage venaient en troupe fondre sur cette proie, et il s'ensuivait une bataille toute semblable à celles que j'avais décrites. Les yahous se faisaient des blessures terribles avec leurs griffes; mais ils

parvenaient rarement à tuer leur adversaire, n'ayant pas ces instruments de mort que nous avons inventés. D'autres fois, les yahous de divers cantons se livraient bataille sans aucune cause apparente; et ceux d'un canton épiaient toutes les occasions de surprendre ceux du canton ennemi avant qu'ils eussent eu le temps de se préparer. Mais s'ils étaient trompés dans leur attente, ils retournaient chez eux, et, faute d'ennemis, s'amusaient à faire ce que vous appelez une guerre civile.

En quelques parties du pays on trouve certaines pierres brillantes de couleurs variées, dont les yahous sont vivement épris: et quand ces pierres sont profondément enfoncées dans la terre, comme cela arrive quelquefois, ils creusent avec leurs griffes pendant des journées entières pour les détacher; ensuite ils les emportent et les cachent dans leurs bauges, en regardant tout autour d'eux avec beaucoup de précaution, de peur que leurs camarades ne découvrent leur trésor. « Je n'ai jamais pu, disait mon maître, deviner la raison de cet appétit surnaturel, ni savoir en quoi ces pierres pouvaient servir à ces animaux; mais, je le conçois maintenant, cela vient de ce principe d'avarice que vous attribuez au genre humain. Une fois, continua-t-il, pour faire une expérience, je déplaçai en secret un tas de ces pierres; et la sordide bête, en voyant son trésor enlevé, attira par ses lamentations le troupeau sur la place, et se mit à mordre et à égratigner les autres; après cette fureur, il tomba dans une sorte de mélancolie, et ne voulut ni boire, ni manger, ni dormir, ni travailler, jusqu'à ce que j'eusse ordonné à un domestique de remettre les pierres dans la cachette d'où je les avais tirées.

Quand le yahou les revit, il reprit sa bonne humeur; mais il porta son trésor dans un endroit plus secret, et depuis ce temps il a toujours été une bête de bon service. »

Mon maître m'assura de plus, et je pus observer moi-même, que les combats les plus fréquents et les plus féroces des yahous avaient lieu dans les champs où ces pierres abondaient, parce qu'ils étaient exposés à de perpétuelles incursions des yahous du voisinage.

Il me dit qu'il arrivait souvent, lorsque deux yahous avaient découvert une de ces pierres et se battaient pour savoir auquel des deux elle resterait, qu'un troisième survenait et emportait la pierre. Mon maître soutenait que ces événements avaient quelque ressemblance avec nos affaires judiciaires. Je ne voulus pas le désabuser, pour notre honneur; car la décision dont il parlait était bien plus équitable que la plupart de nos sentences légales, puisque le plaignant et le défendeur ne perdaient, dans le premier cas, que le sujet de leur débat, au lieu que nos cours de justice n'auraient pas lâché l'affaire tant qu'il serait resté quelque chose à l'une ou à l'autre partie.

Il n'est rien, continua mon maître, qui rende les yahous plus odieux que la voracité qui les porte à manger avidement tout ce qu'ils trouvent sur leur chemin, herbes, racines, fruits, chairs corrompues, ou tout cela mêlé ensemble; et l'une de leurs singularités, c'est qu'ils préfèrent ce qu'ils obtiennent au loin par le vol ou par la rapine à de meilleurs aliments qui leur sont donnés au logis. Tant que leur proie dure, ils mangent au point d'être près de crever; ensuite leur instinct leur a fait connaître une certaine racine qui leur procure une évacuation générale.

Ils font encore usage d'une autre racine succulente, mais très-difficile à trouver; ils sucent avec délices cette racine, et

cela produit sur eux l'effet produit sur nous par le vin. Tantôt cette substance les porte à se caresser, tantôt à se déchirer l'un l'autre; ils font des hurlements, des grimaces, profèrent des sons pressés et inarticulés, marchent en chancelant, et tombent enfin dans la boue.

J'avais en effet observé que les yahous étaient les seuls animaux du pays qui fussent sujets à des maladies, lesquelles toutefois étaient moins nombreuses que celles des chevaux parmi nous, et ne provenaient d'aucun mauvais traitement, mais de la saleté et de la gourmandise de cette bête vorace. Un seul terme général indique toutes ces maladies, et ce terme, emprunté au nom de l'animal, est *knea-yahou*, c'est-à-dire *le mal des yahous*. Le remède prescrit pour ce mal est un mélange de leur fumier et de leur urine, qu'on fait avaler de force au yahou malade. J'ai vu très-souvent appliquer ce remède avec succès, et je le recommande à mes compatriotes dans l'intérêt du bien public, comme un spécifique admirable contre les indispositions produites par la réplétion.

Sous le rapport des sciences, du gouvernement, des arts, des manufactures, et autres choses semblables, mon maître avouait qu'il ne trouvait que très-peu ou même point de ressemblance entre les yahous du pays et ceux du mien. Il ne cherchait d'analogie que dans les dispositions naturelles des deux espèces, comme on peut le croire. Quelques Houyhnhnms curieux avaient, il est vrai, observé que, dans la plupart des troupeaux de yahous, il y avait une sorte de chef (de même que dans nos parcs on voit toujours un cerf principal), et que c'était en général le plus difforme et le plus méchant de la troupe. Ce chef

avait ordinairement un favori, aussi semblable à lui-même qu'il pouvait le trouver, et dont l'emploi était de lécher les pieds et le derrière de son maître, et d'amener des femelles à sa

bauge, service que le maître récompensait de temps à autre par un morceau de chair d'âne. Ce favori était haï de tout le troupeau, et il n'osait pas s'éloigner de la personne du chef; il conservait généralement sa charge jusqu'à ce que l'on eût trouvé un individu plus mauvais que lui; mais dès l'instant où il était renvoyé, son successeur se mettait à la tête des yahous du canton, jeunes et vieux, mâles et femelles, et ils venaient en corps décharger leurs entrailles sur le favori disgracié, et l'en arrosaient de la tête aux pieds. Mon maître me dit qu'il ne pouvait déterminer à quel point cela pouvait être comparable à nos cours, à nos ministres et à nos favoris.

Je n'osai répliquer à cette insinuation malicieuse qui rabaissait l'intelligence humaine et la mettait au-dessous de la sagacité d'un chien de chasse ordinaire, lequel a toujours assez de jugement pour suivre le cri du chien le plus expérimenté de la meute, sans jamais se tromper.

Mon maître me dit que les yahous avaient des instincts singuliers, dont je n'avais que peu ou point parlé dans mes récits sur l'espèce humaine. Il me dit que ces animaux avaient, comme les autres brutes, les femelles en commun; mais qu'ils différaient des autres en ce que les mâles se querellaient et se battaient avec les femelles aussi violemment qu'avec les autres mâles. Cette pratique montrait un degré de brutalité auquel n'arriva jamais aucune créature sensible.

Il était surpris d'une autre habitude des yahous, c'était leur étrange penchant à l'impudeur et à la saleté. A l'égard de la première accusation, je la laissai passer sans mot dire, n'ayant rien à répliquer pour justifier mon espèce, malgré la bonne envie que j'en avais; mais il m'eût été bien facile de repousser la seconde imputation, du moins son application exclusive au genre humain, s'il y avait eu des cochons dans le pays, et par malheur il n'y en avait point. Assurément si le cochon est un quadrupède plus doux que le yahou, il ne peut prétendre à un plus haut degré de propreté, et mon maître sans doute n'aurait pu nier cela, s'il avait vu la dégoûtante manière dont ces animaux se nourrissent, et la coutume qu'ils ont de se vautrer et de dormir dans la fange.

Mon maître parla d'une autre particularité que ses domestiques avaient découverte chez certains yahous, et dont il ne pouvait se rendre compte. Parfois, dit-il, il prend fantaisie à un yahou de se retirer dans un coin, de se coucher, de hurler, de grogner et de repousser tous ceux qui s'approchent de lui, bien qu'il soit jeune, gras, et qu'il ne manque ni de nourriture ni d'eau, et que les domestiques ne puissent deviner ce qui le fait souffrir. Le seul remède qu'ils trouvaient à ce mal était de le faire travailler rudement, après quoi il revenait immanquablement à lui-même. A ce récit, je restai silencieux pour l'amour de mon espèce; cependant je reconnus dans cet état le vrai principe du spleen, qui n'attaque en général que les riches, les paresseux, les sensuels, toutes personnes que je me ferais fort de guérir en les soumettant au même régime.

Son Honneur dit encore que souvent un yahou femelle se cache derrière un tertre ou derrière un buisson, regarde les jeunes mâles qui passent, se laisse entrevoir, ensuite se cache de nouveau, en faisant une infinité de gestes, de grimaces, en prenant d'étranges postures; et que, dans ces moments-là, on avait observé qu'elles répandaient une odeur très-désagréable. Lorsque quelques-uns des mâles s'avançaient, elles se retiraient tout doucement en regardant à chaque instant derrière elles; puis, avec une fausse démonstration de crainte, elles s'enfuyaient vers une place convenable où elles savaient que le mâle les suivrait.

D'autres fois, si quelque femelle étrangère vient dans le troupeau, trois ou quatre yahous de son sexe l'entourent, l'examinent, babillent, font des grimaces, la sentent de tous côtés, ensuite se détournent avec des signes de mépris et de dégoût.

Peut-être mon maître poussait-il un peu trop loin ces observations fondées sur son expérience et sur celle des autres; cependant je ne pus m'empêcher de penser avec un peu d'étonnement et beaucoup de tristesse que les rudiments de l'impudicité, de la coquetterie, de la critique amère et de la médisance, avaient été placés parmi les instincts du genre féminin.

Je m'attendais à tous moments à entendre mon maître accuser les yahous de ces appétits monstrueux si communs dans les deux sexes parmi nous. Mais il paraît que la nature n'a pas été assez habile pour inspirer ces plaisirs raffinés, et qu'ils sont les produits exclusifs de l'art et de la raison, de notre côté du globe.

CHAPITRE VIII

L'auteur raconte quelques particularités des yahous. —
Grandes vertus des Honyhnhnms.
— Éducation et exercices de la jeunesse. — Assemblée générale.

Je devais comprendre la nature humaine beaucoup mieux (du moins je le supposais) que mon maître ne pouvait le faire; il m'était donc facile de m'attribuer à moi-même et à mes compatriotes le caractère qu'il donnait aux yahous; et je m'imaginais que je pourrais faire d'autres découvertes par mes propres observations. Je priai, en conséquence, mon maître de me laisser voir les troupeaux des yahous du voisinage, afin d'examiner par moi-même leurs manières et leurs inclinations. Persuadé de l'aversion que j'avais pour eux, il n'appréhenda point que leur vue et leur commerce me corrompît; mais il voulut qu'un gros cheval alezan-brûlé, un de ses domestiques, honnête et bonne créature, m'accompagnât toujours; et j'avoue que, si je n'avais eu sa protection, je n'aurais pas osé tenter pareille aventure. J'ai déjà dit combien j'avais été molesté par ces odieux animaux à mon arrivée dans le pays, et depuis je faillis trois ou quatre fois de tomber entre leurs griffes, lorsque je m'écartai un peu de la maison.

J'avais quelque raison de croire que ces yahous me regardaient comme un de leurs semblables, et j'avais donné lieu à cela en leur faisant voir ma poitrine et mes bras découverts, tandis que mon protecteur était près de moi. En ces occasions ils tâchaient de s'approcher de nous; ils imitaient mes actions à la manière des singes, mais toujours avec des signes manifestes d'aversion, de même qu'on verrait des singes sauvages poursuivre un sapajou apprivoisé à qui l'on aurait mis un chapeau et des bas.

Ils sont dès l'enfance d'une vivacité prodigieuse. Une fois je pris un jeune mâle de trois ans; et je tâchai, par toutes sortes de caresses, de le faire tenir tranquille; mais le petit démon se mit à crier, à égratigner, à mordre avec tant de violence, que je fus obligé de le lâcher; et il était grandement temps, attendu qu'une troupe de yahous accourait attirée par le bruit; mais voyant leur petit sauvé (il s'était enfui), et mon alezan étant là, ils n'osèrent pas nous aborder. J'observai que la chair du jeune animal avait une odeur très-fétide, qui tenait un peu de celle de la fouine, un peu de celle du renard, mais plus désagréable que l'une et l'autre. J'oubliais une circonstance (peut-être le lecteur me pardonnerait-il de l'avoir omise), c'est que, tandis que je tenais cette odieuse vermine dans mes mains, il déchargea ses excréments horribles, jaunes et liquides, sur mes habits, qui

en furent entièrement souillés. Par bonheur, un ruisseau était proche, et je m'y nettoyai de mon mieux; cependant je ne parus devant mon maître qu'après avoir été suffisamment aéré.

D'après tout ce que je pus découvrir, les yahous sont les animaux les moins susceptibles d'instruction, leur capacité n'allant jamais qu'à traîner ou à porter des fardeaux. Cependant, à mon avis, ce défaut tient à une disposition rétive et malicieuse; car ils sont rusés, traîtres, malfaisants et vindicatifs. Ils sont forts et vigoureux, mais lâches, et par conséquent insolents, abjects et cruels. On a remarqué que ceux dont le poil est roux dans les deux sexes sont plus passionnés et plus méchants que les autres, et les surpassent de beaucoup sous le rapport de la force et de l'activité.

Les Houyhnhnms tiennent les yahous dont ils se servent dans des huttes peu éloignées de la maison; mais le reste est envoyé au dehors dans certains champs où ils déterrent des racines, mangent différentes herbes, cherchent des charognes, et attrapent quelquefois des belettes et des *luhimuhs* (sorte de rat des

champs), qu'ils dévorent gloutonnement. La nature leur apprend à creuser des trous profonds avec leurs ongles sur les flancs des terrains élevés, et ils se couchent dans ces trous; ceux des femelles sont plus grands que les autres, et peuvent contenir deux ou trois petits.

Ils nagent dès leur enfance comme des grenouilles, et peuvent rester longtemps sous l'eau, où ils prennent des poissons que les femelles portent à leurs petits. A ce propos, j'espère que le lecteur me pardonnera de citer une étrange aventure.

Un jour je me promenais avec mon protecteur l'alezan, et comme il faisait chaud, je le priai de me laisser prendre un bain dans une rivière près de laquelle nous étions. Il y consentit; je me déshabillai complétement, et j'entrai doucement dans l'eau. Une femelle yahou, cachée derrière un tertre, avait vu toutes mes actions, et, enflammée par le désir (comme nous le conjecturâmes le bidet et moi), elle courut et sauta dans l'eau à cinq pas de la place où je me baignais. De ma vie je ne fus si effrayé. L'alezan paissait non loin de là, ne se doutant nullement de ma mésaventure. Elle m'embrassa; je criai le plus fort que je

pus; le bidet vint au galop, et elle lâcha prise avec la plus grande répugnance, et sauta sur la rive opposée, où elle resta à me regarder en hurlant tout le temps que je mis à remettre mes habits.

Cette histoire ridicule réjouit fort mon maître et toute sa famille; mais elle me causa beaucoup de honte et de confusion; car je ne pouvais plus nier que je ne fusse un véritable yahou dans ma conformation générale, puisque les femelles de l'espèce avaient du penchant pour moi. Et il faut observer de plus que cette bête n'avait point de poil roux (ce qui eût été une sorte d'excuse pour un appétit déréglé), mais noir comme une prune sauvage, et sa personne n'était pas tout à fait aussi hideuse que celle des autres femelles de yahous. Je pense qu'elle n'avait pas plus de onze ans.

J'ai passé trois années entières dans ce pays-là ; le lecteur doit donc attendre de moi, qu'à l'exemple de tous les autres voyageurs, je fasse un ample récit des mœurs et des coutumes de ses habitants, qui furent en effet le principal objet de mes études.

Comme ces nobles Houyhnhnms sont doués d'une disposition générale à toutes les vertus, et n'ont pas même l'idée du mal moral chez une créature raisonnable, leur principale maxime est de cultiver et de perfectionner la raison, et de la prendre pour guide dans toutes leurs actions. Chez eux la raison n'est point problématique, comme parmi nous, et ne fournit pas des arguments également vraisemblables pour et contre ; mais elle frappe l'esprit d'une conviction pleine et soudaine, comme cela doit arriver toutes les fois qu'elle n'est ni troublée, ni obscurcie, ni dénaturée par les passions et l'intérêt. Je me rappelle qu'il me fut très-difficile de faire entendre à mon maître le sens du mot opinion, ou comment un point pouvait être contestable ; parce que la raison nous apprend à ne jamais rien nier ni affirmer sans une certitude complète ; et nous ne pouvons faire l'un ou l'autre pour des objets qui sont au-dessus de nos connaissances. Ainsi, les controverses, les polémiques, les disputes, les assertions positives sur des sujets douteux, sont des maux inconnus parmi les Houyhnhnms. De même, quand je tâchais de lui expliquer nos divers systèmes de philosophie naturelle, il ne pouvait s'empêcher de rire en entendant des créatures qui se disaient raisonnables se faire un mérite de savoir les conjectures d'autres gens à l'égard de choses qui ne seraient d'aucune utilité, quand elles seraient parfaitement connues.

En cela ses sentiments étaient tout à fait conformes à ceux de Socrate, tels que Platon nous les a transmis ; et je cite ce fait comme le plus grand honneur que puisse recevoir le prince des philosophes. J'ai souvent pensé depuis à la destruction que cette doctrine amènerait dans les bibliothèques de l'Europe, et au nombre de chemins conduisant à la renommée qui seraient fermés par elle dans le monde savant.

L'amitié et la bienveillance sont les principales vertus parmi les Houyhnhnms; ces vertus ne sont pas bornées à des objets particuliers, elles s'étendent sur toute l'espèce. Ils traitent l'étranger de la partie la plus éloignée du pays comme leur plus proche voisin; et partout ils sont sûrs d'être accueillis par des frères. Ils observent le plus haut degré de civilité; mais ils sont totalement ignorants de ce que nous appelons cérémonies. Ils n'ont point de prédilection pour leurs poulains, et le soin qu'ils prennent de leur éducation est uniquement dicté par la raison. Je voyais mon maître montrer la même affection aux enfants de son voisin qu'à ses propres enfants. Ils pensent que la nature les porte à aimer toute leur espèce, et que la raison seule fait distinguer les personnes d'une vertu ou d'un mérite supérieur.

Quand la matrone Houyhnhnm a produit un petit de chaque sexe, elle cesse de vivre conjugalement avec son mari, à moins qu'ils ne perdent un de leurs enfants, ce qui arrive rarement; mais, en pareil cas, les époux se réunissent; et si l'épouse a passé l'âge de la production, un autre couple lui donne un de ses poulains, et recommence à vivre en jeune ménage jusqu'à ce que l'épouse devienne enceinte. Cette précaution est nécessaire pour que le pays ne soit pas surchargé de population; mais les Houyhnhnms inférieurs ne sont pas aussi sévèrement limités sur cet article; on leur permet d'avoir trois petits de chaque sexe pour être domestiques dans les grandes maisons.

Dans leurs mariages, ils ont soin d'assortir les couples de manière à éviter tout mélange désagréable dans la race. La force est la qualité principalement recherchée pour les mâles, comme la beauté pour les femelles, non par rapport à l'amour, mais pour empêcher la race de dégénérer; si une femelle se trouve être bien partagée du côté de la force, on s'attache à la beauté dans le choix de son époux.

L'amour, la galanterie, les présents, les dots, les douaires, n'ont aucune place dans leurs pensées, ne sont exprimés par aucun mot de leur langue. Les jeunes couples sont unis simplement parce que leurs parents et leurs amis ont décidé qu'il en serait ainsi; ils voient tous les jours les autres agir de la sorte, et regardent cette union comme un des actes nécessaires de la vie d'un être raisonnable. Mais la violation du mariage ou toute autre impureté sont des choses totalement inconnues; et les époux conservent toute leur vie la même amitié, la même bienveillance mutuelle, qui les unissent à tous ceux de leur espèce qui se rencontrent sur leur chemin. Jamais entre eux il ne s'élève ni jalousie, ni mauvaise humeur, ni querelle.

Leur méthode pour l'éducation des deux sexes est admirable, et serait digne de nous servir de modèle. On ne leur permet pas de goûter un seul grain d'avoine, hors à certains jours, jusqu'à l'âge de dix-huit ans; on ne leur donne du lait que très-rarement; l'été, ils paissent l'herbe deux heures chaque matin et chaque soir, de même que leurs parents; mais les domestiques n'emploient pas la moitié de ce temps à leurs repas, et l'herbe qu'ils doivent consommer est en grande partie apportée à la maison, afin qu'ils mangent aux heures convenables, dans les intervalles de leurs travaux.

La tempérance, l'amour du travail, l'exercice, la propreté, sont des choses également enjointes aux jeunes gens des deux sexes; et mon maître considérait comme une monstruosité notre usage d'élever les femelles autrement que les mâles, excepté sur quelques points d'économie domestique. Par cet usage, comme il le disait fort bien, la moitié de nos femelles n'étaient bonnes qu'à mettre au monde des enfants; et confier le soin des nôtres à des animaux aussi inutiles lui semblait un trait de brutalité.

Mais les Houyhnhnms cultivent dans leur jeunesse la force, l'agilité, le courage, en s'exerçant à des courses du haut en bas des collines et sur des terrains pierreux; et lorsque les poulains sont tout en nage, on leur commande de se plonger par-dessus les oreilles dans un étang ou dans une rivière. Quatre fois par an, les jeunes gens d'un canton se rassemblent pour montrer leur habileté à courir, à sauter, et dans d'autres exercices de force ou d'agilité; et le vainqueur mâle ou femelle est récompensé par un chant à sa louange. A l'occasion de cette fête, les domestiques poussent un troupeau de yahous chargés de foin, d'avoine et de lait, sur l'arène, pour régaler les Houyhnhnms; après quoi l'on emmène ces animaux, de peur qu'ils ne troublent la réunion.

Tous les quatre ans, à l'équinoxe d'automne, on tient un grand conseil représentatif de toute la nation, dans une plaine

qui se trouvait à vingt milles de notre maison. Ce conseil reste assemblé pendant cinq ou six jours. On y considère l'état des différents districts sous le rapport de leurs produits en foin, en avoine, du nombre de vaches et de yahous qu'ils contiennent; et s'il existe quelque pénurie, ce qui est très-rare, on y supplée par une contribution unanime. Ces assemblées règlent aussi la distribution des enfants. Par exemple, si l'un des Houyhnhnms a deux enfants mâles, il en échange un avec un de ses compatriotes qui a deux femelles; et si un enfant a été perdu accidentellement, et que sa mère ait passé l'âge de la fécondité, on décide quelle famille du district doit le remplacer par un autre.

CHAPITRE IX

Grand débat dans l'assemblée générale des Houyhnhnms, et comment il est terminé. — Connaissances des Houyhnhnms. — Leur manière de bâtir. — Leurs sépultures. — Défauts de leur langue.

NE de ces grandes assemblées eut lieu pendant mon séjour en ce pays, environ trois mois avant mon départ; mon maître y siégea en qualité de député de son canton. On y traita une affaire qui avait déjà été cent fois mise sur le tapis, la seule question en effet qui eût jamais partagé les esprits des Houyhnhnms. Mon maître, à son retour, me rapporta tout ce qui s'était passé à ce sujet.

Il s'agissait de décider s'il fallait absolument exterminer la race des yahous. Un des membres soutenait l'affirmative, et appuyait son avis de diverses raisons très-fortes et très-solides. Il prétendait que les yahous étaient les animaux les plus difformes, les plus bruyants, les plus sales que la nature eût jamais produits; qu'ils étaient également indociles, rétifs et malfaisants; qu'ils suçaient en secret le pis des vaches des Houyhnhnms, tuaient et dévoraient leurs chats, foulaient aux pieds leur avoine

et leur gazon, s'ils n'étaient pas sans cesse surveillés, enfin commettaient mille autres méfaits. Il rappela une ancienne tradition répandue dans le pays, selon laquelle les yahous n'y avaient pas été de tout temps; à une certaine époque, il en avait paru deux sur le haut d'une montagne, soit qu'ils eussent été formés d'un limon gras et glutineux, échauffé par les rayons du soleil, soit qu'ils fussent sortis de la vase de quelque marécage, soit que l'écume de la mer les eût fait éclore; que ces deux yahous en avaient engendré plusieurs autres, et que leur espèce s'était tellement multipliée, que tout le pays en était infecté; que, pour prévenir les inconvénients d'une telle multiplication, les Houyhnhnms avaient autrefois ordonné une chasse générale des yahous; dans laquelle tout le troupeau avait été cerné; et les Houyhnhnms, après avoir détruit tous les vieux, en avaient gardé chacun deux jeunes qu'ils avaient apprivoisés autant que pouvait l'être un animal d'une nature aussi sauvage, et leur avaient appris à tirer et à porter. Il ajouta que cette tradition avait une grande apparence de vérité, et que les yahous n'étaient point *ylnhniamshy* (c'est-à-dire aborigènes), ce qui semblait prouvé par la haine que les Houyhnhnms et tous les autres animaux ont pour les premiers, haine qui, toute méritée qu'elle peut être par leurs mauvaises dispositions, ne serait jamais arrivée à un tel degré de violence, s'ils avaient été aborigènes; ou se serait apaisée avec le temps. Il représenta que les habitants du pays, ayant eu l'imprudente fantaisie de se servir des yahous, avaient mal à propos négligé l'usage des ânes, qui

étaient de très-bons animaux, doux, paisibles, dociles, soumis, aisés à nourrir, infatigables, exempts de mauvaise odeur, assez forts pour le travail, moins agiles à la vérité, que les yahous, et qui n'avaient d'autre défaut qu'une voix un peu désagréable, mais qui l'était encore moins que les cris horribles des yahous.

Plusieurs autres sénateurs ayant parlé diversement et très-éloquemment sur le même sujet, mon maître se leva et proposa un expédient judicieux, dont je lui avais fait naître l'idée. D'abord il confirma la tradition populaire par son suffrage, et appuya ce qu'avait dit savamment sur ce point d'histoire l'honorable membre qui avait parlé avant lui. Mais il ajouta qu'il croyait que ces deux premiers yahous dont il s'agissait étaient venus de quelque pays d'outre-mer, et avaient été mis à terre, et ensuite abandonnés par leurs camarades; qu'ils s'étaient d'abord retirés dans les montagnes et dans les forêts; que dans la suite des temps leur naturel s'était altéré; qu'ils étaient devenus sauvages et farouches, et entièrement différents de ceux de leur espèce qui habitent les pays d'où ils étaient venus. Pour appuyer cette proposition, il dit qu'il avait chez lui depuis quelque temps un yahou très-extraordinaire (c'était moi), dont la plupart des membres de l'assemblée avaient sans doute ouï parler, et que plusieurs même avaient vu. Il raconta alors comment il m'avait trouvé d'abord, et comment mon corps était couvert d'une composition artificielle de poils et de peaux de bêtes; il dit que j'avais une langue qui m'était propre, et que j'avais parfaitement appris la leur; que je lui avais fait le récit de l'accident qui m'avait conduit sur ce rivage; qu'il m'avait vu dépouillé et nu, et avait observé que j'étais un vrai et parfait yahou, si ce n'est que j'avais la peau blanche, peu de poil, et des griffes fort courtes. « Ce yahou étranger, ajouta-t-il, m'a voulu persuader que dans son pays, et dans beaucoup d'autres qu'il a parcourus, les yahous sont les seuls animaux maîtres, dominants et raisonnables, et tiennent les Houyhnhnms dans l'esclavage. Il a certainement, dit-il, toutes les qualités extérieures de nos yahous; mais il est plus civilisé, parce qu'il a une légère teinte de raison. Mais ce degré de raison est aussi inférieur à celui des Houyhnhnms qu'il est supérieur à l'instinct des yahous du pays. Il cita, parmi les choses que je lui avais racontées, la coutume d'opérer les Houyhnhnms dans leur jeunesse, afin de les rendre plus doux et plus dociles, et dit que cette opération était aisée et nullement dangereuse. Il ajouta qu'il n'y avait rien de honteux à imiter les brutes dans ce qu'elles font d'ingénieux et de sage; qu'on apprend de la fourmi à être industrieux et prévoyant, et de l'hirondelle (je

traduis ainsi le mot *lyhannh*, bien qu'il désigne un oiseau beaucoup plus gros) l'art de bâtir. On pourrait donc, dit-il, introduire en ce pays-ci, par rapport aux jeunes yahous, l'usage étranger; ils deviendraient ainsi plus doux, plus soumis, plus traitables, et par ce même moyen nous en détruirons peu à peu l'engeance sans les priver de la vie. En même temps il serait bon d'inviter les Houyhnhnms à cultiver la race des ânes, qui, outre l'avantage d'être des bêtes beaucoup plus utiles que les yahous, sont capables de travailler à l'âge de cinq ans, tandis que les yahous ne sont capables de rien jusqu'à douze.

Voilà ce que mon maître jugea convenable de me dire en ce moment sur les délibérations du parlement. Il ne me parla pas d'une autre particularité qui me regardait personnellement, et dont je ressentis bientôt les funestes effets, comme le lecteur le verra en son lieu. Je date de cet événement toutes les infortunes subséquentes de ma vie.

Les Houyhnhnms n'ont point de littérature, et par conséquent toute leur science est traditionnelle. Mais comme il se passe peu d'événements chez un peuple uni, disposé à toutes les vertus et entièrement gouverné par la raison, la partie historique est facilement conservée sans charger leur mémoire. J'ai déjà dit qu'ils n'avaient point de maladies, ils n'ont donc pas besoin de médecins; cependant ils possèdent d'excellents remèdes composés de plantes pour guérir les contusions et les blessures accidentelles, surtout dans leur sabot ou paturon.

Ils supputent les années par le nombre des révolutions solaires et lunaires; mais ils n'ont pas les subdivisions par semaines. Ils sont assez instruits sur les mouvements du soleil et de la lune, et comprennent la nature des éclipses : là se borne leur science en astronomie.

En poésie, il faut le dire, ils surpassent tous les autres mortels. La justesse de leurs comparaisons et la minutieuse exactitude de leurs descriptions sont en effet inimitables. Ces deux figures abondent dans leurs vers; et ils contiennent en général, soit des idées exaltées d'amitié et de bienveillance, soit l'éloge des vainqueurs aux courses et à d'autres exercices corporels.

Leurs bâtiments, grossiers et simples, sont cependant assez commodes, et bien combinés pour les garantir du chaud et du froid. Ils ont une sorte d'arbre qui, à l'âge de quarante ans, perd la force de ses racines, et tombe au premier coup de vent; la tige de cet arbre est très-droite, les Houyhnhnms la

rendent pointue par le moyen d'une pierre tranchante, l'usage du fer leur étant inconnu; ils plantent ces piquets en terre à dix pouces l'un de l'autre, et ils remplissent les intervalles avec de la paille d'avoine tressée ou des claies. Le toit et les portes sont faits de la même manière.

Les Houyhnhnms se servent de la partie concave qui sépare le paturon de la corne de leurs pieds de devant, comme nous nous servons de nos mains, et avec une dextérité qui me causa d'abord une extrême surprise. J'ai vu une jument blanche de notre maison enfiler à l'aide de cette jointure une aiguille que je lui avais prêtée pour faire son expérience. Ils peuvent de cette manière traire leurs vaches, cueillir leur avoine, faire tous les ouvrages manuels. Ils ont une sorte de caillou dur avec lequel ils font divers instruments en le frottant contre d'autres pierres; ces instruments leur tiennent lieu de haches, de coins et de marteaux; ils en font aussi des faucilles pour couper le foin et l'avoine qui croissent naturellement dans quelques champs. Les yahous traînent les gerbes sur des voitures, et les domestiques foulent les épis dans certaines huttes couvertes pour en tirer le grain que l'on conserve dans des magasins. Ils fabriquent des vases grossiers en terre et en bois, et font cuire les premiers au soleil.

S'il ne leur arrive aucun accident, ils meurent seulement de

vieillesse, et sont enterrés dans le lieu le plus obscur, le plus caché qu'on puisse trouver. Leurs amis et leurs parents ne montrent ni joie ni tristesse à leur départ de la vie; et le mourant lui-même ne témoigne pas le moindre regret de quitter le monde : il semble finir une visite, et prendre congé d'une famille du voisinage pour rentrer chez lui.

Je me souviens que, mon maître ayant un jour invité un de ses amis avec toute sa famille à se rendre chez lui pour une affaire importante, nous vîmes arriver au jour indiqué, mais à une heure tardive, la dame et ses deux enfants. Elle excusa d'abord son mari, qui le matin même était *lhnuwnh*, mot très-expressif dans leur langue, et qu'on ne peut rendre facilement en anglais; il signifie littéralement se retirer vers sa première mère. Elle s'excusa ensuite elle-même en disant que son mari étant mort assez tard le matin, elle avait consulté pendant un peu de temps ses domestiques sur la place la plus convenable pour y déposer le corps. Je remarquai qu'elle fut aussi gaie que le reste de la compagnie. Elle mourut environ trois mois après.

Les Houyhnhnms vivent en général de soixante-dix à soixante-quinze ans, et rarement ils vont à quatre-vingts. Quelques semaines avant de mourir, ils éprouvent une défaillance universelle, mais aucune douleur.

Alors ils reçoivent souvent les visites de leurs amis, parce

qu'ils ne peuvent plus aller aux champs avec le même plaisir et la même liberté que de coutume. Cependant, dix jours avant le décès, époque sur laquelle ils ne se trompent jamais, le moribond va rendre toutes les visites qu'il a reçues, porté par ses yahous dans une litière, sorte de voiture dont ils ne se servent qu'en ces occasions, ou quand ils sont très-vieux, ou quand ils font de longs voyages, ou quand ils deviennent boiteux par accident. Le Houyhnhnm mourant, lorsqu'il rend ces visites, prend solennellement congé de ses amis, comme s'il partait pour un endroit éloigné du pays où il aurait dessein de finir ses jours.

Un fait peut-être assez remarquable, c'est que les Houyhnhnms n'ont point de terme dans leur langue pour exprimer ce qui est mauvais, et qu'ils se servent pour cela de métaphores tirées de la difformité et des mauvaises qualités des yahous. Ainsi, lorsqu'ils veulent exprimer l'étourderie d'un domestique, la faute d'un de leurs enfants, une pierre qui leur a meurtri le pied, un mauvais temps et autres choses semblables, ils ne font que dire la chose dont il s'agit, en y ajoutant simplement l'épithète de yahou. Par exemple, pour exprimer les choses susdites, ils diront *hhhm yahou, whinaholm yahou, ynlhmndwihlma yahou*, et pour signifier une maison mal bâtie, ils diront *ynholmhnmrohlnw yahou*.

Je pourrais m'étendre bien davantage sur les mœurs et les vertus de cet excellent peuple, et j'aurais du plaisir à le faire; mais ayant l'intention de publier bientôt sur ce sujet un livre séparé, je renvoie le lecteur à ce nouveau travail. Maintenant je passe à la triste catastrophe qui me concerne.

CHAPITRE X

※━━━━━※

Arrangements domestiques.
— Heureuse vie que mène l'auteur au milieu des Houyhnhnms. —
Grands progrès qu'il fait dans la vertu, en conversant avec ce peuple.
— Leurs conversations. —
L'auteur est averti par son maître qu'il doit sortir du pays.
— Il s'évanouit de douleur; mais il se soumet. —
Il s'ingénie à construire un canot à l'aide de l'un des domestiques,
ses camarades; il le met en mer et vogue à l'aventure.

'AVAIS arrangé mes petites affaires intérieures selon mon désir. Mon maître avait ordonné qu'on me fît une maison à la manière du pays, à environ six pas de la sienne; j'en couvris les murs et le sol avec de la terre glaise et des nattes de mon invention. Je cueillis du chanvre qui croissait naturellement dans les champs; je le battis, j'en composai du fil, et de ce fil une espèce de toile, que je remplis de plumes d'oiseaux, pris avec des piéges de poils de yahous, et fort bons à manger. Je me fis une table et une chaise avec mon couteau, et l'alezan me seconda pour la partie la plus grossière de mon travail. Lorsque mon habit fut entièrement usé, je m'en fis un neuf de peaux de lapins, auxquelles je joignis celles de certains animaux appelés *nnuhnoh*, qui sont fort beaux, et à peu près de la même grandeur, et dont la peau est couverte d'un duvet très-fin. De cette peau je me fis aussi des bas très-propres. Je ressemelai mes souliers avec de petites planches de bois que

j'attachai à l'empeigne; et quand cette empeigne fut usée entièrement, j'en fis une de peau de yahou séchée au soleil. Je ramassais quelquefois du miel dans les troncs des arbres, et je le mangeais avec mon pain d'avoine. Personne n'éprouva jamais mieux que moi la vérité de ces deux axiomes : la nature se contente de peu; la nécessité est mère de l'industrie.

Je jouissais d'une parfaite santé de corps et d'une tranquillité d'esprit non moins complète. Je ne craignais ni la trahison ou l'inconstance d'un ami, ni les outrages d'un ennemi connu ou caché. Je n'avais nulle occasion de corrompre, de flatter, de ramper pour obtenir la faveur d'un grand ou de son favori. Je n'avais pas besoin de me défendre de la fraude ou de la tyrannie; il n'y avait là ni médecins pour détruire mon corps, ni gens de loi pour vider ma bourse, ni espions pour guetter mes

paroles, mes actions, ou forger contre moi des accusations pour gagner ses honoraires; là, point de critiques, de mystificateurs, de charlatans, de filous, de voleurs, de tapageurs, de procureurs, de vils agents de débauche, de bouffons, de joueurs, de politiques, de beaux esprits, de vaporeux, d'ennuyeux bavards, de souteneurs de thèses, de ravisseurs, d'assassins, de virtuoses; point de meneurs ni de valets de partis; point de provocateurs au vice par l'exemple ou l'encouragement; point de prisons, de gibets, de haches, de piloris; point de marchands ni d'artisans fripons; point de vanité, d'orgueil ou d'affectation; point de fats, de fanfarons, d'ivrognes, de prostituées, de maladies honteuses; point de femmes querelleuses, malhonnêtes, dépensières; point de pédants stupides et arrogants; point de compagnons importuns, exigeants, disputeurs, bruyants, hurlants, vides d'esprit, prétentieux, et accoutumés à mêler leur conversation de jurements; point de faquins sortis de la poussière, grâce à leurs vices; point de nobles jetés dans la boue à cause de leurs vertus; point de grands seigneurs, de juges, de violons, ni de maîtres à danser.

J'avais l'honneur de m'entretenir souvent avec les Houyhnhnms qui venaient au logis; mon maître avait la bonté de souffrir que j'entrasse toujours dans la salle pour profiter de leur conversation. La compagnie et mon maître voulaient bien condescendre à me questionner et à entendre mes réponses.

J'accompagnais aussi mon maître dans ses visites; mais je gardais toujours le silence, à moins qu'on ne m'interrogeât; et c'était à mon grand regret que je prenais la parole, parce que cela me faisait perdre l'occasion de m'instruire: j'avais bien plus à gagner en restant humble auditeur dans de telles conversations où l'on ne disait que ce qui était utile, dans les termes les plus brefs et les plus significatifs. On observait, comme je l'ai déjà dit, la plus grande décence, mais sans le moindre mélange de cérémonie. Personne ne parlait sans éprouver du plaisir, sans en donner aux autres. Il n'y avait là ni interruption, ni ennui, ni âpreté, ni contradiction, ni emportement.

Ils avaient pour maxime que dans une compagnie le silence doit régner de temps en temps, et je crois qu'ils avaient raison. Dans cet intervalle et pendant cette espèce de trêve, l'esprit se remplit d'idées nouvelles, et la conversation en devient ensuite plus animée et plus vive.

Leurs sujets ordinaires sont l'amitié et la bienveillance, ou l'ordre et l'économie, et quelquefois les opérations visibles de la nature et les anciennes traditions, les obligations et les limites de la vertu, les règles invariables de la raison, ou bien enfin quelques déterminations qui devaient être prises dans la prochaine assemblée générale. Souvent aussi ils parlaient des mérites divers de la poésie. Je puis ajouter, sans vanité, que je fournissais quelquefois moi-même suffisante matière à leurs entretiens; car ma présence donnait à mon maître l'occasion de raconter mon histoire et celle de mon pays; sur quoi ils se mettaient à discourir d'une manière fort désobligeante sur l'espèce humaine; et, par ce motif, je ne rapporterai point ce qu'ils disaient. Je ferai seulement observer que mon maître, à ma grande admiration, paraissait mieux connaître la nature des yahous qui sont dans les autres parties du monde que je ne la connaissais moi-même. Il décrivait tous nos vices et toutes nos folies, et en découvrait de nouvelles, simplement en supposant ce dont les yahous de son pays seraient capables s'ils possédaient un léger degré de raison; et ses conclusions étaient extrêmement vraisemblables. J'avouerai ici ingénument que le peu de lumières et de philosophie que j'ai aujourd'hui, je l'ai puisé dans les sages leçons de ce cher maître, et dans les entretiens de tous ses judicieux amis, que je devais être plus fier d'écouter que si j'avais parlé avec autorité devant les plus grandes et les plus sages assemblées de l'Europe.

J'étais émerveillé de la force, de la beauté, de l'agilité des habitants de ce pays; et un si rare assemblage de vertus en de si aimables personnes m'inspirait la plus haute vénération. D'abord je n'éprouvai point ce respect naturel que les yahous et les autres animaux ont pour les Houyhnhnms; mais cela vint par degrés, et beaucoup plus tôt que je ne pensais; à ce sentiment se mêlait pour moi un respectueux amour et une vive reconnaissance de la bonté qu'ils avaient eue en me distinguant du reste de mon espèce.

Quand je pensais à ma famille, à mes amis, à mes compatriotes, à la race humaine en général, je les considérais comme de véritables yahous, et peut-être n'étaient-ils réellement qu'un peu plus civilisés et doués de la faculté de parler, mais n'usant de la raison que pour développer et multiplier leurs vices; tandis que leurs semblables dans le pays des Houyhnhnms avaient seulement les vices qu'ils tenaient de la nature.

S'il m'arrivait de voir ma figure dans un lac ou dans un ruisseau, je détournais les yeux, j'avais horreur de moi-même;

la vue d'un yahou commun me semblait moins intolérable que celle de ma personne. En causant avec les Houyhnhnms et en les regardant avec délice, j'imitais insensiblement leur allure et leurs gestes, et cela est devenu chez moi une habitude; ainsi très-souvent mes amis me disent que je trotte comme un cheval; cela me paraît un compliment très-flatteur. Je ne rougis pas non plus de dire qu'en parlant je tombe souvent dans les intonations des Houyhnhnms, et que j'écoute sans la plus légère mortification les railleries qu'on me fait à ce sujet.

Au milieu de toute cette félicité, et quand je me croyais établi pour la vie, mon maître m'envoya querir un matin plus tôt qu'à l'ordinaire. Je remarquai sur son visage de l'inquiétude; il semblait chercher de quelle manière il devait par-

ler. Après quelques instants de silence, il me tint ce discours :
« Je ne sais comment vous allez prendre ce que je vais vous dire. Vous saurez que dans la dernière assemblée du parlement, quand l'affaire des yahous fut débattue, les représentants me reprochèrent d'avoir dans ma maison un yahou que je traitais plutôt comme un Houyhnhnm que comme une brute. Il était connu que je causais souvent avec lui, comme si je pouvais trouver quelque plaisir ou quelque profit en pareille compagnie; une telle conduite était contraire à la raison et à la nature, et l'on n'avait jamais ouï parler de chose semblable. Là-dessus l'assemblée m'a engagé à faire de deux choses l'une : ou à vous employer comme les autres yahous, ou à vous ordonner de regagner à la nage le pays d'où vous êtes venu. Le premier de ces expédients a été unanimement rejeté par tous les Houyhnhnms qui vous ont vu chez moi ou chez eux ; ils ont allégué que la lueur de raison que vous possédez, jointe au mauvais instinct des yahous, vous rendrait capable de les exciter à s'enfuir dans les parties boisées et montagneuses du pays, et à les ramener en troupe pendant la nuit pour détruire le bétail des Houyhnhnms, votre espèce étant naturellement vorace et ennemie du travail.

« Tous les jours, ajouta mon maître, je suis pressé par les Houyhnhnms du voisinage d'obtempérer à l'invitation de l'assemblée, et je ne puis différer plus longtemps de m'y conformer. Je doute fort que vous puissiez, en nageant, gagner votre pays ; je désirerais donc que vous bâtissiez une sorte de voiture du genre de celles que vous avez décrites, et qui pourrait vous transporter par mer. Tous les domestiques de cette maison et ceux même de mes voisins vous aideront dans cet ouvrage. S'il n'eût tenu qu'à moi, dit-il en terminant, je vous aurais gardé toute votre vie à mon service, parce que vous avez d'assez bonnes inclinations, que vous vous êtes corrigé de plusieurs de vos défauts et de vos mauvaises habitudes, et que vous avez fait tout votre possible pour vous conformer, autant que votre malheureuse nature en est capable, à celle des Houyhnhnms. »

Je dois faire observer ici au lecteur que, dans ce pays, un décret de l'assemblée générale est exprimé par le mot *hnhloayn*, qui signifie exhortation, autant que je puis le rendre; ils ne comprennent pas qu'une créature raisonnable ait besoin d'être obligée à faire quelque chose, et qu'il ne soit pas suffisant de lui conseiller de le faire, de l'y engager; car personne ne peut désobéir à la raison sans perdre son titre de créature raisonnable.

Ce discours me frappa comme un coup de foudre; je tombai subitement dans l'abattement et dans le désespoir; et ne pouvant résister à l'impression de la douleur, je m'évanouis aux

pieds de mon maître. Quand je revins à moi, mon maître me dit qu'il m'avait cru mort, ce peuple n'étant point sujet à de telles faiblesses. Je lui dis d'une voix débile que la mort eût été pour moi un trop grand bonheur, et que, sans blâmer l'exhortation de l'assemblée générale ni les instances de ses amis, il me semblait néanmoins, selon mon faible jugement, qu'on aurait pu décerner contre moi une peine moins rigoureuse; que je pourrais tout au plus faire une lieue à la nage, et que cependant la terre la plus proche était peut-être éloignée de cent lieues; que plusieurs des matériaux nécessaires pour la construction d'une barque manquaient dans son pays; mais que j'essaierais de lui obéir pour lui montrer ma reconnaissance, bien que je fusse persuadé de l'inutilité de ma tentative. « Je me regarde, lui dis-je, comme une créature condamnée à périr; mais la perspective d'une mort violente est le moindre de mes malheurs; car, en supposant que je pusse traverser les mers et retourner dans mon pays par quelque aventure extraordinaire et inespérée, comment pourrais-je songer avec calme à passer le reste de ma vie parmi les yahous, à retomber dans toutes mes mauvaises habitudes, faute de bons exemples pour me retenir dans le droit chemin? Je reconnais les raisons qui ont déterminé les sages Houyhnhnms trop solides pour que j'ose leur opposer celles d'un misérable yahou tel que moi; ainsi j'accepte l'offre obligeante que vous me faites du secours de vos domestiques pour m'aider à construire une barque, et vous prie seulement de m'accorder un espace de temps suffisant pour achever un ouvrage aussi difficile. Je tâcherai, lui dis-je encore, de conserver ma misérable vie; et si je retourne jamais en Angleterre, je ne désespère pas d'être de quelque utilité à mes compatriotes en proclamant les vertus des illustres Houyhnhnms, et en les proposant pour exemple à tout le genre humain. »

Son Honneur me fit en peu de mots une réponse obligeante; il m'accordait deux mois pour la construction de ma barque. En même temps il ordonna à l'alezan, mon camarade (il m'est permis de lui donner ce nom à une aussi grande distance de son pays), de suivre mes instructions, parce que j'avais dit à mon maître que lui seul me suffirait et que j'étais sûr de son affection.

La première chose que je fis fut d'aller avec lui vers cet endroit de la côte où mes matelots rebelles m'avaient mis à terre. Je montai sur une hauteur, et, jetant les yeux de tous côtés sur la mer, je crus voir vers le nord-est une petite île. Avec mon télescope, je l'aperçus clairement, et je supposai qu'elle pouvait être à cinq lieues de distance. L'alezan la prenait simplement pour un nuage; car, n'ayant pas l'idée qu'il existât d'autre pays que le sien, sa vue ne pouvait distinguer les objets éloignés sur la mer aussi bien que nous qui sommes accoutumés à explorer cet élément. Après que j'eus découvert cette île, je ne poussai pas plus loin mes recherches, et je me décidai à en faire la première station de mon exil, abandonnant le reste à la fortune.

Je retournai au logis avec mon camarade, et après une courte délibération, nous allâmes dans une forêt peu éloignée, où moi avec mon couteau, et lui avec un caillou tranchant adroitement emmanché, nous coupâmes plusieurs branches de chêne à peu près de la grosseur d'une canne, et quelques pièces plus grosses. Pour ne pas ennuyer le lecteur du détail de notre travail, il me suffira de lui dire qu'en six semaines, à l'aide de l'alezan, qui faisait le gros ouvrage, je construisis une espèce de canot

à la façon des Indiens, mais beaucoup plus large, que je couvris de peaux de yahous cousues ensemble avec du fil de ma fabrique. Je me fis une voile de ces mêmes peaux, ayant choisi celles de très jeunes yahous, parce que celles des vieux auraient été trop dures et trop épaisses; je me pourvus aussi de quatre rames; je fis provision d'une certaine quantité de chair cuite, de lapins et d'oiseaux, avec deux vases, l'un plein d'eau et l'autre de lait.

J'essayai mon canot sur un grand étang, et je corrigeai tous les défauts que j'y pus remarquer, bouchant toutes les voies d'eau avec du suif de yahou, et tâchant de le mettre en état de me porter avec ma petite cargaison. Je le mis alors sur une charrette, et le fis mener au rivage par des yahous, sous la conduite d'un alezan et d'un autre domestique.

Lorsque tout fut prêt, et que le jour de mon départ fut arrivé, je pris congé de mon maître, de madame son épouse, et de toute la maison, les yeux baignés de larmes et le cœur navré de douleur. Mais Son Honneur, soit par curiosité, soit par amitié (si je puis sans vanité parler ainsi), voulut me voir dans mon canot, et rassembla plusieurs de ses amis du voisinage pour l'accompagner. Je fus obligé d'attendre plus d'une heure à cause de la marée : alors, observant que le vent très-heureusement soufflait vers l'île où j'avais l'intention de diriger ma course, je pris une seconde fois congé de mon maître, et comme j'allais me prosterner pour lui baiser les pieds, il me fit l'honneur de lever son pied droit de devant jusqu'à ma bouche.

Je n'ignore pas combien l'on m'a blâmé d'avoir cité cette dernière circonstance; mes détracteurs veulent absolument trouver improbable qu'un si grand personnage eût daigné accorder une telle marque de distinction à une créature aussi abjecte. Je n'ai pas oublié non plus combien les voyageurs sont enclins à se vanter des faveurs extraordinaires qu'ils ont reçues; mais si mes censeurs connaissaient mieux le caractère généreux et courtois des Houyhnhnms, ils changeraient certainement d'avis sur ce point.

Je présentai mes respects aux Houyhnhnms qui avaient accompagné mon maître, et, me jetant dans mon canot, je m'éloignai du rivage.

CHAPITRE XI

Dangereux voyage de l'auteur. —
Il arrive à la Nouvelle-Hollande; il espère s'y établir. —
Il est percé d'une flèche par un sauvage. — Il est pris par un bâtiment portugais.
— Grande civilité du capitaine. — L'auteur arrive en Angleterre.

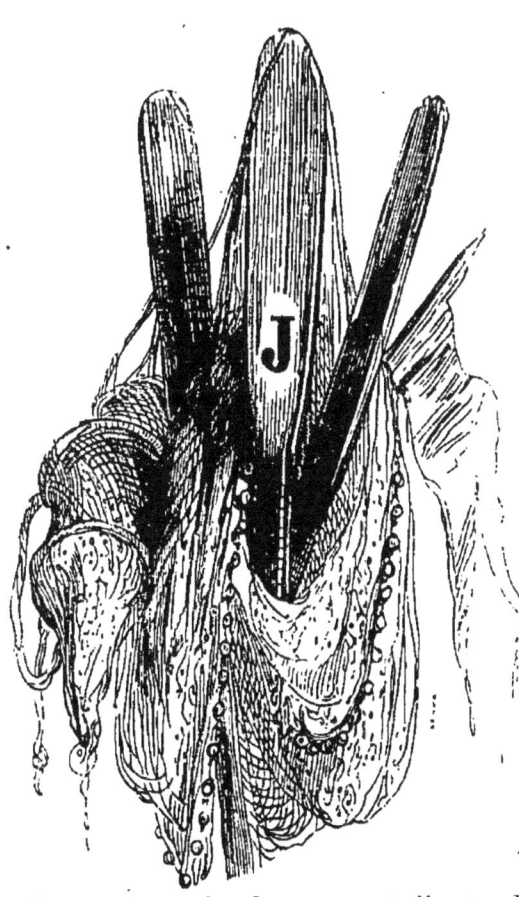

Je commençai ce voyage désespéré le 15 février 1715, à neuf heures du matin. Quoique j'eusse le vent favorable, je ne me servis d'abord que de mes rames; mais considérant que je serais bientôt las, et que le vent pouvait changer, je risquai de mettre à la voile; et de cette manière, avec le secours de la marée, je cinglai environ l'espace d'une heure et demie, autant que je pus le conjecturer. Mon maître et ses amis restèrent sur le rivage jusqu'à ce qu'ils m'eussent perdu de vue, et j'entendis plusieurs fois l'alezan crier : *Hnuy illa nyha majah yahou*, c'est-à-dire : « Prends bien garde à toi, gentil yahou. »

Mon dessein était de découvrir, si je pouvais, quelque petite île déserte, où je trouvasse seulement de quoi pourvoir à ma nourriture et à mon vêtement. Cela m'aurait paru bien plus heureux que d'être le premier ministre de la cour la plus polie de l'Europe, tant j'avais horreur de retourner dans la société et sous l'empire des yahous. Dans une solitude semblable à celle que je désirais, je pourrais au moins jouir de mes pensées et réfléchir avec délice sur les vertus des inimitables Houyhnhnms, sans avoir à craindre de retomber dans les vices et la dépravation de mon espèce.

Le lecteur se souvient sans doute que l'équipage de mon vaisseau s'était révolté contre moi, et m'avait emprisonné dans ma chambre; que je restai en cet état pendant plusieurs semaines, sans savoir dans quelle direction nous allions; qu'enfin l'on me mit à terre, et que les matelots qui m'avaient débarqué affirmèrent par serment, faux ou véritable, qu'ils ne savaient en quelle partie du monde nous nous trouvions. Je crus néanmoins alors que nous étions à dix degrés au sud du cap de Bonne-Espérance, ou environ à quarante-cinq degrés de latitude méridionale. Je l'inférai de quelques propos vagues que j'avais entendus à bord, au sujet du dessein qu'on avait d'aller à Madagascar. Quoique ce ne fût là qu'une conjecture, je ne laissai pas de prendre le parti de cingler à l'est, espérant mouiller au sud-est de la côte de la Nouvelle-Hollande, et de là me rendre à l'ouest dans quelqu'une des petites îles qui sont aux environs. Le vent était plein ouest, et vers les six heures du soir j'estimai que j'avais fait environ dix-huit lieues vers l'est.

Ayant alors découvert une très-petite île éloignée tout au plus d'une lieue et demie, j'y abordai en peu de temps. Ce n'était autre chose qu'un rocher, avec une petite baie que les tempêtes y avaient formée. J'amarrai mon canot en cet endroit; et ayant grimpé sur un des côtés du rocher, je découvris vers l'est une terre qui s'étendait du sud au nord. Je passai la nuit dans mon canot; et le lendemain de grand matin, m'étant mis à ramer, j'arrivai en sept heures à l'extrémité sud-est de la Nouvelle-Hollande. Cela me confirma dans une opinion que j'avais depuis longtemps, savoir que les mappemondes et les cartes placent ce pays au moins à trois degrés de plus à l'ouest qu'il n'est réellement. Je communiquai, il y a déjà plusieurs années, cette pensée à mon illustre ami M. Hermann Moll, et lui donnai les raisons qui me l'avaient fait concevoir; mais il a mieux aimé s'appuyer sur d'autres autorités.

Je n'aperçus pas d'habitants à l'endroit où j'avais pris terre; et, comme je n'avais point d'armes, je craignais de m'avancer dans le pays. Je ramassai quelques coquillages sur le rivage, et je les mangeai tout crus, n'osant pas allumer du feu, de peur de me faire ainsi découvrir par les naturels. Pendant les trois jours que je me tins caché dans cet endroit, je ne vécus que d'huîtres et de moules, afin de ménager mes petites provisions.

Je trouvai heureusement un ruisseau, dont l'eau était excellente et me procura un rafraîchissement fort agréable.

Le quatrième jour, m'étant hasardé à m'avancer un peu dans les terres, je découvris vingt à trente sauvages sur une hauteur qui n'était pas à plus de cinq cents pas de moi. Ils étaient tous nus, hommes, femmes et enfants, et se chauffaient autour d'un grand feu, qui me fut indiqué par la fumée. Un d'eux m'aperçut, et me fit remarquer aux autres. Alors cinq de la troupe se détachèrent et vinrent à moi. Aussitôt je me mis à fuir vers le rivage, je me jetai dans mon canot, et je ramai de toute ma force. Les sauvages, observant ma retraite, coururent après moi; et, avant que j'eusse gagné le large, l'un d'eux me décocha une flèche qui m'atteignit au genou gauche, et me fit une large blessure dont je porterai la marque jusqu'au tombeau. Je craignis que la pointe ne fût empoisonnée; aussi, ayant ramé vigoureusement, et m'étant mis hors de la portée du trait (le temps se trouvant calme), je suçai ma plaie et la pansai comme je pus.

J'étais extrêmement embarrassé : n'osant retourner à l'endroit où j'avais été attaqué, je me dirigeai du côté du nord, et il me fallait toujours ramer, parce que j'avais le vent du nord-est. Tandis que je jetais les yeux de tous côtés pour découvrir quelque place où je pusse débarquer, j'aperçus au nord-nord-est une voile qui à chaque instant croissait à mes yeux. J'hésitais à prendre la résolution d'attendre ce bâtiment; l'horreur que j'avais conçue pour toute la race des yahous l'emporta enfin, et, virant de bord, je rentrai dans la petite baie, résolu à me livrer à un barbare plutôt qu'à vivre avec des yahous européens. J'approchai mon canot le plus qu'il me fut possible du rivage, et je me cachai, à quelques pas de là, derrière une petite roche voisine de ce ruisseau dont j'ai parlé.

Le vaisseau s'avança jusqu'à environ une demi-lieue de la baie, et envoya sa chaloupe avec deux tonneaux pour y faire de l'eau (la plage, à ce qu'il paraît, était bien connue); mais je ne les vis que lorsqu'ils furent tout près de terre, et il n'était plus temps pour moi de chercher un autre refuge. Les matelots, en débarquant à terre, virent d'abord mon canot; et s'étant mis à le visiter, ils reconnurent sans peine que celui à qui il appartenait n'était pas loin. Quatre d'entre eux, bien armés, cherchèrent de tous côtés aux environs, et enfin me trouvèrent couché la face contre terre derrière la roche. Ils furent d'abord surpris en voyant ma figure, mon habit de peaux de lapins, mes souliers de bois et mes bas fourrés; et d'après ces apparences ils conclurent que je n'étais pas du pays, où tous les habitants allaient nus. Un d'eux m'ordonna en portugais de me

lever, et me demanda qui j'étais. J'entendais bien cette langue, et, me relevant, je lui dis que j'étais un pauvre yahou banni du pays des Houyhnhnms, et que je le conjurais de me laisser aller. Ils furent étonnés de m'entendre parler leur langue, et jugèrent, par la couleur de mon visage, que j'étais Européen; mais ils ne savaient ce que je voulais dire par les mots de yahou et de houyhnhnm; et ils ne purent en même temps s'empêcher de rire de mon accent, qui ressemblait au hennissement d'un cheval.

Cependant je tremblais à leur aspect; je les priai de nouveau de me laisser, et je me préparais à retourner à mon canot, lorsqu'ils mirent la main sur moi, m'obligèrent de leur dire de quel pays j'étais, d'où je venais, et me firent encore d'autres questions. Je leur répondis que j'étais né en Angleterre, d'où j'étais parti il y avait environ cinq ans, et qu'alors la paix régnait entre leur pays et le mien; qu'ainsi j'espérais qu'ils voudraient bien ne point me traiter en ennemi, puisque je ne leur voulais aucun mal, et que j'étais un pauvre yahou cherchant quelque île déserte où il pût passer dans la solitude le reste de sa vie infortunée.

Lorsqu'ils me parlèrent, je fus d'abord saisi d'étonnement, et je crus voir un prodige. Cela me paraissait aussi extraordinaire que si j'entendais aujourd'hui un chien ou une vache parler en Angleterre, ou bien un yahou dans le pays des Houyhnhnms. L'honnête Portugais était également étonné de mon étrange habit et de ma singulière manière de prononcer les mots, quoiqu'il m'entendît fort bien. Ils me parlèrent avec toute l'humanité possible et cherchèrent à me consoler, disant qu'ils étaient sûrs que leur capitaine voudrait bien me prendre sur son bord et me mener gratis à Lisbonne, d'où je pourrais passer en Angleterre; que deux d'entre eux iraient dans un moment trouver le capitaine pour l'informer de ce qu'ils avaient vu et recevoir ses ordres; mais qu'en même temps, à moins que je ne leur donnasse ma parole de ne point m'enfuir, ils allaient me lier. Je pensai que je n'avais rien de mieux à faire que d'accepter leur proposition.

Ils avaient bien envie de savoir mon histoire et mes aventures; mais je leur donnai peu de satisfaction, et tous conclurent que mes malheurs m'avaient troublé l'esprit. Au bout de deux heures, la chaloupe qui était allée porter de l'eau douce aux vaisseaux revint avec ordre de m'amener tout de suite à bord. Je me jetai à genoux pour les prier de me laisser en liberté; mais ce fut en vain : je fus lié et mis dans la chaloupe, et en cet état conduit à bord et ensuite dans la chambre du capitaine. Il s'appelait Pedro de Mendez : c'était un homme très-généreux et très-poli. Il m'invita d'abord à lui dire qui j'étais, et ensuite me demanda ce que je voulais boire et manger, en m'assurant que je serais traité comme lui-même : il me dit enfin des choses si obligeantes, que j'étais tout étonné de trouver tant de bontés dans un yahou. Cependant je restai sombre et silencieux, et j'étais près de m'évanouir à la seule odeur de ce capitaine et de ses hommes. Enfin je demandai à manger des provisions que j'avais dans mon canot; mais il ordonna qu'on me servît un poulet et qu'on me fît boire du vin excellent, et il me fit dresser un lit dans une cabine très-propre. Je ne voulus point me déshabiller, et je me jetai sur le lit dans l'état où j'étais. Au bout d'une demi-heure, tandis que tout l'équipage était à dîner, je m'échappai de ma chambre, dans le dessein de me jeter à la mer et de me sauver à la nage, plutôt que de continuer de vivre parmi les yahous; mais un des matelots m'empêcha d'accomplir mon dessein; et le capitaine, ayant été informé de ma tentative, ordonna de m'enchaîner dans ma cabine.

Après le dîner, don Pedro vint me trouver, et voulut savoir quel motif m'avait porté à un acte aussi désespéré. Il m'assura en même temps que son unique désir était de me rendre service, et me parla d'une manière si touchante et si persuasive, que je commençai à le regarder comme un animal un peu raisonnable. Je lui racontai brièvement l'histoire de mon voyage, la révolte de mon équipage, le pays dans lequel j'avais été abandonné, et les cinq années de mon séjour en ce pays. Il parut considérer tout cela comme des rêves ou des visions, ce qui m'offensa

extrêmement. J'avais en effet oublié la faculté de mentir commune chez les yahous dans tous les pays où ils dominent, et conséquemment leur disposition à douter de la sincérité de leurs semblables. Je lui demandai si c'était la coutume dans son pays de dire la chose qui n'est pas. Je l'assurai que je ne savais presque plus ce qu'il entendait par une fausseté, et que j'aurais vécu mille ans parmi les Houyhnhnms sans entendre un seul mensonge, même de la bouche du dernier des valets; qu'au surplus il croirait ce qu'il lui plairait, mais qu'en retour de ses bontés et par indulgence pour sa nature pervertie, je répondrais à toutes les objections qu'il voudrait bien me faire, et qu'il pourrait facilement connaître la vérité.

Le capitaine, homme sensé, après avoir tâché de me prendre en contradiction sur certaines parties de mon histoire, commença à avoir meilleure opinion de ma sincérité. Il me dit que, puisque je faisais profession d'un si grand attachement à la vérité, il voulait que je lui donnasse ma parole d'honneur de rester avec lui pendant tout le voyage, sans songer à attenter à ma vie; qu'autrement il m'enfermerait jusqu'à ce qu'il fût arrivé à Lisbonne. Je lui promis ce qu'il exigeait de moi; mais je lui déclarai en même temps que je souffrirais les traitements les plus fâcheux plutôt que de consentir jamais à vivre parmi les yahous.

Il ne se passa rien de remarquable pendant notre voyage. Pour témoigner au capitaine combien j'étais sensible à ses honnêtetés, je m'entretenais quelquefois avec lui lorsqu'il m'en priait instamment, et je tâchais alors de lui cacher mon antipathie pour l'espèce humaine; mais ce sentiment éclatait malgré moi, et il n'avait pas l'air d'y prendre garde. Cependant je passais la plus grande partie de la journée dans ma cabine, afin d'éviter de voir ou lui ou ses hommes.

Le capitaine me pressa plusieurs fois de quitter mes vêtements de peaux de lapins, et m'offrit de me prêter ses meilleurs habits; mais je le remerciai de ses offres, ayant horreur de mettre sur mon corps ce qui avait été porté par un yahou. Je le priai seulement de me prêter deux chemises blanches, qui, ayant été bien lavées depuis qu'il s'en était servi, ne pouvaient pas, à ce que je m'imaginais, me souiller autant. Je les mettais tour à tour, de deux jours l'un, et j'avais soin de les laver moi-même.

Nous arrivâmes à Lisbonne le 15 novembre 1715. Avant de descendre à terre, le capitaine me força de prendre son manteau pour empêcher la canaille de nous huer dans les rues. Il me conduisit à sa maison, et, à mon instante prière, il me logea à l'étage le plus élevé et sur le derrière du bâtiment. Je le conjurai de ne dire à personne ce que je lui avais raconté de mon

séjour chez les Houyhnhnms, parce que si mon histoire était connue, je serais bientôt accablé des visites d'une infinité de curieux, et probablement exposé à être pris et brûlé par l'inquisition.

Le capitaine vint à bout de me faire accepter un habit neuf complet; mais je ne voulus pas permettre au tailleur de me prendre mesure. Don Pedro étant à peu près de ma taille, mon habit fait à sa mesure allait assez bien. Il me procura les autres choses nécessaires, le tout absolument neuf; et je les laissai à l'air pendant vingt-quatre heures avant de m'en servir.

Le capitaine n'était pas marié; il n'avait que trois domestiques, auxquels il ne permettait pas de nous servir à table; toute sa conduite était si obligeante à mon égard, il avait d'ailleurs un si bon esprit et tant de sens pour un homme, que je finis par tolérer sa compagnie. Il eut assez de crédit sur moi pour m'engager à regarder par la fenêtre donnant sur la cour; par degrés je fus amené à loger dans une autre chambre dont la fenêtre donnait sur la rue. Il me fit regarder par cette fenêtre;

mais je me retirai tout épouvanté. Huit jours plus tard, il m'en-

traîna à m'asseoir à la porte. Toutefois, si ma terreur cessa par degrés, ma haine et mon mépris semblaient s'accroître. Enfin je fus assez hardi pour accompagner don Pedro par la ville; mais je tenais mes narines bouchées avec de la rue ou du tabac.

Dix jours après mon arrivée, don Pedro, à qui j'avais expliqué l'état de ma famille et de mes affaires, me dit que j'étais obligé en honneur et en conscience de retourner dans

mon pays, et de vivre chez moi avec ma femme et mes enfants.
Il m'avertit en même temps qu'il y avait dans le port un vaisseau
prêt à faire voile pour l'Angleterre, et m'assura qu'il me fournirait tout ce qui me serait nécessaire pour mon voyage. Il serait
fastidieux de répéter ici les raisons par lesquelles il combattit
mes objections. Il disait que je ne pourrais trouver une île solitaire, comme je la désirais; mais qu'il me serait facile de vivre
aussi reclus que cela conviendrait à mes goûts.

Je me rendis à la fin, ne pouvant mieux faire; je quittai
Lisbonne le 24 novembre, et m'embarquai sur un vaisseau
marchand; mais je ne demandai pas même à qui il appartenait.
En me disant adieu, don Pedro m'embrassa, et je supportai cette
caresse sans montrer trop de répugnance. Il m'accompagna
jusqu'au port, et me prêta la valeur de vingt livres sterling.
Durant ce voyage, je n'eus aucun commerce avec le capitaine
ni avec personne de l'équipage, et je prétextai une maladie pour
pouvoir toujours rester dans ma cabine. Le 5 décembre 1715,
nous jetâmes l'ancre aux Dunes vers neuf heures du matin; à
trois heures après midi j'arrivai à Redriff en bonne santé.

Ma femme et toute ma famille, en me revoyant, me témoignèrent leur surprise et leur joie; car ils m'avaient cru mort.
Mais je dois avouer que leur vue me remplit d'aversion, de
dégoût et de mépris, d'autant plus que je pensais à l'étroite
alliance qui existait entre nous; car, bien que depuis mon malheureux exil de la terre des Houyhnhnms j'eusse pris sur moi de
supporter la vue des yahous, et de converser avec don Pedro
de Mendez, ma mémoire et mon imagination étaient sans cesse
remplies des idées et des vertus de ces nobles Houyhnhnms. Et
quand je songeais que par mon union avec une femelle yahou
j'étais devenu le père de plusieurs de ces animaux, je me sentais
pénétré de honte et d'horreur.

A mon entrée chez moi, ma femme me serra dans ses bras et
me donna un baiser; et comme depuis des années je m'étais
déshabitué de l'attouchement de l'humaine espèce, je tombai
dans une défaillance qui dura plus d'une heure. Il y a cinq ans,
au moment où j'écris, que je suis de retour en Angleterre. La
première année, je ne pouvais endurer la vue de ma femme et
de mes enfants, et leur odeur me semblait insupportable; j'aurais encore bien moins souffert qu'ils se missent à table avec

moi. A cette heure, ils n'oseraient toucher mon pain ou boire

dans mon verre; et je ne permets à aucun d'eux de me prendre la main. Le premier argent dont je pus disposer fut employé à acheter deux jeunes chevaux, que je tiens dans une bonne écurie; après eux, le palefrenier est l'objet de ma prédilection; je me sens ranimé par l'odeur qu'il prend dans l'écurie. Mes chevaux m'entendent assez bien, et je cause avec eux quatre heures par jour. Ils sont étrangers à la bride et à la selle; ils vivent en grande intimité avec moi, et très-amicalement l'un avec l'autre.

CHAPITRE XII

CONCLUSION

Véracité de l'auteur. — Dans quelle intention il a publié cet ouvrage.
— Il blâme les voyageurs qui s'écartent de la vérité. —
Il se justifie de toute intention malicieuse dans ses écrits. — Il répond à une objection.
— Moyen d'établir des colonies. — Éloge du pays de l'auteur. —
Droit de la couronne sur les pays décrits par l'auteur. — Difficulté de les conquérir.
— L'auteur prend définitivement congé du lecteur; il expose la manière dont
il veut passer le reste de sa vie; il donne de bons conseils, et il conclut.

INSI, gentil lecteur, je t'ai donné l'histoire fidèle de mes voyages pendant l'espace de seize ans et un peu plus de sept mois; et dans cet ouvrage, je me suis toujours attaché moins à l'ornement qu'à la vérité. Je réussirais peut-être, comme beaucoup d'autres, à t'émerveiller par des contes étranges et invraisemblables; mais j'ai préféré m'en tenir aux faits positifs et à la forme de style la plus simple, parce que mon principal objet était de t'instruire, non de t'amuser.

Il nous est facile, à nous autres voyageurs en de lointains pays rarement visités par les Anglais ou d'autres Européens, de décrire de merveilleux animaux de mer et de terre. Toutefois le but réel de celui qui raconte ses voyages devrait toujours être de rendre l'homme meilleur et plus sage, et de perfectionner son intelligence tant par les mauvais que par les bons exemples tirés de ce qu'ils ont observé dans les régions étrangères.

Je souhaite du fond de mon cœur qu'on fasse une loi par laquelle tout voyageur serait tenu, avant d'obtenir la permission de publier ses voyages, d'affirmer par serment devant le grand-chancelier que tout ce qu'il a dessein d'imprimer est exactement vrai, autant qu'il a pu le reconnaître. Alors le monde ne risquerait plus d'être trompé comme il l'est ordinairement, maintenant que certains écrivains, afin d'assurer à leurs ouvrages plus de faveur, débitent à l'innocent lecteur les faussetés les plus insignes. J'ai lu dans ma jeunesse, avec un extrême délice, beaucoup de livres de voyages; mais ayant depuis parcouru moi-même la plus grande partie du globe, et ayant été par conséquent en état de contredire bien des fables d'après mes propres observations, j'en ai conçu du dégoût pour ce genre de lecture, et de l'indignation contre ceux qui abusent si impudemment de la crédulité humaine. Je me suis donc imposé l'obligation de m'attacher strictement à la vérité, lorsque mes amis ont bien voulu penser que mes faibles efforts pourraient être de quelque utilité à mon pays. Jamais, en effet, je ne serai tenté de m'éloigner de cette maxime tant que je conserverai dans ma mémoire les leçons et l'exemple de mon noble maître et des illustres Houyhnhnms, dont j'ai eu pendant plusieurs années l'honneur d'être l'humble auditeur.

Nec si miserum fortuna Sinonem
Finxit, vanum etiam mendacemque improba finget.

Je n'ignore pas que des ouvrages qui n'exigent ni savoir ni génie, qui ne demandent réellement d'autre faculté qu'une bonne mémoire, d'autre base qu'un journal exact, ne peuvent procurer une grande renommée à leur auteur. Je sais de plus que les auteurs de voyages, comme les faiseurs de dictionnaires, tombent dans l'oubli par le poids et le volume de ceux qui viennent après eux et qui naturellement restent par-dessus. Il est très-probable que les voyageurs qui verront par la suite les pays que j'ai décrits, pourront, en relevant mes erreurs (si j'en ai commis), et en ajoutant de nouvelles découvertes aux miennes, me faire passer de mode et prendre ma place; alors le monde oubliera que je fus jamais un auteur. Ce serait là une trop grande mortification, si j'écrivais pour la gloire; mais mon seul objet étant le bien public, je ne puis être entièrement trompé dans mon attente. Qui pourrait lire ce que j'ai dit des vertus des admirables Houyhnhnms sans être honteux de ses propres vices, surtout en considérant qu'on est l'animal raisonnable et dominant de ce pays? Je ne dis rien des nations éloignées chez lesquelles les yahous dominent, et dont la moins corrompue est celle des Brobdingnagiens, que nous ferons bien d'imiter dans leur morale et dans leur gouvernement. Mais je ne m'étendrai pas davantage sur ce point; je laisse le lecteur judicieux faire ses propres remarques et les appliquer.

Une chose qui me plaît infiniment, c'est la certitude que mon livre ne peut être critiqué; car quelle objection peut-on faire à un auteur qui raconte de simples faits arrivés en des pays tellement éloignés, que nous n'avons avec eux aucun intérêt commercial ou politique? J'ai soigneusement évité toutes les fautes qu'on reproche souvent et trop justement aux auteurs de voyages. De plus, je ne me suis mêlé à aucun parti; mais j'ai écrit sans passion, sans préjugés, sans mauvais vouloir envers aucun homme, envers aucune agrégation d'hommes. J'écris dans le noble but d'instruire, d'améliorer le genre humain, sur lequel je puis, sans blesser la modestie, prétendre à quelque supériorité en raison des avantages que j'ai tirés de mes fréquentes et longues conversations avec la nation accomplie des Houyhnhnms. J'écris sans la moindre espérance de profit ou de louange; je ne laisse jamais passer un mot qui ait seulement l'apparence d'une épigramme, ou qui puisse offenser même les personnes les plus susceptibles. Aussi je me flatte d'être sans contredit un auteur exempt de toute espèce de fautes, contre lequel les hordes nombreuses des faiseurs de réponses, de considérations, d'observations, de réflexions, de découvertes, de critiques, de réfutations, de remarques, ne trouveront pas matière à exercer leur talent.

J'avoue qu'on m'a dit à l'oreille que j'aurais dû, comme sujet anglais, adresser un mémoire à un des ministres, lors de mon premier retour, parce que toutes les terres découvertes par un sujet appartiennent à son roi; mais je doute que nos conquêtes dans les pays dont j'ai parlé fussent aussi faciles que celle de Fernand Cortez sur les habitants nus et sauvages de l'Amérique.

Les Lilliputiens ne vaudraient pas, je crois, les frais d'un armement pour les réduire; et je ne pense pas qu'il fût prudent ni sûr de s'attaquer aux Brobdingnagiens, ni qu'une armée anglaise se trouvât bien à son aise avec l'île volante au-dessus de sa tête. Les Houyhnhnms ne semblent pas aussi bien préparés pour la guerre, et sont tout à fait étrangers à cet art, notamment à l'emploi des projectiles; cependant, en supposant que j'eusse voix au conseil, mon avis serait contre une invasion en cette contrée. Chez ce peuple, la prudence, l'union, l'intrépidité, l'amour de la patrie, compenseraient amplement ce qui manque sous le rapport de l'art militaire. Imaginez vingt mille Houyhnhnms s'élançant au milieu d'une armée d'Européens, rompant les rangs, renversant les chariots, mettant en compote les visages des soldats par de terribles ruades; car on pourrait leur appliquer ces paroles d'Horace : *Recalcitrat undique tutus*. Au lieu de proposer la conquête de cette nation magnanime, je désirerais plutôt qu'elle consentît à envoyer un nombre suffisant de ses membres pour civiliser l'Europe, en nous enseignant les vrais principes de l'honneur, de la justice, de la vérité, de la tempérance, de l'esprit public, de la force, de la chasteté, de l'amitié, de la bienveillance et de la fidélité. Les noms de ces vertus existent encore dans la plupart des langues, et se trouvent dans les auteurs modernes comme dans les anciens; ce que je puis affirmer dans la sphère (assez restreinte, il est vrai) de mes lectures.

Mais j'avais une autre raison qui me faisait hésiter à enrichir de mes découvertes les domaines de Sa Majesté. A dire vrai, j'avais conçu quelques scrupules à l'égard de la justice distributive des princes en de telles occasions. Par exemple, des pirates sont poussés par une tempête en des parages inconnus, un de leurs mousses découvre enfin terre du haut du grand mât; ils descendent pour piller et voler; ils voient un peuple inoffensif qui les reçoit avec bonté; ils donnent à la contrée un nouveau nom; ils en prennent possession au nom du roi; ils placent une planche pourrie ou une pierre pour marquer l'événement; ils tuent deux ou trois douzaines des naturels, en emmènent un ou deux par force, comme échantillon, retournent dans leur pays, et obtiennent leur grâce. Là commence une nouvelle domination appuyée sur le droit divin; on envoie des vaisseaux à la première occasion ; les naturels du nouveau pays sont chassés ou détruits, leurs princes mis à la torture pour les forcer de découvrir l'or qu'ils possèdent; on permet tous les actes possibles de cruauté et de débauche; la terre est arrosée du sang des premiers habitants; et cet exécrable équipage de bourreaux, employés dans une si pieuse expédition, forme une colonie moderne envoyée pour convertir un peuple idolâtre et barbare.

Cependant cette description ne peut s'appliquer, je dois le dire, à la nation anglaise, qui peut être citée comme un exemple de sagesse, de prudence, de justice dans l'établissement de ses colonies, les dotations libérales pour l'avancement de la religion et des lumières, le choix de pasteurs pieux et capables pour propager le christianisme, le soin qu'on prend de peupler les nouvelles provinces de gens de mœurs et de langage honnêtes, le respect qu'on montre pour la justice en pourvoyant les colonies d'administrateurs habiles, incorruptibles, et surtout de gouverneurs vertueux et vigilants, qui n'ont en vue que le bien du peuple qu'ils régissent, et l'honneur du roi leur maître.

Mais les pays que j'ai décrits ne paraissant pas avoir la moindre envie d'être conquis, réduits en esclavage, massacrés ou expulsés par des colonies, et l'or, l'argent, le sucre et le tabac n'y étant pas abondants, je ne les crois pas dignes d'occuper notre zèle ou notre valeur, d'exciter notre intérêt. Cependant, si ceux à qui il appartient de décider de ces choses étaient d'un autre avis, je suis prêt à attester, quand je serai légalement appelé à le faire, que nul Européen n'a visité ces contrées avant moi, du moins si l'on peut croire à cet égard les naturels. On peut seulement élever quelques doutes par rapport aux deux yahous qui furent aperçus, il y a un grand nombre d'années, sur une montagne de la terre des Houyhnhnms.

Quant à la formalité de la prise de possession au nom de mon souverain, elle ne m'est pas venue une seule fois à l'esprit; et si j'y avais pensé, dans l'état où se trouvaient mes affaires, j'aurais probablement regardé comme plus prudent et plus sûr de remettre la chose à un moment plus opportun.

Ayant ainsi répondu à la seule objection qu'on pourra jamais élever contre moi en ma qualité de voyageur, je prends définitivement congé de mes courtois lecteurs, et je retourne à mon petit jardin de Redriff jouir de mes pensées, pratiquer les excellentes leçons de vertus que j'ai apprises parmi les Houyhnhnms, instruire les yahous de ma famille autant que le permettra leur docilité de brutes, contempler souvent ma figure dans un miroir, afin de m'accoutumer à tolérer la vue d'une créature humaine ; déplorer la condition bestiale des Houyhnhnms de mon pays, pour l'amour de mon noble maître, de sa famille, de ses amis, de toute la race houyhnhnm, à laquelle les nôtres ont l'honneur de ressembler par les traits, bien que leurs facultés intellectuelles soient dégénérées.

J'ai permis la semaine dernière à ma femme (pour la première fois) de dîner avec moi, en s'asseyant au bout d'une longue table, et de répondre (le plus brièvement possible) aux questions que je lui adressais. Cependant l'odeur des yahous me paraît toujours très-désagréable, et, en leur présence, je me tiens le nez bouché avec de la rue, de la lavande ou des feuilles de tabac. Certes il est dur pour un homme de mon âge de quitter de vieilles habitudes ; toutefois je ne désespère pas de pouvoir avec le temps endurer la compagnie des yahous du voisinage, pourvu que je puisse me guérir de la crainte de leurs dents et de leurs ongles.

Il me serait plus facile de me réconcilier avec l'espèce en général, si elle se contentait d'avoir les vices et les folies auxquels la nature l'a rendue sujette. Je ne suis point choqué à la vue d'un homme de loi, d'un voleur de mouchoirs, d'un colonel, d'un bouffon, d'un lord, d'un joueur, d'un politique, d'un souteneur de filles, d'un médecin, d'un suborneur, d'un faux témoin, d'un procureur, d'un traître et de tant d'autres métiers qui sont dans l'ordre des choses. Mais quand je vois un monde de difformités et de maladies physiques et morales toutes engendrées par l'orgueil, la patience m'échappe ; il m'est impossible de concevoir comment un pareil vice et un pareil animal peuvent aller ensemble. Les sages et vertueux Houyhnhnms, qui excellent dans toutes les qualités faites pour orner une créature raisonnable, n'ont pas de nom dans leur langue pour ce vice ; en fait de mal, ils ne savent désigner que les détestables instincts de leurs yahous, parmi lesquels ils n'ont point reconnu l'orgueil, sans doute faute d'avoir bien compris l'espèce humaine telle qu'elle est dans les pays où elle domine. Cependant moi, grâce à mon expérience, j'ai pleinement discerné les germes de l'orgueil chez le yahou sauvage.

Mais les Houyhnhnms, qui vivent sous l'empire de la raison, ne sont pas plus fiers des bonnes qualités qu'ils possèdent que je ne pourrais l'être d'avoir mes deux jambes et mes deux bras, avantage dont aucun homme dans son bon sens ne s'avisera de se targuer, bien qu'on fût très-malheureux d'en être privé. Je m'arrête spécialement sur ce point, parce que je désire rendre la société anglaise un peu supportable; je supplie donc ceux qui sont plus ou moins entachés de ce vice absurde de ne point avoir la hardiesse de se présenter à mes regards.

TABLE

VOYAGE A LILLIPUT.

Notice biographique et littéraire sur Jonathan Swift, par Walter Scott.	3
Chap. I. — L'auteur rend un compte succinct de sa naissance, de sa famille, et des premiers motifs qui le portèrent à voyager. — Il fait naufrage, et se sauve à la nage dans le pays de Lilliput. — On l'enchaîne, et on le conduit en cet état dans l'intérieur des terres.	37
II. — L'empereur de Lilliput, accompagné de plusieurs de ses gentilshommes, vient pour voir l'auteur dans sa prison. — Description de la personne et du costume de Sa Majesté. — Des savants sont désignés pour enseigner à l'auteur la langue du pays. — Il obtient la faveur générale par la douceur de son caractère. — Ses poches sont visitées; on lui retire son épée et ses pistolets.	51
III. — L'auteur amuse l'empereur et les grands de l'un et de l'autre sexe d'une manière fort extraordinaire. — Description des divertissements de la cour de Lilliput. — L'auteur est mis en liberté à certaines conditions.	64
IV. — Description de Mildendo, capitale de Lilliput, et du palais de l'empereur. — Conversation entre l'auteur et un secrétaire d'État touchant les affaires de l'empire. — Offres que l'auteur fait de servir l'empereur dans ses guerres.	72
V. — L'auteur, par un stratagème très-extraordinaire, s'oppose à une descente des ennemis. — L'empereur le fait grand de première classe. — Des ambassadeurs arrivent de la part de l'empereur de Blefuscu pour demander la paix. — Le feu prend à l'appartement de l'impératrice. — L'auteur contribue beaucoup à éteindre l'incendie.	79
VI. — Mœurs des habitants de Lilliput, leur littérature, leurs lois, leurs coutumes, et leur manière d'élever les enfants.	86

VII. — L'auteur, averti par un ami qu'on voulait le mettre en jugement pour crime de lèse-majesté, s'enfuit dans le royaume de Blefuscu. . . . 97

VIII. — L'auteur, par un heureux hasard, trouve le moyen de quitter Blefuscu, et, après quelques difficultés, retourne dans sa patrie. . . . 107

Appendice au voyage à Lilliput. 117

VOYAGE A BROBDINGNAG.

Chap. I. — L'auteur, après avoir essuyé une violente tempête, se jette dans une chaloupe pour descendre à terre ; il est saisi par un des habitants du pays. — Comment il en est traité. — Idée générale du pays et du peuple. 125

II. — Portrait de la fille du laboureur. — L'auteur est conduit à une ville où il y avait un marché, et ensuite à la capitale. — Détail de son voyage. 143

III. — L'auteur est mandé pour se rendre à la cour : la reine l'achète et le présente au roi. — Il discute avec les savants de Sa Majesté. — On lui prépare un appartement. — Il devient favori de la reine. — Il soutient l'honneur de son pays. — Ses querelles avec le nain de la reine. 153

IV. — Description du pays. — L'auteur indique une correction pour les cartes modernes. — Palais du roi, sa capitale. — Manière de voyager de l'auteur. — Temple principal. 166

V. — Aventures diverses arrivées à l'auteur. — Exécution d'un criminel. — L'auteur montre ses connaissances en navigation. 173

VI. — Différentes inventions de l'auteur pour plaire au roi et à la reine. — Le roi s'informe de l'état de l'Europe, dont l'auteur essaie de lui donner une idée. — Observations du roi à ce sujet. 185

VII. — Zèle de l'auteur pour l'honneur de sa patrie. — Il fait une proposition avantageuse au roi ; elle est rejetée. — Ignorance du roi en matière politique. — Les connaissances de ce peuple imparfaites et bornées. — Leurs lois, leurs affaires militaires et leurs partis. 198

VIII. — Le roi et la reine font un voyage vers la frontière, où l'auteur les suit. — Détail de la manière dont il sort de ce pays pour retourner en Angleterre. 207

VOYAGE A LAPUTA.

Chap. I. — L'auteur entreprend un troisième voyage. — Il est pris par des pirates. — Méchanceté d'un Hollandais. — Il arrive à Laputa. . . 227

II. — Caractère des Laputiens. — État de leurs connaissances. — Leur roi et sa cour. — Réception qu'on fait à l'auteur. — Craintes et inquiétudes des habitants. — Caractère des femmes. 236

III. — Phénomène expliqué par la physique et l'astronomie modernes. — Grands progrès des Laputiens en astronomie. — Comment le roi apaise les séditions. 247

IV. — L'auteur quitte l'île de Laputa, et est conduit à Balnibarbi. — Son arrivée à la capitale. — Description de cette ville et de ses environs. — Il est reçu avec bonté par un grand seigneur. — Sa conversation avec ce seigneur.................................. 254

V. — L'auteur obtient la permission de voir la grande académie de Lagado. — Description détaillée de cette académie. — Arts et sciences dans lesquels ses professeurs s'exercent................. 262

VI. — Suite de la description de l'académie. — L'auteur propose quelques améliorations, qui sont honorablement accueillies......... 274

VII. — L'auteur quitte Lagado, et arrive à Maldonada. — Il fait un petit voyage à Glubbdubdrib. — Comment il est reçu par le gouverneur.. 284

VIII. — Continuation de la description de Glubbdubdrib. — Histoire ancienne et moderne corrigée........................... 292

IX. — Retour de l'auteur à Maldonada. — Il fait voile pour le royaume de Luggnagg. — A son arrivée il est arrêté, ensuite conduit à la cour. — Grande indulgence du roi envers ses sujets............. 301

X. — Éloge des Luggnaggiens. — Description des *Struldbruggs* ou immortels. — Conversation entre l'auteur et quelques personnages de marque sur ce sujet................................ 306

XI. — L'auteur part de l'île de Luggnagg pour se rendre au Japon, où il s'embarque sur un vaisseau hollandais ; il arrive à Amsterdam, et de là passe en Angleterre............................ 318

VOYAGE CHEZ LES HOUYHNHNMS.

Chap. I. — L'auteur entreprend un voyage en qualité de capitaine de vaisseau. — Son équipage se révolte, l'enferme, l'enchaîne, puis le met à terre sur un rivage inconnu. — Il parcourt le pays. — Description d'une singulière espèce d'animal nommé le Yahou. — Il rencontre deux Houyhnhnms........................... 325

II. — L'auteur est conduit au logis d'un Houyhnhnm. — Description de ce logis ; comment il y est reçu. — Quelle était la nourriture des Houyhnhnms. — L'auteur ne sait d'abord comment il pourra se nourrir ; il est enfin tiré de cette inquiétude. — Il rend compte de sa manière de vivre en ce pays............................. 335

III. — L'auteur étudie la langue du pays ; le Houyhnhnm, son maître, s'applique à la lui enseigner. — Description de cette langue. — Plusieurs Houyhnhnms de qualité viennent voir l'auteur par curiosité. — Il fait à son maître un récit succinct de ses voyages........... 343

IV. — Idées des Houyhnhnms sur la vérité et sur le mensonge. — Les discours de l'auteur sont désapprouvés par son maître. — L'auteur donne de plus amples détails sur lui-même et sur les accidents de son voyage... 351

V. — L'auteur, par l'ordre de son maître, lui rend compte de l'état de l'Angleterre ; des causes ordinaires des guerres entre les princes d'Europe. — L'auteur commence l'explication de la constitution anglaise. 361

VI. — Continuation de la situation de l'Angleterre sous la reine Anne.
— Caractère d'un premier ministre dans les États de l'Europe. 372

VII. — Profond attachement de l'auteur pour sa patrie. — Observations de son maître sur la constitution et l'administration de l'Angleterre. — Remarques du maître et de l'auteur sur la nature humaine. 385

VIII. — L'auteur raconte quelques particularités des yahous. — Grandes vertus des Houyhnhnms. — Éducation et exercices de la jeunesse. — Assemblée générale. 396

IX. — Grand débat dans l'assemblée générale des Houyhnhnms, et comment il est terminé. — Connaissances des Houyhnhnms. — Leur manière de bâtir. — Leurs sépultures. — Défauts de leur langue. . . 405

X. — Arrangements domestiques. — Heureuse vie qu'il mène au milieu des Houyhnhnms. — Grands progrès qu'il fait dans la vertu, en conversant avec ce peuple. — Leurs conversations. — L'auteur est averti par son maître qu'il doit sortir du pays. — Il s'évanouit de douleur; mais il se soumet. — Il s'ingénie à construire un canot à l'aide de l'un des domestiques, ses camarades; il le met en mer et vogue à l'aventure. 414

XI. — Dangereux voyage de l'auteur. — Il arrive à la Nouvelle-Hollande; il espère s'y établir. — Il est percé d'une flèche par un sauvage. — Il est pris par un bâtiment portugais. — Grande civilité du capitaine. — L'auteur arrive en Angleterre. 426

XII. — Conclusion. — Véracité de l'auteur. — Dans quelle intention il a publié cet ouvrage. — Il blâme les voyageurs qui s'écartent de la vérité. — Il se justifie de toute intention malicieuse dans ses écrits. — Il répond à une objection. — Moyen d'établir des colonies. — Éloge du pays de l'auteur. — Droit de la couronne sur les pays décrits par l'auteur. — Difficulté de les conquérir. — L'auteur prend définitivement congé du lecteur; il expose la manière dont il veut passer le reste de sa vie; il donne de bons conseils, et il conclut. 438

TOURS. — IMPR. MAME.

www.ingramcontent.com/pod-product-compliance
Lightning Source LLC
Chambersburg PA
CBHW060936230426
43665CB00015B/1959